MINGZHIZHIXUE
LISHI JIAOXUE YU YANJIU

张卫良　夏卫东◎主编

"明智之学"：
历史教学与研究

中国社会科学出版社

图书在版编目（CIP）数据

"明智之学"：历史教学与研究/张卫良著. —北京：中国社会科学出版社，2012.3
ISBN 978-7-5161-0551-1

Ⅰ.①明⋯ Ⅱ.①张⋯ Ⅲ.①历史教学－教学研究－高等学校②中学历史课－教学研究 Ⅳ.①K-4 ②G633.512

中国版本图书馆 CIP 数据核字（2012）第 026105 号

责任编辑	喻 苗
责任校对	王雪梅
封面设计	李尘工作室
技术编辑	王炳图

出版发行	中国社会科学出版社	出版人	赵剑英
社　　址	北京鼓楼西大街甲 158 号	邮 编	100720
电　　话	010-84029451（编辑） 64058741（宣传） 64070619（网站）
	010-64030272（批发） 64046282（团购） 84029450（零售）
网　　址	http://www.csspw.cn（中文域名:中国社科网）
经　　销	新华书店
印　　刷	北京君升印刷有限公司	装 订	廊坊市广阳区广增装订厂
版　　次	2012 年 3 月第 1 版	印 次	2012 年 3 月第 1 次印刷
开　　本	710×1000 1/16		
印　　张	23.5	插 页	2
字　　数	396 千字		
定　　价	69.00 元		

凡购买中国社会科学出版社图书，如有质量问题请与本社发行部联系调换

版权所有　侵权必究

目 录

"小学科、大历史":高校专业与中学学科的历史教学
　　（代序）……………………………………………………… 张卫良(1)

历史教学与公民素质

公共历史学 ……………………………………………………… 陈仲丹(3)
高中历史价值观教育取向之我见
　　——以对1946—1949年国共内战的认识为例 …………… 戴加平(6)
在"情境"中体悟历史 …………………………………………… 沈玉林(16)
历史新课程下培养学生决策能力的研究 ……………………… 郑　怡(28)
试析提升教师教学反思能力的策略 …………………………… 王海燕(38)
徜徉在历史与现实之间
　　——以现实问题引发历史反思的实践和探索 …………… 徐放蕾(47)
放宽历史的视界　避免片段式认知
　　——在《历史与社会》学科教学中培养学生的
　　　"大历史观" ……………………………………………… 干学展(57)
中学社会课
　　——公民素质教育的重要课程 …………………………… 陈斯风(65)

课堂教学与改革

创新课堂教学模式,推动历史学科研究性教和学研究
　　——课堂教学结构研究 …………………………………… 李　华(79)

新课程背景下高中历史教学三维目标

  有效实现的实践探究 …………………………………… 夏安腊(89)

创设问题情境　诱疑导思 …………………………………… 胡爱军(97)

基于SOLO分层评价理论的高中

  历史课堂教学优化策略 …………………………………… 张　勇(105)

打开研究性学习的"另一扇窗"

  ——试论PBL教学模式在历史课堂教学中的实践 …… 倪丽梅(114)

投石激浪　妙问生花

  ——高中历史课堂提问艺术的策略研究 ……………… 王　强(123)

新课程下历史课堂教学互动误区现象探析及对策 ………… 方新委(131)

创新性、强制性、通识性、平时性

  ——浅谈世界现代史课程教学的一些改革 …………… 马　丁(139)

考试策略与运用

行走在课改理念和高校选拔之间

  ——评2010年浙江文综卷第38题 ……………………… 谢余泉(149)

例谈历史材料分析题的解题思路 …………………………… 牛学文(155)

依据试题特点　强化基础复习

  ——从2010年浙江文综历史试题谈起 ………………… 茅佳清(161)

基于非文本信息源试题提取有效信息的方法研究 ………… 唐新红(176)

对新课程理念下初中《历史与社会》学科

  命题的策略与思考 ……………………………………… 王建妹(188)

新史观在高考复习中的渗透

  ——以《洋务运动》的复习为例 ………………………… 龙胜春(206)

从小处着手　微观看宏观

  ——新课程背景下"浙江地方史"复习初探 …………… 蒋杰贤(210)

巧用动态生成　绽放作业精彩

  ——以"辛亥革命"一课为例尝试动态生成式习题的

   设计与实践 …………………………………………… 方长富(231)

教学实践与思考

利用乡土资源优化历史教学的实践研究 …………… 王建华(253)
论教材资源在历史课堂设问中的运用 ……………… 朱文龙(282)
学案设计:高中历史教研(备课)组主题研讨活动的
　　常态之举 …………………………………………… 谢根祥(290)
对《历史与社会》教学中"体验学习"的实践与思考 ……… 余月琴(301)
在游图阅史中凸现教学目标的实践与思考
　　——以《历史上第一位总统的产生》为例 ………… 陈亚芳(310)
比对·拓展·深挖
　　——高一历史教学中初高中教材衔接处理的案例研究 … 袁咏群(319)
"双子星,双共赢"
　　——思品、社会作业与团队社会实践有机整合的探索 …… 吕阳俊(339)
完善实习带队教师管理机制的设想和实践
　　——以杭师大教育实习为例 …………………………… 傅幼玲(350)

后记 ……………………………………………………………… (357)

"小学科、大历史"：高校专业与中学学科的历史教学

（代序）

历史事关人类文明、社稷大业、国民地位以及民众生活诸多层面，其重要意义是不言而喻的，正如杰弗里·巴勒克拉夫所说："历史学比其他任何一门科学更加肩荷过去的重负……"[①] 历史教学是现代历史学的重要组成部分，是文明传承、国家繁荣、人权维系、道德规训、生活福祉的一种重要手段。环寰之内，概莫能外。高校历史专业与中学历史学科教学被赋予了这样的重任，职责所系自不待言。然而，在现代教育体系中，历史所占的份额实际上是很小的，可以说是"小学科、大历史"。

高校历史专业与中学历史学科的教学是一个彼此紧密联系的整体，两者存在着相辅相成的关系。中学历史学科教学的主要任务是传授历史基础知识，使学生基本掌握人类历史的演变及其发展特点，并且能够进行初步的概括与分析，有一定的历史思维能力；而高校专业的历史教学主要是深化和巩固学生的历史知识，培养学生理解历史、分析历史，并且学有专攻，具备一定的历史研究的能力。自然，两者在历史教学的方式上有着相同的特点，即都需要向学生传授历史知识，都需要培养学生的分析能力，进而达到历史教学的目的。在我国，高校历史专业和中学历史学科的教学与研究虽然历经数十年，基本趋于体系化，但时至今日

---

① 杰弗里·巴勒克拉夫：《当代史学主要趋势》，杨豫译，上海译文出版社1987年版，第341页。

依然存在着各种各样的问题，"应试教育"模式仍无扭转，课程教学实践与教学目标脱节，疾呼改革的声音不绝于耳。可以说，21世纪的历史教学依然任重道远，变革与发展是在情理之中。

在现行历史教学体系中，历史教科书是一个非常突出的问题，在中学历史教学中这个问题更加突出。历史作为一个学科虽然在清末的学堂中已有开设，民国时期已有基本的教学规范，但并没有形成完整的教学体系，教材以讲义为多，芜杂并陈，仍处于教学的摸索阶段。在新中国成立特别是1952年以后，"苏联模式"迅速流行，苏联的教学大纲和教材大量引进，历史教学体系也明显地受到苏联的影响。其后，我国学者也尝试编写历史教科书。例如，翦伯赞主编的《中国史纲要》（人民出版社1963年版）、周一良和吴于廑主编的4卷本《世界通史》（人民出版社1962年版）都曾经是历史的经典教材。"苏联模式"的教材大多教条主义色彩明显，历史教材偏重于政治史的叙述、王朝的更迭，分析刻板。由于"文革"的来临，高等院校历史教材的编写趋于停滞。在恢复高考制度以及研究生招生制度以后，高校历史专业的教学体系开始调整，由于没有统一的教学大纲，各高校历史专业一般自编教材或自定教材。例如，北京大学、复旦大学、南开大学等都有自己的教材，其他高校也纷纷自编教材，有些教材获得较高的知名度，如白寿彝主编的《中国通史纲要》（上海人民出版社1980年版）、刘泽华和杨志玖等编著的《中国古代史》（人民出版社1979年版）、中国近代史编写组的《中国近代史》（中华书局1977年第1版）、李侃主编的《中国近代史》（中华书局1977年第1版），刘家和主编的《世界上古史》（吉林人民出版社1979年版）等，许多教材不断修订再版。其后，针对教材参差不齐的问题，国家教委尝试通过审定高校文科教材、组织编写的方式来提升高校文科教材的质量，如组织编写七五、八五国家重点教材，朱绍侯主编的《中国古代史》（福建人民出版社1979年试用版，1982年正式版）、王桧林和郭大钧主编的《中国现代史》（高等教育出版社1989年版）、张岂之主编的《中国历史》（高等教育出版社2001年版）、吴于廑和齐世荣主编的《世界史》（高等教育出版社1992年版）先后出版，这些都是影响范围广泛的教材。

进入新世纪以后，随着新史观的引入，特别受L. S. 斯塔夫里阿诺斯《全球通史》的影响,① 高校通史教材又出现了新的多元格局。例如,北京师范大学出版的新世纪高等学校教材（历史学专业基础课程系列教材）、齐涛主编的高等学校文科教材《中国通史教程》和《世界通史教程》（山东大学出版社）、华东师范大学出版社出版的普通高等教育"十一五"国家级规划教材《世界通史》、齐世荣总主编的普通高等教育"十五"国家级规划教材《世界史》（高等教育出版社2006年版）以及北京大学组织撰写的《世界文明史》（北京大学出版社2004年版），等等。虽然教育部希望能有规范的教材，可现今的教材仍是五花八门，理念、内容和体例并无重大的突破。

与高校历史专业的这种现状相比，中学历史教学长期以来却使用比较统一的教材。1949年以前，我国已经在中学阶段开设中国史和外国史（有时叫西洋史），有一定规范的教材；新中国成立以后，国家教育委员会开始组织编写中学教材，50年代的初高中历史课本有初中《中国历史》、《世界历史》，高中《中国历史》、《世界历史》（人民教育出版社1958年版）。进入"文革"以后，原有的教学体系被打乱，所编写的教材也趋于教条化。1978年恢复高考制度以后，国家颁布了《全日制十年制学校中学历史教学大纲（试行草案）》，并编写了初中课本《中国历史》4册，高中课本《世界历史》（上下册，人民教育出版社1981年版）。随着我国现代化进程的发展，中学的历史教材也在变化，但有一个基本的特点，即这些教材在教学内容的叙述方式上与大学历史专业通史课程有着惊人的相似性。在1980年代晚期，随着素质教育的提出，中学教育进行了改革，教学目标开始注重能力培养，历史教科书相应做出重大调整，增加了经济和文化史的内容。1990年秋，初中历史课程分必修和选修，使用实验教材，初中《中国历史》（4册，人民教育出版社）、《世界历史》（2册，人民教育出版社），高中增设《中国历史》（必修与选修，人民教育出版社），加上《世界历史》（3册，必修，人民教育出版社）。1992年秋季，全国大多数地区都使用这种新的实验教材。进入新世纪以后，随着教育改革的深化，在"以全面推进素质教育为宗旨，全面提高普通高中教育质量"口号下，中学历史教学

---

① L. S. 斯塔夫里阿诺斯：《全球通史》，吴象婴、梁赤民译，上海社会科学院出版社1999年版，其后还有北京大学出版社等版本。

体系又出现了较大的变化。在 2002 年审查通过的人民教育出版社出版的《全日制普通高级中学教科书（历史）》中分《中国古代史》、《中国近现代史》和《世界近现代史》三大块，目标是"进一步提高学生的思想道德品质、科学文化知识、审美情趣和身体、心理素质，培养学生的创新精神、实践能力、终身学习的能力和适应社会生活的能力，促进学生的全面发展，为高一级学校和社会输送素质良好的合格毕业生"。①

教科书的推陈出新是自然的，不过对于大学历史专业和中学历史学科教学的影响是大不相同的。对于高校历史专业而言，第一，由于至今仍没有国家颁布的统一教学大纲，课程开设有较大的自主权，即使在通史课程教材的选用上也有很大的弹性。第二，通史课程只是专业课程的一部分，教材基本上起参考资料的作用，不是学生获取知识的唯一途径，大量的选修课程可以补充专业知识的不足。第三，教师一般有自己的专业领域，历史知识相对比较系统，讲授通史课程也可以不受教材内容的限制。第四，学生有相对比较充裕的自学时间，可以根据自己的兴趣钻研大量的专业知识，从而建构自己的历史知识体系。第五，大学历史专业的学生不需要参加统一考试，因而不存在应试教育的问题。而对于中学历史教学来说，教材所产生的影响就非同一般了。第一，国家颁布了统一的教学大纲，教学内容高度一致。第二，教材是学生获取历史知识最重要的途径，虽然课外读物有一定的补充作用，但学生主要是通过课堂教学来获取知识。第三，中学教师传授的历史知识领域范围大，需要花费大量时间和精力来研究教材，否则难以完成教学任务。第四，学生没有大量的课余时间来充实历史知识。第五，学生大多需要参加升学考试，升学成绩成为衡量教师教学水平的指标，应试教育特征明显。因此，中学历史教科书的频繁变化或"一纲多本"在现行制度下对于中学教师而言简直是灾难性的，因为我们的社会评价体系并没有发生变化，指望通过教材的更新来实现素质教育显然困难重重。

如何突破现有教材体系，使历史教学能够反映历史的真实、反映时代的精神，实现中学历史学科教学所说的"情感、态度、价值观"的三维

---

① 参见经全国中小学教材审定委员会 2002 年审查通过的人民教育出版社历史室编著的《全日制普通高级中学教科书（历史）》，人民教育出版社 2005 年版。

目标，仍是目前历史教学所面临的重大任务。从理念上说，历史教学不能一味地遵循教材，把教材奉为"圣经"，因为随着时代变迁和研究方法的创新，历史叙述方式也在不断地变化，既有教材不可避免地存在着老套、落伍甚至错误的情况，如果采用单一的教材，那么这些问题就更加严重。因此，从实践上讲，"一纲多本"或许是中学历史教学摆脱现行唯教材而教学的根本途径。但是目前的社会评价体系并不允许这样做，考试制度也不允许这样做，我们的中学历史学科教学没有自主选择权。面对这种困境，我们或许能够做的就是教学过程及其实践的应对和改革。即使是高校的历史专业，通史教学也很难摆脱应试教育的模式。虽然可以自主选择通史课程的教材，但依教材而教学，必定是一种程式化的教学，结果学生以死记硬背的方式来应付考试，其效果也是可想而知的，所以高校专业的历史教学一样面临着教学方式的调整与变革。

本论文集的许多文章集中探讨历史教学问题。大学历史专业的教学似乎与中学历史教学没有直接的联系。从经验层面来看，大学历史专业的课程教学目标注重于知识的系统性以及学习能力的培养，而中学历史学科教学更注重于知识的传授。在课堂教学中，前者注重于知识分析及交流，而后者更注重于对知识的理解及掌握。在课堂之外，前者有大量的课余时间学习研究，后者只有少量的练习。当然，两者在授课目标和方式上是有相同之处的，毕竟课堂是历史教学的主要场所。在知识系统方面，中学历史学科教学与大学通史教学之间存在更多的相似性，也采用必修与选修的形式，教材与大学通史教材类似。现在普通高中新课标历史教材的叙述方式是大学中的专题讲座内容，从某种意义上说已经超越了大学历史专业的教学内容，值得大学历史专业教学反思，如何才能更好地传授历史。诸如此类的问题很多，本论文集的许多文章会深入展开，这里不再赘述。

本论文集收录了32篇历史教学和研究论文，主要按历史教学与公民素质、课堂教学与改革、考试策略与运用、教学实践与思考四个方面来大致分类，以期反映第四届历史教学"钱江论坛"之主旨。

第一，历史教学与公民素质，涉及历史教学的核心观念、方法与公民素质之间的关系。陈仲丹的《公共历史学》探讨了公共史学的形成、内涵、发展及其在中国运用的广阔前景。戴加平的《高中历史价值观教育取向之我见——以对1946—1949年国共内战的认识为例》通过有关1946—1949年的国共内战的讨论，提出了几个若干富有启发性的问题，如对国共内战的道德审判、国民党为什么失败、两岸为何没有迅速和解以及"内战没有赢家"等问题，认为需要进行有关历史教学价值观的分析。沈玉林的《在"情境"中体悟历史》通过分析学生获取知识的途径来考察"情境"与历史的关联，强调体悟历史的价值。郑怡的《历史新课程下培养学生决策能力的研究》从历史教学过程中如何培养学生的决策能力入手，提出可以通过知识与技能、过程与方法、情感态度与价值观三维目标来实现，从而优化课堂教学，提高教学实效。王海燕的《试析提升教师教学反思能力的策略》强调"教学反思"的重要性，主张重新挖掘"教学反思"的理念及其方法对于历史教学的价值。徐放蕾的《徜徉在历史与现实之间——以现实问题引发历史反思的实践和探索》认为可以通过现实问题引导学生进行历史反思，从而突破教材界限，把报刊作为历史学习的资料，通过"准备"、"实施"、"总结"三阶段，进行"剪编评练"，从中培养学生多渠道获取现实问题以及反思历史知识的能力。干学展的《放宽历史的视界　避免片段式认知——在〈历史与社会〉学科教学中培养学生的"大历史观"》认为教师在教学中应依据课标，选择与重组教学内容，发挥标题对内容的高度概括作用，注重培养学生的整体历史意识，使学生真正地把握历史，理解历史，培养学生的"大历史观"。陈斯风的《中学社会课——公民素质教育的重要课程》通过追溯社会课程在中外历史上的演变，展现这一课程与国民素质之间的关系。这一部分原计划收录台湾学者的报告，如谢易达的《"视听文本"融入公民素养课程之现实策略》、闵宇经的《从"怨读·阅读"到"愿读·悦读"》、匡圣思的《全球化趋势下族裔合理关系之建构》、王上维的《从〈白色荣光〉探讨医疗纠纷的民事法律问题》、方建中的《规范与自由：台湾教科书的开放政策》以及邱腾伟的《台湾国民中学历史教育简介》，这些报告带来了海峡彼岸的清新气息，拓展了我们的视野，尤其是台湾国民中学历史学科教学的介绍，使我们看到了海峡两岸对于合格公民及其素质的同样的关切，但遗憾的是，由于版权问题，这些文章均没能收录其中。

第二，课堂教学与改革。这一类文章数量相对较多，讨论的问题也相对集中，主要探讨在历史学科教学中如何贯彻落实教学目标、教学手段以及教学方法。其中李华的《创新课堂教学模式　推动历史学科研究性教和学的研究——课堂教学结构研究》通过考察课堂教学模式，着重分析新课改以后教材的知识建构变化，指出历史课堂教学结构的特点及其应变。夏安腊的《新课程背景下高中历史教学三维目标有效实现的实践探究》探讨在新课程背景之下如何将情境创设、问题设计、活动组织结合在一起，以《走向大一统的秦汉政治》一课教学为例，说明可以达到历史学科的"三维教学目标"。胡爱军的《创设问题情境　诱疑导思》尝试对历史课堂设疑的途径和程序进行分析，并结合教学实践，指出历史课堂设疑的科学策略。张勇的《基于SOLO分层评价理论的高中历史课堂教学优化策略》主要运用SOLO理论来评价学生的学业、试题的命制等方面，结合人教版选修四《中外历史人物评述》中《圣雄甘地》一课加以分析，认为这种理论对于优化课堂教学有重要的指导作用。倪丽梅的《打开研究性学习的"另一扇窗"——试论PBL教学模式在历史课堂教学中的实践》重点关注课堂内的研究性学习，探讨以问题为本的学习模式及其相应评价体系。王强的《投石激浪　妙问生花——高中历史课堂提问艺术的策略研究》通过考察现行历史课堂提问的几种类型，提出了课堂提问艺术的策略，即巧抓提问的时机、活用提问的技巧、合理运用等待等策略，以在教学实践中取得良好的效果。方新委的《新课程下历史课堂教学互动误区现象探析及对策》认为目前课堂教学互动已经被异化并走入了误区，重形式、轻内容；重认识，轻情感；重师生、轻生生；重优生、轻差生；重预设、轻生成，这些影响了新课程改革的贯彻和落实，教师应该找到相应的对策，以实现真正的教学目标。马丁的《创新性、强制性、通识性、平时性——浅谈世界现代史课程教学的一些改革》关注世界现代史的课程教学改革，积极倡导学生"自主学习"，在教学活动中充分发挥学生的主体作用，培养学生的主体精神，以利于学生走向社会。

　　第三，考试策略及其运用。在目前的教育制度下，"选拔考试"依然盛行，历史教学自然也无法回避"考试"这个命题，这部分的文章重点关注高考、中考及相关问题。谢余泉的《行走在课改理念与高校选拔之间——评2010年浙江文综卷第38题》通过评述2010年浙江高考文综卷38题，指出新课改理念与高校选拔之间的关系。牛学文的《例谈历史材料分析题的解题思路》一文认为材料分析题是一种在历史考试中广泛应用的题型，但考生由于没能掌握正确的解题方法，解答材料分析题时失分现象十分严重，作者提出了新的解题思路。茅佳清的《依据试题特点　强化基础复习——从2010年浙江文综历史试题谈起》针对2010年浙江高考文综卷历史题强调"论从本出"的特点，即命题源大多在教材及基于教材知识点之上的归纳理解，认为强化历史基础知识的复习与知识运用能力的培养是2011年高考历史复习的重中之重。唐新红的《基于非文本信息源试题提取有效信息方法研究》认为高考试题中对历史信息的呈现方式主要分文本信息源与非文本信息源两种，非文本信息源在近几年高考中大量使用，已经是高考命题的趋势，作者尝试从方法论的角度，根据非文本信息源试题的图像、图形、地图三种不同呈现方式探究提取有效信息的方法。王建妹的《对新课程理念下初中〈历史与社会〉学科命题的策略与思考》以"课标"所确定的"知识与技能"、"过程与方法"、"情感态度与价值观"三维目标为依据，对初中社会课程如何命题做了分析和探讨。龙胜春的《新史观在高考复习中的渗透——以〈洋务运动〉的复习为例》认为从最近几年的高考情况看，文明史观、全球史观、现代化史观渗透到试题的各个方面，让学生更好地理解这些史学概念是亟待解决的问题，对高考复习来说也具有重要的现实意义。蒋杰贤的《从小处着手　微观看宏观——新课程背景下"浙江地方史"复习初探》一文关注地方史的复习，认为从小处着手，以微观看宏观，既可以使学生感受家乡情感，又可以提升学生的历史思维和学习能力，增强复习的实效性。方长富的《巧用动态生成　绽放作业精彩——以"辛亥革命"一课为例尝试动态生成式习题的设计与实践》关注"动态生成式习题教学"，认为从课前、课中、课后三个时间维度，一个母题和形形色色的子题贯穿整个教学环节，形成相对"封闭"又生态的教学流程，让学生在困惑中生成，在尝试中生成，在适度的拓展中生成。

第四，教学实践与思考。这一部分主要关注历史教学过程的实践问题，包括教材资源的挖掘、教研活动的开展、各种教学活动的实践以及专业教育实习等。王建华的《利用乡土资源优化历史教学的实践研究》一文认为新课程的实施促使了历史教学方式的变革，通过师生进行的小课题研究、大社会实践、乡土文化考察等方式挖掘、开发、整合身边的乡土资源，并与历史小课堂、社会大课堂等的有机结合，优化历史教学，促使学生、教师的发展。朱文龙的《论教材资源在历史课堂设问中的运用》认为历史教材是最重要的教学资源，在历史新课程教学实践中利用教材的导入语资源、正文资源、插入语资源、活动课资源，创设问题情境，提高课堂教学的有效性。谢根祥的《学案设计：高中历史教研（备课）组主题研讨活动的常态之举》认为学案设计应该是历史教研（备课组）组主题教研的常态之举，在新课程背景下，高中历史教研（备课）组的主题教研活动是落实新课程三维教学要求的重要手段。余月琴的《对〈历史与社会〉教学中"体验学习"的实践与思考》着重探讨"体验学习"模式，在《历史与社会》课程中运用"体验学习"的策略，使学生积极参与到教学过程，引导学生主动地思考和探究。陈亚芳的《在游图阅史中凸现课程目标的实践与思考——以〈历史上第一位总统的产生〉为例》认为在教学中普遍存在着"随意用图"的现象，作者结合《历史上第一位总统的产生》的教学实践，认为插图的运用主要是凸现教学目标的主线，这样才能做到游图阅史的目的。袁咏群的《比对·拓展·深挖——高一历史教学中初高中教材衔接处理的案例研究》强调需要深入研读初高中教材，细分历史概念和历史结论的知识点，做好初高中教材衔接处理，以提高高中历史课堂教学的效率。吕阳俊的《"双子星，双共赢"——思品、社会作业与团队社会实践有机整合的探索》通过分析现行历史学科的作业问题，认为可以将思品、社会作业与学校团队假期实践作业进行有机整合，形成"双子星"模式，以达到互通有无，轻负高质的效果。傅幼玲的《完善实习带队教师管理机制的设想和实践——以杭师大教育实习为例》针对杭州师范大学目前的实习带队教师的管理机制存在的欠缺，提出了若干设想和建议，以期教育实习更有成效。

以上的分类归纳是粗线条的，仅仅说明我们目前在历史教学中重视的几个层面而已。我国社会正处于快速发展的转型时期，大量的问题需要我们去思考和探讨，历史学任重而道远，历史教学与研究也一样任务繁重。本论文集意在抛砖引玉，希望通过历史教学的"钱江论坛"能够发现更多的真知灼见。

张卫良

历史教学与公民素质

公共历史学

南京大学历史系　陈仲丹

公共历史学（public history）是新的史学分支学科。历史学的分支学科区分，一是内容的区别，另一是方法的区别，而公共历史学注重的是史学的实用性，为公共（公众）服务的功能。这是美国学者对这门学科的叫法，而在英国则称之为"应用历史学"（applied history）。这些都与传统历史学或学院派历史学（academic history）相对。

与公共历史学相仿的提法还有大众历史学（通俗史学，popular history），注重历史学易于为公共接受的程度，如房龙、张纯如、芭芭拉·塔奇曼、约翰·托兰这样的历史学者。这与公共历史学有关联，但不是等同的。

历史学是门古老的人文科学，属于狭义非物质文明的核心内容。在中国，史学与经学构成传统文化的内核。按照章学诚"六经皆史"的定义，"经"也属于广义的史的范畴。所以，马克思认为史学是文化中唯一的学科。历史学有着崇高的地位，但其实用性并不强，历来被归为"学术"的"学"一类，也不为社会所重视，从业者的劳动也得不到与其付出相应的报酬。尤其是20世纪后期以来，时时有"史学危机"的说法，影响到对史学学科的评价以及其学科的发展。这一则是受学科特点的限制，另一则也与不注重历史学的应用性有关。

历史学的功能，按照万斯同的说法：为"帝王师"，咨询作用；为"名山业"，著述，文化积累作用。前者反映出史学有垂训功能，在深层次上指导学史者的行为，可以把史学看做智能（佛教言"般若"）的宝库。晚清学者王闿运把他教学的内容分为"帖括之学"（应试）、"诗文之学"、"帝王之学",而第三层次的"帝王之学"主要就是史学。史学的功用是很大的,这就是王国维称学术有"无用之用""无用之大用"的原因。在中央电视台"百家讲坛"的节目中,除讲历史故事外,凡是将史学讲成东方智慧的人都比较受欢迎。

强调史学的实际功用,这在中国早已有之。明清时期,所谓"经世致用"的"实学"主要内容就是史学。章学诚以助人编地方志维持生计。但明确将史学的实用性作为史学分支学-科内涵最早是由美国提出的。美国在20世纪70年代正式建立了名为"公共历史学"的学科。

公共历史学的特点是强调历史专业知识与社会需求的结合。而高校教学质量的一个指标就是满足社会需求的程度。公共历史学指受过专业训练、掌握专业的历史学者服务于学院之外相关社会领域的历史研究活动。

公共历史学的出现一是因为社会观念与思潮发生了变化,趋向于观念的多元化;二是社会实际的需求,史学人才就业的困难。

在美国,学院以外的历史工作者早已有之,如政府请历史学家为政府服务,整理战争史纪录。另外对地方史以及对社会史的关注都有这些特点。但在20世纪初,传统历史学和公共历史学发生分野,"非学术性"的历史研究受到排斥。公共历史学一直存在,但只是在名义上未被承认。

60年代以后,"社会公正"运动改变了"精英史学"的研究方向。人们开始关注妇女、劳工、少数民族等非主流人群。对社会文化史的研究随之兴起,历史学家开始注意普通人的平常生活。一些公司、宗教团体、少数民族等社会群体关注自身的文化和历史,为它们服务的历史研究形成了庞大的社会需求。另外,国家和地方政府也在公共历史领域投资,整理历史档案、保护历史遗产、管理历史博物馆等。

这一学科的兴起还与史学人才的就业危机有关。传统历史学主要培养学生从事学院研究,毕业生就业范围狭窄。

美国最早对公共历史学进行探索的学者是加州大学圣巴巴拉分校的罗伯特·凯利。1976年,他得到洛克菲勒公司资助,在学校设立研究生项目,培养历史学者为公众和私人项目服务。他率先在历史系开设"公共历史学研究"课程,并提出了这一术语。1978年,《公共历史学家》杂志创刊;1979年,"美国公共历史学会"成立,标志着这一新学科的产生。现在,美国有120多所大学设立了公共历史学的专业学位,主要是研究生课程。

目前，公共历史学研究的领域主要有档案学、考古学、博物馆学、文化遗产管理、历史遗产保护、口述历史、影像历史等方面。相应的，这方面的工作者可以在政府机构、博物馆、图书馆、档案馆、公众和私人研究中心等部门就职。还有中小学、非营利组织、商业企业等。凯利突出的是"学院以外"的机构。

对其学科的界定是，"一个帮助人们书写、创造、理解他们自己历史的行业"；"以公众为对象，为公众需求服务，由公众自己创造的历史研究实践"。2007年，美国公共历史学会提出的定义是："公共历史是一场运动，一种方法论，一种途径，它可以促进历史领域的合作和实践；从事公共历史的研究者承担着一种使命，即使他们的专业见解有益于公众。"它具备三个特征：一是历史研究理论和方法的运用（专业性）；二是强调历史知识运用的领域必须是在纯粹的学术和考古目的之外（使用性）；三是重视研究人员的专业培训和专业实践（探索性）。

公共历史学与传统历史学是一种相互融通，互为补充的关系。

在中国，公共历史学的应用比上述的应用要更为广阔：

（1）启智、明智：提高个人修养，间接用于社会活动。

（2）知识传授：普及讲座（百家讲坛、各地的讲堂讲坛）、培训（商学院的企业家培训）、与传媒的结合。

（3）咨询：影视产品、旅游规划等。

（4）其他：学业测试等。

公共历史学者的特殊知识结构表现在以下几点：

（1）知识广博，通才，博约之才。

（2）有实用技能，历史学的边缘学科，写作和演讲的才能。

（3）技术专长：如图像史料、实物考证。

社会对史学的需求是不断变化发展的，这一需求将会不断扩大而不是减少。

高中历史价值观教育取向之我见

——以对 1946—1949 年国共内战的认识为例[①]

嘉兴教育学院　戴加平

陈杰老师是浙江省一位非常优秀的历史教师，笔者与他有过几次获益匪浅的交流。针对李翰老师《高考历史教学复习的想法与做法》一文，[②]陈老师撰写了《谈谈历史教学中的价值观教育——从对国共内战的认识说起》，[③]笔者极为赞同陈老师重视历史教学中的价值观教育这一基本立场。但在价值观教育取向问题上，笔者不揣陋见，提出商榷，欢迎陈老师和其他同仁指正。

国共内战的时间跨度一般应从 1927 年算起，但两位老师实际上都是以"三大战役"为中心展开讨论，只涉及对 1946—1949 年国共内战的认识。本文亦如此。

一　课标的要求与高中历史各版本教科书的差异

国共内战是一个重要而又极为敏感的历史事件：时间上距今天太近，历史仍在继续发展中；还没有从政治中完全分化出来，历史研究深受当前政治的影响。因此，要讨论"对国共内战的认识"这样的问题，自然首

[①] 此文曾刊于《历史教学》2010 年第 8 期，特此说明。
[②] 见《历史教学》2010 年 2 月上半月刊。
[③] 见《历史教学》2010 年 6 月上半月刊。

先应当看看教育部制订的《普通高中历史课程标准（实验）》，以及依据这一标准编写的各版本教科书。

课标对国共内战没有作具体的内容要求，而是用抽象的表述方式："概述中国共产党领导的新民主主义革命的主要史实，认识新民主主义革命胜利的伟大意义"。众所周知，课标采用的"概述""认识"等行为动词具有弹性特征，它给教材编写者和施教者留下了较大的想象与处理空间。"主要史实"同样如此，如中国古代的农民起义曾经是高中历史教学中的主要史实，但现在肯定不是了；中国近代的太平天国和义和团运动也曾经是高中历史教学中的重点，但现在是不是，恐怕需要讨论。反之，过去长期被边缘化的衣、食、住、行等人类社会生活的变迁，现在已开始成为高中历史课程中的主要内容。因此，新民主主义革命的起讫时间虽然明确，但1946—1949年的国共内战是否还应是高中历史教学中的"主要史实"却是有讨论空间的。如果确实还是，这一历史事件所蕴含的丰富内容，又该如何剪裁与解释？我们毋须讳言这一事实：历史在每一个人心中。如何剪裁与解释，是史学教育工作者必须面对的重要问题。

目前高中历史4种版本的教科书对国共内战都没有回避，都作了一定的描述。看来，各版本的主编都认为这是新民主主义革命的主要史实。不过，各版本的处理方式并不相同。

大象版的叙述最为详细，以"新民主主义革命的胜利"为一课，包含"内战的爆发"、"从战略反攻到三大战役"和"新民主主义革命的伟大胜利"共三目，占用了6个版面（大16开，后同不赘）。主要知识点有重庆谈判和《双十协定》、粉碎国民党军全面进攻、打破国民党军重点进攻、人民解放军发起战略反攻、三大战役、渡江战役和人民解放军占领南京、国民党败退台湾、中共七届二中全会、新政治协商会议等。

人教社2007年的版本以"解放战争"为一课标题，用4个版面叙述了重庆谈判、政协会议、土地改革、刘邓大军挺进大别山、三大战役、1949年的和谈、渡江战役。

岳麓版以"两种命运"、"人民解放战争的胜利"与"开国大典"三目、3个版面的篇幅叙述整个过程，主要知识点有重庆谈判和《双十协定》、国民党六届二中全会、粉碎国民党军队全面进攻和重点进攻、人民解放军转入战略进攻、三大战役、国共和谈和人民解放军解放南京、新政治协商会议、开国大典。

人民版用墨最少，在"中国新民主主义革命的伟大胜利"一目中只用了不到 1 个版面的篇幅概述这一历史过程，言简意赅地叙述了全面内战的爆发、土地改革运动、战略反攻与三大战役、人民解放军解放南京、新政协会议与开国大典。

显而易见，从篇幅和选择的内容看，各版本的差异还是比较大的。这种差异符合新课程的基本理念，也是"一标多本"的必然结果。至于形成差异的原因，除了对课标的理解有所不同、个性化的追求以外，最主要的恐怕还是教材主编的学术倾向不一样，甚至可以说是由于支撑他们学术观点的史学范式不尽相同。这说明历史课程内容的选择允许存在学术上的各持己见，也体现了我国当代社会价值取向的变化。

二 史学界对 1946—1949 年国共内战的认识

国共内战的结局早就尘埃落定：国民党军队惨败，国民党势力退出大陆，中华人民共和国成立。这是历史的选择，也是中华民族的选择。对这段历史，生于日本的华裔历史小说家陈舜臣用非常客观的笔法作了如下的简要叙述："1945 年 8 月，中国和日本的战争结束后，国共再次合作崩溃。两党多次谈判，也有毛泽东的访问重庆和美国马歇尔将军的调停，但最终决裂，内战爆发。结果，只有劣势兵力和贫弱装备的中国共产党军队战胜了美式装备的国民党大军，将其扫荡出了大陆。"[①] 紧接着，他以一个历史学者的冷静与理性，用一句话"点评"并结束全书："今后需要冷静透彻地研究这段非常接近我们身边的现代历史，包括这支共产党军队的胜利原因，以及后来开展的政治。"[②] 当然，在高中教学中仅此而已是绝对不行的，但该句"点评"耐人寻味。

新中国成立后，这场战争在很长一段时间内被定性为：由自卫战争转变为人民解放战争，或称之为第三次国内革命战争（1945 年 8 月—1949

[①] ［日］陈舜臣：《中国历史风云录》，广西师范大学出版社 2009 年版，第 387 页。
[②] 同上。

年10月）。王宗荣所著《全国解放战争史专题》① 一书，仅从书名就可以看出其学术立场；金冲及先生最新出版的《二十世纪中国史纲》也坚持这一立场。② 不过，近些年来也有学者开始以"内战"一词来概括这场战争。如魏宏运主编的"普通高等教育'九五'国家重点教材"《中国现代史》③ 第三十二章的标题是"内战时期的思想文化"；张海鹏主编的《中国近代通史》第十卷《中国命运的决战（1945—1949）》④ （汪朝光著）第二章之标题就是"全面内战的烽火"，第四章第六节的标题是"国共内战与土地改革"。至于台湾地区和外国的学者，早就普遍使用"内战"一词来概括这段历史。如许倬云在《历史大脉络》⑤ 一书中以"国共内战"为第四十六章的标题；徐中约的代表作《中国近代史——1600—2000 中国的奋斗》⑥ 第二十五章的标题是"内战，1945—1949"；美国哥伦比亚大学康德拉·希诺考尔教授在其《中国文明史》⑦ 中也以"国共内战和共产党的胜利（公元1946年—公元1949年）"为题；美国学者胡素珊以其著作的书名《中国的内战——1945—1949年的政治斗争》⑧ 直接表明了自己的学术立场；美国历史学家杰里·本特里这样叙述这段历史，"随着日本在1945年被击败，中国的内战重新开始"。⑨ 《剑桥中华民国史（1912—1949年）》（下）⑩ 第13章的标题是"1945—1949年的国共冲突"，该章第四节的标题则是"1946—1949年的内战"。毋庸赘述，不管

---

① 王宗荣：《全国解放战争史专题》，大象出版社2006年版。
② 金冲及：《二十世纪中国史纲》（第二卷），社会科学文献出版社2009年版，可参见其第十四章中"历史的转折点"一目；第572页。
③ 魏宏运主编：《中国现代史》，高等教育出版社2002年版，第467、559页。
④ 张海鹏主编：《中国近代通史》第十卷《中国命运的决战（1945—1949）》（汪朝光著），凤凰出版传媒集团/江苏人民出版社2006年版。
⑤ 许倬云：《历史大脉络》，广西师范大学出版社2009年版；第305、303页。
⑥ 徐中约：《1600—2000中国的奋斗》，世界图书出版公司2008年版，第505页。
⑦ [美] 康拉德·希诺考尔等：《中国文明史》（第二版），群言出版社2008年版，第291页。
⑧ [美] 胡素珊：《中国的内战——1945—1949年的政治斗争》，中国青年出版社1997年版。
⑨ [美] 杰里·本特里等：《新全球史——文明的传承与交流》（下），北京大学出版社2008年版，第1139页。
⑩ [美] 费正清等编：《剑桥中华民国史（1912—1949年）》（下卷），中国社会科学出版社1994年版。

以什么史观判断这场战争的性质,"内战"大概是包括普通民众在内的各方人士都能接受,并经得起时间检验的。

  国共这场内战的起因之所以需要讨论,重要原因之一是事关战争的责任,它当然也与战争的最终走向密切相关。关于国共内战的起因,自1946年全面内战爆发开始,就是仁智互现,百家不一。国民党方面自不必言说,作为这场战争胜利者的中国共产党方面的观点,过去和现在都写进了我们的历史教科书,中学历史教师大都耳熟能详。但是近20年来出现的一些学术观点值得高中历史教师了解和关注。第一种仍属于传统观点,如金冲及认为,"蒋介石要发动全面内战来消灭共产党的决心,其实早已定了"。① 魏宏运认为内战爆发的原因是"蒋介石坚持武力统一,以军事手段解决共产党问题"。② 王桧林认为,"坚持独裁内战是国民党蒋介石集团的基本方针"。③ 第二种稍有折中,如许纪霖认为战后重建"政治共同体"的尝试失败,形成"大开打","这一历史性的错误中,蒋介石负有不可推卸的最大责任"。④ 台湾地区与国外学者的观点可以拓宽我们的视野。许倬云认为,"蒋介石本来有机会建立一个现代中国,却……受自己集权专制的私心所害,遂将1930年代的建国基础付之东流","于是在政治、经济及军事诸项决策中十有九错,终于走上败亡的命运"。⑤ 徐中约认为,内战的主要原因在于"国民党和共产党都相互不信任对方,因为各自是追求不同目的的政党"。他同时指出,当时"国民党受到了战争狂热的支配"。⑥ 斯塔夫里阿诺斯同样将内战的原因归结为"无论哪一方都不能克服自己对另一方的恐惧和怀疑,马歇尔的调解失败了"。⑦ 康拉德·希诺考尔的观点也与此极为相似,将内战爆发的主要原因归结为"两党之间历史上的旧仇宿怨、双方观点认识上的分歧以及各自对自己的

---

  ① 金冲及:《二十世纪中国史纲》(第二卷),社会科学文献出版社2009年版,可参见其第十四章中"历史的转折点"一目;第572页。
  ② 魏宏运主编:《中国现代史》,高等教育出版社2002年版;第467、559页。
  ③ 王桧林主编:《中国现代史》,北京师范大学出版社2004年版,第303页。
  ④ 许纪霖等主编:《中国现代化史》(第一卷1800—1949),上海三联书店1995年版,第584页。
  ⑤ 许倬云:《历史大脉络》,广西师范大学出版社2009年版,第305、303页。
  ⑥ 徐中约:《1600—2000中国的奋斗》,世界图书出版公司2008年版,第505页。
  ⑦ [美]斯塔夫里阿诺斯:《全球通史:1500年以后的世界》,上海社会科学院出版社1992年版,第802页。

视野的自信"。① 郭廷以则明确认为中国共产党对内战的爆发也负有责任，毛泽东"定要与蒋一较高下"，毛泽东说："蒋先生以为天无二主，民无二王，我不信邪，偏要出两个太阳给他看看。"②

历史学也是解释学。对同一历史现象，由于解释者立场不同、视角不同、评判标准不同等种种原因，得出的结论就会大相径庭，这是一种常见现象。在经历了长达60年的历史积淀后，史学界对1946—1949年的内战有不同的解释并展开讨论，是非常正常的。那么同样，在改革开放的大背景下，这些观点出现在高中历史课堂上，也属正常现象。如有不同意见可以讨论，却没有必要统一认识，定于一尊。

三 高中历史教学中价值观教育取向的变化

价值观教育是中学历史教学的重要任务之一。需要讨论的是，今天的高中历史教学需要怎样的价值观教育取向？这不仅需要从专业层面认识问题，还要从当代中国的社会变化、从社会转型的宏大背景下理解史学界的变革，从而更自觉地把握历史教学中的价值观取向。换言之，我们不但要走向未来，更要力求自觉地把握未来之走向。

长期以来，我国的中学历史教育在"用历史唯物主义阐释人类历史发展进程和规律"的名义下，实际上是以革命史观解释作为唯一正确的答案，价值观取向几乎完全以"革命"作为判断标准。这在新中国成立初期有其历史的必要性与合理性。但在共和国已建立60周年，中国共产党建立接近90周年、已经从革命党转变为执政党的背景下，这一判断标准到了应当加以改变的时候。这方面，文艺界早已为教育界作出了表率：1979年第四次全国"文代会"召开前夕，周扬起草的主报告草案仍然重复毛泽东在延安时期制定的文艺方针，胡乔木认为不行，不可以再提"文艺为工农兵，文艺写工农兵"，不可以再提文艺为政治服务。当时，

---

① [美] 康拉德·希诺考尔等：《中国文明史》（第二版），群言出版社2008年版，第291页。

② 郭廷以：《近代中国史纲》（第三版），格致出版社/上海人民出版社2009年版，第495页。

有几位中央领导同志反对胡乔木的意见，邓小平一锤定音：按乔木同志意见办。自此，"文艺为人民服务、为社会主义服务"成为新时期文艺工作的总方向。①

改革开放30多年来，教育改革未必让人民满意，但我们的教育方针确已发生了重大变化，从"教育必须为无产阶级政治服务，必须同生产劳动相结合"转变为"教育为社会主义现代化建设服务、为人民服务"。教育方针的转变导致中学历史教育的主要功能也已转变为"提高现代公民的人文素养"。这是根本性的变化，每位教师都应当有清醒的认识和足够的洞察力，不但要认同这种变化，更应理解导致这种变化的原因，进而预见可能的变化趋势，从而更自觉、更准确地把握住历史教育的价值观取向。

事实上，正是在上述中国社会发展的背景下，自20世纪90年代以来，我国史学界已悄然发生了一场新的"史学革命"，其重要表现之一就是用现代化史观、全球史观和文明史观等史学范式来解释历史现象，革命史观不再是唯一的指导思想。值得注意的是，学术发展已经影响到国家行为，高考文科综合能力测试中的历史试题已经大力张扬文明史观。教育部考试中心主办的《中国考试》杂志对文综试卷的评价报告中说，近年来，"人们日益重视从人类文明演进的角度来研究历史"，"2004年历史试题凸现了这一特点"。②高中历史新课程也较充分地汲取了文明史观的基本观点和研究成果。《高中历史课程标准（实验）》中的"内容标准"，以及人民版等教科书大都从文明演进的角度来阐述历史。那么，教师也应这样处理教学内容，这也是历史教育中价值观取向的背景和前提。

因此，我们理应重建历史教育中的价值观取向，理应注意从文明史观等视角来重新认识历史，树立与社会进步相吻合的价值观念。需要强调指出的是，如"1946—1949年国共内战"这样特殊而又敏感的历史事件，要引导学生较好地解读它，除了要有清晰的学术眼光以外，还应当有足够的学术勇气。毕竟，我们曾深受革命史观的浸淫，所谓"剪头上辫易，除心中辫难"。

---

① 参见舒乙《每天早上起来不要跟我说话》，2010年6月17日《南方周末》第17版。
② 《中国教育报》2004年12月22日第7版：《2004年普通高等学校招生全国统一考试文科综合能力测试试卷（教育部考试中心卷）评价》。

如果以此来考察李翰与陈杰两位在这个问题上的价值取向，陈杰所坚持的应当也是可以的。因为，国共内战确实存在着正义性与非正义性的两方，而且历史已经给出了结论：正义的一方获胜。1949年以来，我们的历史教学一直是这样解释的，这种解释在笔者看来至今没有错。

那么李翰老师错了吗？受龙应台观点的启发与影响，李翰从"内战是同胞之间的厮杀"角度引领学生思考，这样的思考错了吗？记得17世纪的法国作家、法兰西学院院士弗朗索瓦·费奈隆曾说过，"所有的战争都是内战，因为所有的人类都是同胞"。显而易见，当战争的硝烟渐渐散去，理性的光辉逐步取代情感的纠结，更客观地审视曾经的战争，是应当的，这也是历史学科的使命。换言之，战争，固然应当从正义与非正义的视角进行审视，却绝不应当囿于这一个视角。因此，在笔者看来，李翰的思考与做法更有价值、更应得到鼓励。

四　国共内战的价值观教育取向之我见

读者或许会问：你对双方的观点都加以肯定，那么，对这场内战的认识，其价值观的基本取向到底应该怎样把握呢？

本来，在我们这个时代，多元、开放应当是历史教育的题中应有之义。由教师根据自己的认识来确定价值观取向也是一种可以考虑的选择，因为教育本身需要"独立之精神"和"自由之思想"。但考虑到高中历史教育承担着公民教育的重任，笔者觉得以这一重要史实为例，就价值观教育的基本取向进行一次讨论，逐步形成共识还是很有必要的。

实际上，受课标、教材、教师及国家政治形势等诸因素的制约，每一节课的具体价值取向都存在着多种选择。在新课程的理念中，教师不再是教材的阐述者，而是课程和教材的再开发者。这当然是一种挑战。教师如何开发教材？如何确定相关教学内容的价值取向？具体而言，国共内战可以讨论的领域很广、内容极为丰富。那么，在今天的高中历史课堂上，我们更应当关注什么？

是对这场战争进行道德审判吗？当然可以。我们过去一直是这样做的，认为蒋介石是人民公敌，必须打倒；认为国民党是反动派，其统治必须推翻。在革命的年代，在新中国建国之初，这样的教学，这样的价值取向,是自然的,也是合理的。在今天的课堂上,如有历史教师坚持这样的传统,当然也是允许的。但问题是,这样的价值取向还有多少现实的教育意义?

是宣传这场战争的伟大与辉煌吗?当然也可以,我们过去就是这样做的。历史事实明确无误:这场历时三年多的战争以中国共产党领导的人民力量取得伟大胜利而告终。在教学中对这种辉煌加以宣传,进而体现中国共产党的伟大与正确,也是自然的,合理的。但这样的宣传在今天还有建国初期那样的现实意义与历史价值吗?一个有意思的旁证是,在去年公映的"主旋律"影片《建国大业》中,其基调已发生悄然变化:重心不再是宣传胜利的辉煌,而是探讨胜利的原因。

是否可将这场内战为什么未能避免作为探讨的重点?坦率地说,即使只从战争的必要性而言,一定要说这场战争是必要的,恐怕很难取得一致的认识——尽管这场内战已真实地发生了。它果真从一开始就无可避免吗?如果说争夺政权是可以理解的,那么一定要用战争这种方式吗?特别是在第二次世界大战结束后有利的国际背景下。如果必须用战争解决问题,是哪些因素使这场战争无可避免?这些因素今天改变了吗?这些因素今天我们可以改变吗?如果说战争可以避免,那么当时为何未能避免?是哪些因素导致这场战争不可避免?作这样的探讨当然不是为了追究战争责任,而是着眼于现在与未来。就现在而言,台海两岸仍潜伏着种种可能导致台海危机甚至引发战争的因素。如何避免两岸矛盾的激化,应当是极有现实意义的。就未来而言,在中华民族走向伟大复兴的行程上,如何避免兄弟阋于墙的悲剧重演是至关重要的。历史教育是影响未来中国走向的重要因素之一,对未来的共和国公民进行这方面的教育是未雨绸缪之举。

是否可将国民党为什么迅速失败,中国共产党为什么迅速胜利作为探讨的重点?如果说毛泽东等第一代无产阶级革命家1949年"进京赶考"时曾以李自成的迅速失败为戒,那么今天的我们更需要回首这段历史,冷静而深入地探讨"国民党政权是如此将自己毁灭的"这一具有重大意义的历史命题,进而回应执政60多年的中国共产党如何巩固自己的执政之基这一重大的现实命题。如有学者认为,"国民党统治的失败根本上在于政治上拒绝民主,坚持一党专制,个人独裁"。[①] 这样的观点极具史鉴价

[①] 魏宏运主编:《中国现代史》,高等教育出版社2002年版,第467、559页。

值。事实上，中国共产党高层也非常重视从历史的经验与教训中获取教益，以资当下的政权建设。也许中共中央政治局集中学习多次邀请历史学家主讲就含有这样的目的。

是否可将新中国建立后，两岸为何未能迅速实现和解作为探讨的重点？在近代，美国独立后迅速地与英国实现了和解，美国南北战争后南北双方也迅速地实现了和解。在现代，印度独立后长期与英国保持了良好关系，南非种族主义政权被推翻后，黑人与白人同样迅速地实现了和解。这些和解，对当事国的发展，对世界的发展都产生了积极的影响。那么，中国两岸的和解为什么在当时未能启动？为什么有着深厚的"和"文化基因的中华民族，在这个问题上至今未能取得突破性的进展？是哪些因素在阻碍和解的实现？我们能消除这些因素吗？事实上，陈杰也非常关注这一问题，并肯定了这一问题的价值。

是否可以国共内战为例，对"内战没有赢家"这一观点进行探讨？就国共内战而言，当时的赢家不言而喻。但放在长时段的历史中进行观察，真是还很难说。因为这场战争的影响到现在还真切地存在着，还严重地制约着两岸的政策取向，也制约着中华民族的整体发展。如果站在中华民族的立场审视这场战争，我们真的能很轻松地得出这场战争很有必要的结论吗？真的能很自信地说中国共产党是这场战争彻底的赢家吗？这个问题或许还需要结合1949年以来的历史事实作理性的、全方位的思考。

综上所述，笔者认为，对1946—1949年国共内战这一内容的最重要价值取向应当是有利于两岸中国人走向统一，是有利于中华民族实现伟大复兴。就其具体话题而言，讲解这段历史，无需再在胜利的辉煌上下工夫，更无需在歼灭多少国民党军队上加以渲染，而是可以在上述几个问题上展开探讨。这样的讨论，无论是对当下的中国还是对未来的共和国公民，都更有意义、更具价值。

由此推之，在高中历史教学价值观教育的取向上，应容许囿守革命史观，并以此进行解释；更应倡导从文明史观等视角引导学生认识历史进程，因为这更适应当下中国社会发展之现实及其需要，更有利于历史学科承担起"提高现代公民的人文素养"这一使命。

在"情境"中体悟历史

桐乡第一中学　沈玉林

"你喜欢学历史吗？"这是笔者在平时喜欢向学生提出的一个问题。回答"喜欢"的同学很多，理由是历史纵横古今中外，人物多、事件多、故事多，丰富有趣，且富有哲理，给人以启发和思考；回答"不喜欢"的同学也很多，理由很简单，要记忆的人名、时间、事件实在太多，且涉及古今中外，各大领域，各个层面。同样是历史上的人和事，为何在不同学生身上的感受却会有如此之大的差异？仔细思索，发现问题不在历史事物本身，差异在于不同学生接受历史的过程与方法不同：前者是"趣"字当头，注重对历史的感受和思考；后者是"背"字当先，只关注对历史事物的简单记忆。由此，笔者想到了一个问题：以不同的态度对待历史，所获得的历史感受也会因此而不同。

那么，到底应该以怎么样的方式或态度去对待历史？2000年9月，北京教育学院"国际理解教育研究"课题组对北京市青少年进行了"国际理解素养"的调查，见表1、图1。[①]

从调查中可以发现，学生获得知识最主要也是最直接的途径还是决定于其自身的经历、体验、阅读、思考、视听等，且这些也是他们最喜欢和乐于接受的方式。学生自身的实践参与、体验越多，兴趣度就越高。由此，笔者更为真切地认识到，学习历史离不开学生自身的参与和体验。

[①] 转引自余冬梅《让学生在体悟中走进历史——试论体悟法在课堂教学中的运用》，2003—2004年嘉兴市中学历史教学获奖论文。

表1　　　　　　　　　　学生获取知识的途径与效果

类别	学校课程的讲授	其他事情的经历与体验	书、报、杂志	影视
途径	听讲、读写、训练、很少有情感与体验	尝试实践、经历、体验	阅读、思考	视、听
特点	较系统、面窄（与教师教育观念和知识面相关）、封闭	特定（与兴趣、环境、经验相关）	广阔（与兴趣相关）、开放、零散	广阔（与兴趣相关）、开放、零散、残缺
程度与效果剖析	准确；促人勤奋；但在理论上与实践脱节，纸上来得虚浅	深刻；迁移度强；易应用于实践，对学生终生管用	较准确；增强求知；大多数有利于知识拓展和形成能力	含糊；潜移默化；针对性差，选择度低；从众，依赖性越来越强

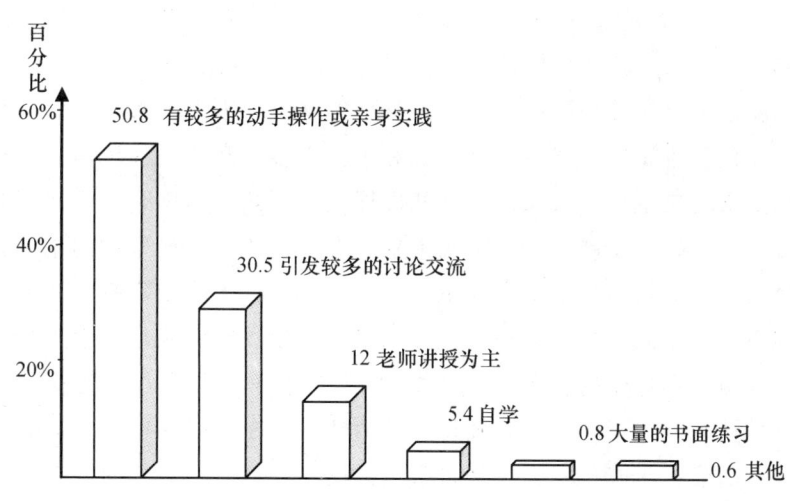

图1　学生最喜欢的课堂教学方式的调查

体悟法教学注重学生自身的感受和体验，突出学生的参与、感知和理解，强调走近历史、走进历史，这对客观科学地认识历史，确实能发挥很好的作用。许多教师在教学实践中，都进行了有益的探索，也取得了很好的成效。多年以来，笔者也一直把体悟法教学作为自己教学研究的重要课题，并不断寻找新的突破点。在这里，关注的是其中的一个环节——历史情境的创设。

一　情境的定义

情境的字面含义可以理解为情况、环境，或可理解为情感、情景和环境。一般是指由外界、景物、事件、人物关系等诸多要素构成的某种具体的有机结合的境地，是在一定时间内各种情况的相对的或结合的境况。从思想理论上看，杜威是最早提出并运用情境进行教学的学者之一，他在《我们怎样思维》一书中，用实例提出"思维起于直接经验的情境"。[①] 倡导情境教育的李吉林老师认为"情境"不但指外部环境，而且指主体的内部环境，整合成为心理场，"情境实质上是人为优化了的环境，是使儿童能动地活动于其中的环境"。[②] 张熊飞教授把情境定义为"一种情景交融的氛围，一种有形与无形组成的'教学情意场'"。[③] 在这里，我从以下三个不同层面对情境进行了定义。

情境首先是一种环境，一种与历史事实、历史现象相一致、相互对应，但又不是事物发生发展进程和事实内容本身的一种环境。这种环境伴随着历史事物、现象的存在和发展，深入其中不仅有助于认识相关历史事物存在、发展的诸多推动因素，有助于认识历史事物的细节，而且更有益于能与学生已有的知识、经历、思想、体验相联系，从而实现不同事物、不同现象间认识的迁移和联系。创设情境就是给学生创设一个参与历史和感受历史的环境。如认识甘地的"非暴力"运动，需要充分地认识和体验印度当时独特的政治环境，在这一环境中，既有英国殖民者的强权与奴役，也有来自宗主国民主、自由、平等的思想和道德因子。这种不和谐的结合创造了当时印度独特的政治环境，也正是在这一

[①] 赵祥麟、王承绪编译，《杜威教育论著选》，华东师大出版社1981年版，第297页。
[②] 转引自李吉林《学习情境的本质与创设策略》，《课程·教材·教法》2005年第11期。
[③] 张熊飞：《诱思探究学科教学论》，陕西人民出版社2003年版，第18页。

独特的政治环境下,"非暴力"才存在着巨大空间和释放出如此巨大的能量。因此,对环境的认识和体验对认识这一历史事物具有重要的作用。

其次,情境表现为一种载体,一种作为认知历史事物、现象的载体,一种历史学习的基本方法。历史都是过去发生的,留下来的都只是一个简单的事物或现象,虽然有些容易理解,但也有许多后人很难体会之处。要重新去认识它,就必须要从它发生发展的历程中去感知、去体会。情境作为认知的载体,就表现为通过对这一历史事物或现象发生发展过程的展现,形成对这一事物的成因及其特点的深刻了解、更深切的体会,从而有益于得出客观的认识。以美国《1787年宪法》为例,如果仅仅从其内容来认识和解读它,就很容易得出"不够公平公正"、"歧视黑人"等诸多结论,并也会因此而淡化这一宪法在美国甚至世界的历史作用和历史地位。因此,创设一个情境,能让学生直观地感知这一宪法长达6个多月的形成历程,感知美国国家独立后特殊的社会环境,就会对宪法中诸如"大小州议员的不同规定"、"对黑人人数的折算"等内容形成全新的认识。在这里,情境就成为认识事物的载体。在这一认知事物的过程中,有助于形成一种历史学习的基本方法:从事物发生发展的过程中去寻找和解读历史的结论。

再次,情境还表现为一种趣向,一种引发学生学习兴趣的支撑点。学习历史的兴奋点、兴趣点在哪里?事物存在和发展的细节、充满悬念和思维碰撞的现实场景、当事人的真实情感的再现或呈现、学生对学习过程的参与和体验等,无疑是最能激发学生兴趣的支点。苏霍姆林斯基曾说:"应该努力使学生自己去发现兴趣的源泉,让他们在这个发现过程中体验到自己的劳动和成就,这件事本身也就是兴趣的最重要的源泉之一。"[1]在这里,情境的创设就会在上述方面发挥其独特的优势。正如笔者在文章开头所述的,许多学生未能对历史学习形成足够的兴趣,很大程度上是由于他对历史的认识和学习仅仅停留在历史结论和历史识记本身,而最具情趣化的历史过程、历史细节和从中引发的历史思考并没有在学习过程中得以呈现,自然,历史学习的兴趣就被大大地削弱了。

---

[1] 苏霍姆林斯基:《给教师的建议》,杜殿坤编译,教育科学出版社1984年版,第57页第21条。

二 情境的来源和价值

依托上述对情境的定位和定义，围绕三个层面，笔者有意识地将所创设的情境运用到实际的教学过程中，努力探索简捷高效的教学新途径。

（一）充分利用学科资源优势创设"史料情境"，体验历史

在实际的历史教学过程中，笔者提出了"史料情境"概念，就是依托历史学科丰富的历史史料，并以所运用材料的真实性为前提，通过史料的引入和有机组合，构建一个"史料情境"。提出这一概念的出发点有两个：其一是由历史学科及史料的特点决定的。历史学科所面对的都是过去发生的事实，后人所有对历史的认识和结论都需要通过一定的媒介才能获得，而这其中，史料最具重要地位。同时，史料本身就是历史的见证，它的真实性是其他媒介所无法替代的。后人在以史料构建的情境下进行历史的分析显得也更为真实，身临其境的感觉有益于学生对历史的直接参与。其二是因为史料来源丰富，操作性强。中外历史发展进程留下的大量资料为构建史料情境提供了大量丰富的素材。除了真实性，运用史料十分便捷，可操作性强，各具特色的史料也更能调动学生参与的热情和兴趣。在《朝鲜战争》一课的教学中，笔者用五份电报作为史料，构建了一个独特的历史场景，以使学生更清晰直观地了解和体会"中国决定参加朝鲜战争"的特殊背景。

材料一 《斯大林关于同意朝鲜同志建议致毛泽东电》

（1950年5月14日）毛泽东同志！在与朝鲜同志会谈中……他们同意朝鲜人关于实现统一的建议。同时补充一点，这个问题最终必须由中国和朝鲜同志共同解决，如果中国同志不同意，则应重新讨论解决这个问题。

材料二 《斯大林关于建议中国派部队援助朝鲜问题致罗申电》

（1950年10月1日）请立即转告毛泽东或周恩来：

……我考虑，根据眼下的形势，如果您认为能为朝鲜人提供援军,哪怕五六个师也好,应即刻向三八线开进,从而使朝鲜同志能够在你们部队的掩护下,在三八线以北组织后备力量。中国部队可以志愿者身份出现,当然,由中国的指挥员统率。

材料三 《斯大林关于中国出兵问题致毛泽东电》
(1950年10月5日)
……由此我考虑到,如果中国只是消极地等待,而不是进行一场认真的较量,再一次使人信服地显示出自己的力量,那么中国就得不到这些让步。中国不仅得不到所有这些让步,甚至连台湾也得不到……在您的答复中谈到了关于中国国内的状况,这对于我来说是新的情况。您肯定地说,在由于朝鲜事件而出现新战争的情况下,中国国内将会出现极大的不满情绪,因为国内非常渴望和平。……这些困难,这个问题只能由中国同志来决定。

材料四 《罗申关于毛泽东对出兵的态度问题致斯大林电》
(1950年10月7日) 我拜会了毛泽东……
三、涉及到派中国军队到朝鲜的问题,毛泽东认为……这些师的技术装备非常差,他们只有108门大炮,一辆坦克也没有。……关于步兵的问题他们很容易解决,而这些部队的技术装备,他们完全指望苏联的援助……
四、毛泽东极其关注有关空军的问题。他指出……中国人暂时还没有自己的空军部队……因此,必须有苏联提供的技术装备……
六、毛泽东说,中国政府没有足够的资金购买空军所必需的武器和弹药。

材料五 《毛泽东关于请求苏联提供武器装备致斯大林电》
(1950年11月7日) 菲利波夫同志:
由于人民解放军陆军的武器装备主要是从敌人手里缴获来的战利品,因此造成步兵武器口径种类繁多的情况。……为克服目前困难,我请求您研究一下关于在1951年1月和2月这一时期给36个师供应步兵武器装备的问题,其具体品种名称和数量如下……

从五份电报所记录的内容中，学生就能直观地认识到中国对参战问题的态度及其态度转变的过程，也能感受到中国在参战问题上受内外因素特别是苏联因素的影响。同时，还可以从电报的用词、电报发送的时间及背景，以及电报发送的频率上去进一步体会当时状况：从用词和语气上看，斯大林的电报表面上尊重中国但语气明显带有命令式的，特别是材料三的电报，是非常强硬的，而相比之下毛泽东的电报则语气完全不同，这充分反映出当时中苏实际地位的差异；从五份电报发送的时间背景和发送的频率中，也能发现隐含在其中的信息：材料一发生于朝鲜战争即将开始的5月份，事实上，苏联和朝鲜之间早已私下达成了发动战争的计划，而这个时候再给中国通知相关信息的意义就显得有些强加于人的性质了。特别还在电报中专门加了一句"如果中国同志不同意，则应重新讨论解决这个问题"。既然苏联早已同意，中国自然也没有了"不同意"的回旋余地，因此电报中的"如果中国同志不同意"就有别样的意思在里边了。材料二、三、四三份电报的内容基本一致，但时间频率很高，分别是1号、5号、7号，且又是在中国最终参战10月19日的前几天，在这么短的时间内还在讨论参不参战的问题，与一般的军事行动所要求的足够准备及时间是不相符的，也更进一步体现了中国参战的特殊性和时间的紧迫性。材料五的电报发于中国参战后不到20天的时间内，这份请求的意义自然也不一般，也反映了当时中国的实际困难和参战的被动。通过这些史料，就把当时实际存在的状态真实完整地呈现出来。在这一过程中，学生就能更清晰地体会和感受到中国政府在作出最后出兵决策过程中所面临的困难、压力和诸多复杂的因素，对这一问题的认识自然比简单的八个字——"抗美援朝，保家卫国"更为丰满。这就是史料情境所发挥的独特优势。

（二）发掘与历史事物具有"同一性主题"的亲缘情境，走近历史

法国思想家雷蒙·阿隆曾指出："历史学家应当……努力在他的相异性中发现其他东西。但是，这种发现要以历史学家和历史客体之间的某种一致为前提。如果历史上的人生活的世界与我们的世界丝毫没有共同之处，如果这两个世界在某种抽象的程度上没有表现为是同一主题的不同变种，那么，前一个世界在我看来就会变得完全陌生，毫无意义。依我之见，要想使整个历史被人所理解，活着的人就必须去发现自己与死者的亲

缘关系，在这一分析中……为历史学家去理解逝去的文明提供了必要条件。"[1] 这是他对历史学家和历史研究的告诫，但同时，运用到我们的历史教学中，也是非常有价值的。只有在让学生自己所接触和理解的现实，与历史发生之间建立起必要的"亲缘关系"后，历史才能真正为学生所体会。因此，在设置情境的过程中，笔者又有意识地从现实中找寻与相关历史事物具有"主题同一性"的情境，结合自己的生活体验和认识感悟相关历史事物。

在《经济全球化的世界》一节中关于"经济全球化"的概念，教材上运用了这么一段话："经济全球化指世界各国、各地区通过密切的经济交往与合作，在经济上相互联系和依存、相互竞争和制约达到了很高的程度，使全球经济形成了一个有机整体。"[2]

虽然表述得非常简洁明了，也很清楚，但对高一学生而言还是觉得有些生硬。为了便于学生更好地体会其特征，笔者又借用了一段网上调侃英王妃戴安娜之死的话题作为情境：

"一个英国的王妃和她的埃及男友在法国的隧道里发生撞车事故。被撞的车子是荷兰工程师设计的德国轿车，司机是比利时人，事故的原因是他喝了苏格兰出产的威士忌。整起车祸被意大利摄影师跟踪拍摄了下来。据说他骑着一辆日本产的摩托车。后来，一个美国医生进行了抢救，用的是巴西产的药物。后来，一个中国人使用比尔·盖茨的产品把这条消息告诉你，你正好在一台 IBM 电脑上读这条消息。那台电脑是孟加拉的工人在新加坡的工厂组装出来的，然后，由一名印度司机开车送出厂。"

这段话语被广为流传，但也确实很经典，运用在"经济全球化"这一概念下确实非常的形象，生动的语言表达能引起学生浓厚的兴趣，有了这一体会后再来阅读教材上的那一段关于全球化的描述，学生对于经济全球化的理解和概念化表述的印象就更为深刻，也易于接受。

---

[1] 雷蒙·阿隆：《知识分子的鸦片》，吕一民、顾杭译，南京译林出版社，2005 年版，第 141—142 页。

[2] 普通高中课程标准实验教科书《历史必修·第二册》，人民教育出版社 2007 年版。

当然，经济全球化本身毕竟也还是当代史，与学生现实的生活年代还没有距离感；但同样，对于久远的历史过去，也可以通过寻找"亲缘关系"加以感受。在学习"君主专制"的相关内容时，笔者找到了一个人——吕留良，对于笔者的学生而言，他是一位本地老乡，这就已有了第一层的亲缘。再者，笔者又向学生展示了两则信息：

第一则是一篇报道，讲的是2009年桐乡"纪念吕留良诞辰380周年"活动中，请来了一位特殊客人，这位特殊客人是当年被流放到遥远的东北黑龙江宁古塔地区的吕留良后裔代表，第10代子孙，现任职于黑龙江人民出版社的副社长吕观仁先生，他介绍了当年他的父辈们千里迢迢，被流放至举目无亲的荒凉塞外，作为奴隶和犯人，被强制在白山黑水的大片土地上，胼手胝足，世代辛苦耕耘。

第二则信息是当年"吕留良案"的介绍。吕留良死后49年，即清雍正十年（1732年），受湖南儒生曾静反清一案牵连，被雍正皇帝钦定为"大逆"罪名，惨遭开棺戮尸枭示之刑，其子孙、亲戚、弟子广受株连，长子吕葆中，被剖棺戮尸；第五子吕毅中"拟斩立决"，其弟子严鸿逵戮尸枭示、沈在宽斩首；案中牵连人黄补庵已死，其妻妾子女给功臣家为奴，父母祖孙兄弟流放两千里；刻书人车鼎臣、孙用克等拟斩监候，该案历经四年时间才最后结案。

这两则信息中，第一则突出的是距离，从浙江到远在东北的黑龙江宁古塔地区，第二则突出的是范围，从自己死后49年到儿子、到牵连人，但两者又是共同的，体现的都是专制王权下的残暴。通过这一学生身边人物和他相关事物构建的"亲缘"情境，学生非常真切地感受到了专制统治下的黑暗和恐怖，也对专制主义的特征特别是明清时期专制的强化有了直观的感受，对君主专制的认识和评价都远比教材寥寥数语的表述要深刻得多，学生的参与度和教学效果也明显不同。

另外，数据、图片、照片等也在情境创设过程中具有独特的"亲缘"效果，如有关战争与和平的相关内容中，我曾引入了韩国一离婚调查机构的调查数据。它公布了1950年代以来220万件离婚个案咨询，发现朝鲜战争期间，妇女以丈夫生死不明为理由，提出离婚的特别多。这对学生的情感也是很有冲击力的，使学生对因战争而带来的危害的认识更为直观。在学习"苏联社会主义改革与挫折"一节时，我只用了三张照片，一张是赫鲁晓夫手拿玉米与群众对话的照片，一张是勃列日涅夫表情严肃、身着挂满勋章制服的照片,第三张是戈尔巴乔夫坐在汽车中、身边一只大旅行包、为国际名牌 LV 包代言的照片。三张照片通过从不同的情境呈现三位领导人不一样的改革特征和改革进程,学生对三位领导人各自改革的印象很深刻,对他们各自改革的结果和评价也在观察与思考的过程中形成了自己的认识。拉近历史与现实的关键是一个字——"亲"。

(三) 整合教学有效资源构建人文情境,融入历史

放下数学作业,合上语文课本,背完英语单词……伴随着上课铃声和历史老师进入教室,历史学习就这样开始了。这是历史学科教学的常态,也是学生学习的常态。在这种状态下开始的历史课堂必然是生硬的和机械的,在这种状态下,原本应该属于正常的教学设计、学习方法和目标预期都会变得不顺畅,因此,课堂教学目标的有效达成除了学科关联因素和教师的教学设计因素外,也还需要有一个合理的课堂外环境相配合。笔者把它定位为课堂"人文情境",即能影响整个历史教学进程但又不是直接由历史事物组成的情境,组成这个情境的主体不是历史知识、历史信息、历史资料,而是人,通过强化人的主体参与、交流进一步丰富已有的历史体验和感悟。

人文情境的首要目标是要迅速引导学生建立良好的学习心理态势,正如前面所述,很多情形下,学生对任何一科的课堂都是被动进入,只是机械地按照学校的课程表在行进,主观上缺乏一种积极主动的心理准备,对相关历史知识、信息的理解和感悟往往在一开始会表现得很麻木,这就需要有一个能刺激学生大脑思维的外部情境。在大多数情形下,笔者喜欢用故事、情节来引导学生,在"祖国的统一大业"一节的学习中,笔者首先给学生讲述了一个故事,是 2002 年笔者的一位朋友应邀去台湾进行学术交流时的事情,故事里包含两项内容,内容之一是他对在台湾看到的美丽风景的介绍,还有几张他发给我的照片,然后话锋一转,指出在当时情形下,我们一般的大陆普通民众是没有机会到达台湾的,随后又详细介绍了他在行前为办理各项手续,在整个长达三个月过程中的各项经历,包括在文化、公安等各级政府部门的层层审批、政审和培训等。故事使学生好奇、遗憾和感慨,也就很自然地形成了早日完成祖国统一的内心愿望。在"70 年代新中国外交的突破"一节时,笔者运用的是乒乓外交的细节,并首先向学生提出一个想象和假设:在"文化大革命"的 20 世纪 70 年代,假如一位陌生的美国人突然出现在同学们的面前，你可能会怎么做？再详细介绍了当年美国青年科恩突然走上中国代表队汽车时给大家带来的震撼、庄则栋与科恩的交流以及后来双方政府的态度等细节。故事真实且充满着戏剧成分，迅速将学生带入了一个特定的历史场景中，顺利完成了教学过程的转接。

人文情境创建的第二步是引导对话。对话是一种信息的传递，其本身并不是历史知识，似乎也无法直接获取知识，但它是激发和活跃思维的重要手段，因此，它既可以作为信息交流的手段，又能启迪学生的思维，提高对历史相关问题的敏感度，对体悟历史具有重要的辅助和促进作用。但对话的前提是要帮助和引导学生消除对话的障碍，包括主动性、语言障碍、胆识、羞愧心理等。很多情形下，学生对历史事物的认识要求仅仅停留在对教师认识的复制和记忆，并不寄希望于自己能形成独特的认识，缺乏主动性，也是因为可省时省力，不用动脑筋，结果是学生对相关历史事物的认识始终停留在表面，形成不了一种属于自己的认识，也形成不了一种完整的历史学习方法。但如果能让学生打开话题，学生的思维便会迅速活跃起来。引导对话需要长期和即时相结合，从长期看，需要有一个良好、相互信任的师生关系，还需要有一个宽松、平等和民主的课堂，从即时看，需要有一个能引发学生兴趣的话题、问题链或活动，在实际的教学中，我经常通过问题的探究来引发对话，这些问题中蕴含着问题解决方向，又体现了学术的争鸣，学生的对话趣向在即时被诱发出来。如"鸦片战争后中国社会是进步还是倒退"、"革命史观、文明史观、全球史观下的鸦片战争特点有何不同"、"辛亥革命到底是失败还是成功"等问题，都是学生愿意参与且能够参与的话题。以此为前提，学生对历史事物的认识自然从外向内化为切身感悟。

当然，影响人文情境创建的因素还有很多，不同年级、不同层次、不同性别的学生对历史学习的感受和要求存在着差异，教师自身的知识、阅历、情趣、性格、对待学生及教学的态度等，都会对课堂的人文环境产生较大的影响，需要根据实际进行不断的调整。许多成功任教高三的教师在回到高一年级任教时，都会在初期遇到不同程度的波折，原因也在于此。但同时，人文情境的创建程度高低会对整个历史学习产生较大的影响，又是必须要重视且积极创建的。

以上是笔者实施情境体悟法过程中，在情境创设层面的理念和方法。

历史留给我们后人的，有其清晰的一面，也有其模糊的另一面，有我们已认知的，也有我们尚未认识的。钱穆先生曾说过："史者一成而不变，而治史者则每随时变而异其求，故治史之难，莫难于时变之方新……尤甚者，莫过于近人之言古史。昔人言，画犬马难，画鬼神易，今之治古史，亦如画鬼神：易于无凭，而难于近是。"[①] 历史研究真的很难，因为它留下的实在太多太多，感觉难以穷尽，这就需要我们既能立足当代，又能回到历史曾经发生的过去，用一种科学的方法、客观公正的心态，去感知、去体会、去印证，情境体悟法的基点也在于此。

---

① 钱穆：《黄帝》，三联书店 2005 年版，序言。

历史新课程下培养学生决策能力的研究

杭州市余杭高级中学 郑 怡

一 对决策和决策能力含义的准确把握

"决策"（decision-making）就字面意思而言是指做出决定或选择，平时我们多把它看做是从几种备选的行动方案中作出最终抉择，更有不少人认为它只属于组织领导者的拍板定案，但这其实是对决策的狭义理解。从决策学的理论研究来看，大多数学者赞同应从广义的角度定义决策，即认为决策跟人们的日常生活行为密切相关，是指人们在改造客观世界和主观世界的过程中，以对事物发展规律及主客观条件的认识为依据，寻求并决定某种最优化目标和行动方案的思想与行为过程；同时认为决策不止是一个作出抉择或决定的孤立环节，而是一个包括提出问题、制订方案、选择方案、实施方案、追踪方案等步骤的完整过程（见图1）。虽然实际的决策活动并不一定要严格地按照这些步骤进行，但从逻辑上看，这些步骤之间存在着一定的因果关系，尤其对于相对复杂问题的决策，遵循这些步骤是必要的，因为缺失了前面的步骤，后面的工作就难以展开。

正是由于决策不等同于决定，因此，决策能力也决不能与决断、抉择能力简单地画等号。从决策的整个过程来看，决策能力是指人们提出和明确问题，然后依据已有的知识和经验，针对问题从不同角度提出多种解决方案，再运用科学方法和理性思考选择出一个或多个合理的、最有价值的方案，并加以追踪和评估的能力。决策能力的高低首先取决于决策者对分析、联想、比较、判断、评价等一系列决策思维的掌握程度，但同时作为决策者自身由果敢、坚定、灵活、创新等精神品质构成的决策心理，也对决策能力的高低有着重大的影响。由此而论，决策能力应该是决策方法、决策思维和决策心理的有机整合。

```
提出问题 → 制订方案 → 选择方案 → 实施方案 →(效果好)→ 终结
                                    ↓(效果差)
                              追踪决策 ────────↑
```

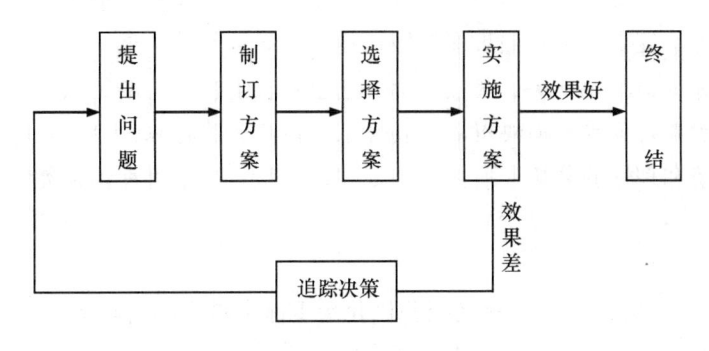

图1　决策的一般过程

对于学生而言，这种决策能力是可以通过在具体学科中有机渗透决策训练而掌握的，有效的学科内决策训练不仅可以使学生获得知识，还有助于培养学生具备作为决策者所应有的素质，如思维缜密、具有创新性、坚持原则而又灵活果断等，具备了这些素质，也就具备了决策能力。

二　历史新课程下培养学生决策能力的现实考虑

（一）是顺应社会培养方向与提升学生综合素质的迫切要求

当今社会正处于一个政治经济与文化科技日新月异发展的时代，同时国际的交流空前频繁。在此背景下，任何个人、组织和国家在实际的重大行为中都离不开科学的决策，个人决策关系到个人的成败得失，组织决策关系组织的生死存亡，国家决策关系到国家的兴衰荣辱。决策能力不仅已作为社会衡量优秀人才的一项重要标准，同时也日渐成为每个人生存与发展必备的一项重要能力。

然而就目前中学生决策能力的现状而言，却着实令人担忧。一方面，今天的青少年由于绝大多数是独生子女，很多父母长辈会倍加呵护甚至无原则地溺爱，他们一旦遇到较大的事情，或者由父母包办代替、听从父母决定，或者一味任性地凭自己的兴趣和情绪来行事；另一方面，在目前基础教育阶段的各科教学中，由于教育主管部门和学校教师对决策的内涵认识不清，对决策能力培养的重要性认识不足，导致学生的决策能力很少能在学校得到系统和有效的培养。因此，在学生身上往往会形成这样两类极端的行为特征：一类是遇事惯于服从他人，无自己的主见，一旦失去依赖对象，就变得犹豫不决、茫然失措，甚至采取消极逃避的方式；另一类是虽然喜欢我行我素，但决策时主要凭个人情绪、感觉和仅有的经验，很少通过系统和理性的分析，所做的决定和抉择难免会显得冲动鲁莽，不够周全合理。

（二）是发挥历史学科功能和优化历史课堂教学的全新要求

首先，培养学生决策能力是历史学科增强学科功能、提升学科地位的自身要求。"以史为鉴"、"经世致用"向来是历史教学发挥其学科功能的重要指导思想。面对当今社会的发展要求，各国都普遍对历史课程进行了重大改革，重新审视和认识历史学科的能力培养目标及学科价值，其中美国1996年重新出台的《历史学科国家课程标准》就是非常典型的例子。它彻底地改变了传统观念中对历史课程的看法，对历史课程赋予了全新而正确的认识，见表1。

表1　　　　　　　对历史课程认识的新旧观念比较（列举）

	对历史课程认识的旧观念	对历史课程认识的新观念
3	历史课程是一门依靠记忆进行学习的学科	历史课程是解释和解决问题的学科
4	历史课程是一门普通的培养人文素养的课程，没有什么挑战性	历史课程具有挑战性
6	历史课程与个人思维能力的发展无关	历史课程与个人思维能力发展有关
7	历史课程比数学课程容易	历史课程比数学课程难度高

在此基础上，它也对历史学科思维能力的培养标准做了非常细致和合理的划分，试图以此来展现历史课程与现实的联系（见表2）。值得关注的是，其中"分析历史问题并作出决策的能力"被列为5项思维能力标准的最高层次，并对其培养目标作出了既符合决策基本程序，又体现历史

学科特色的具体规定。

表 2　　　　　　　　　美国历史思维能力标准

思维能力标准	具体培养目标
标准 5　分析历史问题并作出决策的能力	A. 辨别历史上的各种难题和困难抉择；B. 分析事件所涉及的不同人物的利害关系和价值观；C. 辨别难题或困难抉择的起因；D. 为解决难题提出可选性建议；E. 明确表述对某个问题所持的立场或行为方式；F. 选择某种解决方法；G. 评价某个决定的后果。

其次，历史学科在培养学生决策能力方面具有独特的学科优势。数学学科的概率、不等式等知识虽然可以成为科学决策中进行量化分析的有效工具，起到辅助决策的作用，但却不能代替决策的整个过程；政治学科中哲学的世界观和方法论，也只能告诉人们一般的认识和行事规律，同样不能指导学生的整个决策过程；理化生等学科的实验研究，虽然具备了让学生体验决策完整过程的功能，但却无法让学生由此积累生活中更多接触的人生问题的决策经验。而历史学科则以其丰富而生动的史实案例，为学生提升决策能力提供了有效的平台，学生在对历史人物和历史事件的研究中，不仅可以掌握决策的基本流程，而且能灵活地运用各种思维能力，尤为关键的是还能从中感悟到伟大历史人物优良的精神品质，从而提升自己的决策心理素养，这更是其他学科所无法比拟和替代的。

再次，在历史课堂教学中引入决策能力的培养，也有助于历史新课程理念的落实和历史课堂教学的优化。由于决策是一个包含方法、思维和心理的系统过程，因此，引导学生进行决策的过程，其实也正是实现历史课程标准所规定的知识与技能、过程与方法、情感态度与价值观三维目标有效落实的过程；另外，就有些历史内容的教学设计而言，以问题发掘与问题决策为基本教学线索，可以非常合理地组织开展教学，真正做到主线明晰、层层推进、环环相扣、终成一体的教学效果，从而达到教学目标的最优化和最大化。特别是对于《历史人物评说》、《中外历史重大改革》和《战争与和平》等新课程增加的选修教材的教学，灵活运用决策能力培养的理念导向，不仅有助于拓宽和活化教学组织的思路与形式，避免课堂教学陷入枯燥乏味的灌输和记忆，更好地激发学生的学习兴趣，而且最关键的是能更好地实现新课程的培养目标，切实有效地提升学生的综合素养。

三 历史新课程下培养学生决策能力的策略

（一）合理设计教学思路，辅导学生活用决策基本流程

历史的课堂教学由于研究的问题决策都属于他人既定的史实，不同于我们自己解决现实问题的决策。因此，在课堂教学中培养学生的决策能力，就不可能完全遵循决策的一般流程，应学会在此基础上加以灵活的变通和运用。在勾画某些历史内容的教学设计时，决策的流程其实可以作为非常好的教学线索和组织框架，以此对教材内容进行必要的重组和整合，这样不仅可以优化课堂的教学设计，而且也有助于辅导学生掌握并灵活地运用决策的基本流程。以人民版《社会主义建设道路的初期探索》一课为例，笔者就用决策流程为框架线索，对整节教材内容进行了重组设计，见表3。

表3

阶段 决策 流程	1918年—1920年				1921年—1927年			
	提出问题	制订方案	选择方案	追踪评价实施方案	提出问题	制订方案	选择方案	追踪评价实施方案
教学活动	引导学生分析形势，明确问题核心是必须集中人力、物力保障军事胜利	鼓励学生讨论并提出有助于集中经济力量的各种举措	要求学生以保障军事胜利为首要目标，讨论选定可行方案	教师提供材料，学生结合史实，客观评价战时共产主义政策的利弊	通过材料分析，明确核心目标是要放宽经济管制，调动劳动者积极性	引导学生结合战时共产主义政策的内容提出调整的具体措施	讨论并确定既坚持社会主义原则又有助于经济恢复的可行性举措	教师出示数据和文字材料，学生据此对新经济政策进行客观评价

当然，这种用决策流程来组织教学，既可以用于整堂课的设计，也可以大量运用于单个知识点的教学分析。比如在《新中国初期的外交》一课中，就可以灵活运用决策的流程，逐个地分析"中苏结盟"、"和平共处五项原则的提出"、"'求同存异'方针的提出"等重大历史决策。

（二）分清阶段培养重点，启迪学生提高决策思维能力

决策思维能力的运用贯穿于决策的整个流程，但在各个环节上，其涉及的具体决策思维是有所区分和侧重的。明确了这点，教师应明确其决策思维培养的重点有所不同，下面结合具体的教学案例介绍一下实践操作。

1. 在提出问题的环节，重点培养学生的剖析性思维

提出问题是引导学生进行决策活动的首要步骤。"提出一个问题往往比解决一个问题更重要"，因为问题的提出决定着决策的目标和方向，这是制订和选择正确方案、实现成功决策的前提所在。而要提出并明确问题，必须充分运用剖析性思维，去粗取精，去伪存真，实现对问题全面而深刻的理解和把握。

首先要引导学生明确问题的症结与核心。比如：罗斯福新政第一阶段所面临的核心问题就是"如何缓解生产与消费之间的矛盾"，其间出台的多项经济政策，诸如减少工农业的盲目生产、规定最高工时和最低工资、以工代赈等，其实都是围绕着这一问题的解决而展开的。

其次，在针对复杂问题的分析时，还要学会将主干问题分解为若干个更为具体、明确的子问题，并且分清其中的层次。同样以罗斯福新政为例，"如何摆脱经济危机"这一主干问题，必须分解为如何在各领域进行改革的多个子问题，而其中"如何稳定金融"是前提性的应急措施，"如何复兴工业"是摆脱危机的中心环节，"如何建立社会保障机制"则是最具深远意义的变革之举。

2. 在制订方案的环节，重点培养学生的发散性思维

方案的制订是决策过程的第二步，它必须为最终的选择决断提供尽可能多的方案，是科学决策的基础。创造学中有句名言："如果只有一个方案，那么它很可能是最危险的方案。"因此，在这一环节，教师一定要善于激发学生的发散性思维，让学生在理解问题的基础上提出各种大胆、新颖的设想。教师务必推迟对学生设想的评判，鼓励各种设想的展示，哪怕

是最荒唐的想法也要包容。

另外，要特别引导学生突破定向思维，敢于超越教材，甚至质疑教材中历史人物决策的合理性。比如，在讲授《圣雄甘地》一课时，就有学生对非暴力的斗争手段提出了质疑，认为采取非暴力手段的前提是要看斗争的对象和斗争的外部环境，如果遇到的是更加残忍的法西斯分子，并且不是在第二次世界大战后人类整体走向和平与发展的外部环境下，甘地的斗争很难成功。通过争议，学生们的认识更加深刻了，既摆脱了唯有武装斗争才能解决民族压迫的传统观念束缚，又理解了必须灵活而正确地运用各种斗争手段。

3. 在选择方案的环节，重点培养学生的评价性思维

评价和选择方案是决策过程中最为关键的中心环节。决策的基本思想就是要从总体角度出发，寻求既定目标与众多约束条件之间矛盾的协调，即在众多约束条件下，选出一种能以最低代价、最优效果实现既定目标的方案。

评选方案首先必须明确方案所应遵循的原则，如果方案有违于执行者所持的原则和立场，则一般应予以否定。比如：我国改革开放中实施决策的评判依据，是坚持社会主义本质，符合三个"有利于"的标准；而罗斯福新政的最高原则自然是维护资本主义政治和经济制度。

其次，要充分依据所收集的资料，综合考虑、评判各个方案执行的必要性和可能性。一方面，要评判方案实施结果的优劣，全面地评估预测其利弊影响，不能以偏概全；另一方面，还要分析各个方案在实施中可能遇见的有利因素和不利因素，从而评估其实施的可行性。比如，可以让学生对康熙帝处理满汉、满藏和满蒙关系提出各种建议，然后再分析评价为什么采取学习汉族文化、分设四大活佛是最明智的抉择。

（三）有机渗透情感教育，引领学生提升决策心理品质

决策心理品质是决策过程中的隐性因素，它虽然不像决策思维一样受人关注，但其实它在很大程度上影响着决策的进程和决策的优劣。历史新课程标准提出的情感态度价值观这一教学培养目标，为提升决策心理品质提供了方向指针，而《历史人物评说》和《历史上重大改革回眸》等选修教材的增设，更是还原了历史人物鲜活、生动、富于人性的一面，为决策心理的培养提供了丰富的素材。

在实际的教学中,教师可以将决策心理品质进行分类来有的放矢地加以培养。比如可以通过让学生阅读教材中"1940年丘吉尔在英国下院的演讲词"和"1933年罗斯福总统的就职演说辞",来增强学生直面问题和解决问题的勇气;可以让学生从甘地领导的"食盐进军"的悲壮场景中,感受甘地及其领导的非暴力志愿者反对殖民政策的坚定决心和非凡意志;也可以从周恩来提出"求同存异"、邓小平提出"一国两制"的事例描述和分析中,让学生学习到伟人们因地制宜、灵活变通的精神,体会到原则坚定性和策略灵活性的和谐统一。

另外,教师可以通过正反的人物事例对比,从中启迪学生养成正确的心理品质。例如笔者在讲述《一代雄狮拿破仑》一课时,就通过华盛顿和拿破仑内外政策决策的对比,让学生先看到他们在各领域的决策都有相似举措,如都重视用人、都加强中央权力、都重视法制建设、都进行过军事改革、都重视发展经济等,但进一步引导学生深入剖析下去,就会发现其实两者存在着极大的差异,而这种差异性正是两人不同个性品质的反映——华盛顿内阁的组成考虑了各种力量的均衡,同时合理地改革了政治体制,进一步发挥了三权制衡的作用,对外推行和平与中立政策;而拿破仑用人必须宣誓对他效忠,政治上采取军事体制,剥夺人民权利,对外不断扩大战争。由此不难看出,其"大陆封锁令"、入侵西班牙、发动对俄战争等重大决策的失误,甚至法兰西第一帝国的覆亡,都是和拿破仑本身独断专行的个性密切相关的。

(四) 丰富教学组织形式,激发学生增强决策训练兴趣

在历史新课程下,丰富的教材内容和全新的培养目标,为决策能力的培养提供了很好的平台,而教师如果在实际的教学中不仅善于设计教学的内容,而且能充分考虑丰富教学组织的形式,激发起学生参与决策训练的浓厚兴趣,那么培养的效果将会更好。

笔者在平时的教学中就采用过角色扮演、合作探究、头脑风暴等多种学习形式,也的确收到了令人满意的效果,不仅极大地激发了学生的参与热情,而且也锻炼了学生的实际能力。例如,在讲述《罗斯福新政》一课时,就由若干个四人小组假扮成总统的智囊团,而各个小组又可以按不同的主管领域,细分为金融组、农业组、工业组、救济组、社会保障组等部门,学生在组内进行相互的交流与合作,共同探讨制订本组的方案;而一部分小组的学生则与老师一起扮成国会的议员，负责询问总统智囊团对当前经济危机问题的分析，并对各部门小组的代表进行质询，问明其决策的具体实施方案和制订这些决策的理由，并加以评判。通过这样的角色扮演和合作探讨，让学生能够更真切且深刻地理解罗斯福新政中每一项政策出台的合理性。

（五）拓宽教学培养渠道，帮助学生增加决策实践机会

首先，培养学生的决策能力可以与习题解答相结合。习题解答是实现教学目标、完成教学评价的重要途径，但将培养决策能力与解答习题相融合，却常被学生和教师所忽视。其实解答习题的过程也正是决策的过程——选择题是在明确问题的前提下，在已给定的方案中依据学生已掌握的知识信息，选择其中的最佳选项，换一种说法也就是正确概率最大的选项；主观题则是在学生理解问题本意的前提下，首先通过构思拟定尽可能多的思路要点，然后通过分析评价，选择其中最贴近题意的几条加以表达。但不少学生在解选择题时，缺乏最佳意识和概率意识，经常会凭知识印象或自身感觉来猜，或者提前做出判断；在做主观题时，也经常会缺失了"构想"这一重要的决策环节，限制了得分的提高。

其次，决策能力的培养还可以延伸到课堂教学之外，与新课程背景下的一项重要课程——研究性学习相结合，研究性学习课程开设的本意就是要提高学生分析和解决实际问题的能力，其发现、探究和解决现实问题的过程与决策的基本流程完全吻合，非常适合培养学生的决策能力。对学生的历史研究性学习加以正确指导，可以突破课堂和教材的限制和束缚，给学生以更大的空间和舞台，去运用和施展自己决策的能力，可以让他们对历史上有争议的决策进行探讨分析，比如对新中国建立初期抗美援朝的决策进行探究；也可以对与历史相关的现实问题进行探究和决策，例如对家乡历史文化的传承与保护提出合理化的方案，等等。

参考文献

1. 黄孟藩、王凤彬：《决策行为与决策心理》，机械工业出版社 1995 年版。
2. 庄锦英：《决策心理学》，上海教育出版社 2006 年版。

3. 钟启泉、张华主编：《世界课程改革趋势研究》（下卷），北京师范大学出版社2001年版。

4. 刘冬梅：《简析美国对历史思维能力的分解》，《历史教学》2009年第12期。

5. 齐树同：《历史教育培养学生的决策能力——美国历史教科书中的案例与做法》，《历史教学》2007年第9期。

试析提升教师教学反思能力的策略

杭州市萧山第十一中学　王海燕

当前，伴随着基础教育课程改革的实施和推广，人们越来越意识到教师在教育改革和社会发展中所扮演的重要角色。教师是素质教育的直接实施者，只有广大教师从教学观念到教学行为上实现了一系列的更新，成长为适应于新课程的"新生代教师"，才能真正实现新课程理念的推广和实施。因此，教师专业发展成为了备受关注的热点话题。人们提出并实践着很多有助于教师专业发展的理念和方法。"教学反思"这种以前一直存在于优秀教师个体经验层面的想法和做法，现在被视为有利于教师队伍专业发展的重要理念和方法被重新提出，并在教育理论和实践领域中"隆重推广"，形成了诸多理论观点和实践策略。然而从教学一线的实际情况来看，这一重新"粉墨登场"并被委以促进教师专业发展"重任"的理念和方法有流于形式、疏于落实的危险。本文结合笔者自身教学的思考和实践，在阐述教学反思与教师专业发展关系的基础上，就如何展开切实的教学反思进行较为细致的分析论证，以求教于学界，并希望有助于教学反思这一"老方新帖"能真正焕发出生命和活力。

一　教学反思与教师专业发展的关系

所谓教学反思，是指教师用批判和审视的眼光看待自己的教学思想、观念以及参与的教学活动，对其中的成败得失及其原因进行思考，获得一定的有关教学的新认识，从而不断提升教学的合理性，并使自己更好地成长的一种方式和途径。

对于当前教师专业发展的任务和趋势而言，合理规范的教学反思能带来如下积极效果。

首先，教学反思能带动教师接受新课程理念，走进新课程。

新课程强调学习过程以学生为中心，尊重学生的个性差异，注重互动的学习方式。在学习过程中充分发挥学生的主体性，要求学生能主动参与、乐于探究、勤于动手。新课程关注的是在教学过程中培养学生提出问题、分析问题、解决问题的能力，进而培养学生的创新精神。在这种新课程理念下，教师不再是知识的灌输者，而应该是教学环境的设计者、学生学习的组织者和引导者、课程的开发者、学生学习过程的合作者和促进者，为学生的学习提供帮助，是学生的学习顾问。面对这种全新的转变，需要教师改变陈旧的教育观念，真正"走进新课程"。教学反思有利于教师转变教学观念。教师只有不断地反思自己的教学行为，总结教学的得失与成败，对整个教学过程进行回顾、分析和审视，才能形成教学反思的意识和自我监控的能力，从而不断丰富自我素养，提高自我发展能力，冲击原来根深蒂固的传统观念，使自己始终站在学科教学改革的前沿，从教书匠走向"专家型"、"学者型"。

其次，教学反思有利于升华教师的教学经验。

虽然专业化程度不同，但是教师与医生职业是有相似之处的：一个医术高超的医生，必定是从积累许多病案的过程中成长起来的；同样，一个优秀的教师，获得发展的重要教育资源也必然是教学经验。但是经验不会自动转化为教师主体的财富。这是因为没有经过反思的经验是肤浅的，表现为系统性不强，理解不深透，不仅无助于教师的专业成长，而且容易导致教师产生封闭的心态，阻碍教师的专业成长。而自我反思有助于改造和提升教师的教学经验。通过反思，教师更能够从新的视角和新的理解去看问题，使原始的经验不断地处于被审视、被修正、被强化、被否定等思维加工中，去粗存精，去伪存真，这样经验才会得到提炼、得到升华。如果教师能够有意识地记录和分析，并将把这种经验的反思用于自己教学的改进，那么经验就能转化为教师不断成长的养料。所以，一位工作了几十年的教师没有得到较大的发展，不是因为他没有经验而是他没有对自己的经验进行深入的反思。也正是这样，叶澜教授才会断言："一个教师写一辈子教案不一定成为名师，如果一个教师写两年的教学反思，就有可能成为名师。"①

再次，教学反思有利于教师形成自己的实践性知识体系。

好教师绝对不是一个教材的照本宣科者，而是在教学过程中能根据自身的主观知觉和个体经验逐渐融合形成一个完整的知识构建体系。我们不妨称之为教师的实践性知识体系。这种实践性知识对于教师而言是非常重要的。它运用于教师的教育教学实践之中，支配着教师的日常教育教学行为；它是教师从事教育教学工作不可或缺的保障。同时它也影响着教师对理论性知识的吸收与运用。要形成这种实践性知识体系，需要依靠教师自觉的教学反思。教师通过对整个教学过程进行回顾、分析和审视，从自己的教学行为中不断总结教学的得失与成败，才能了解自己的教学风格、类型和专业发展脉络，探索教育教学行为或经验中所蕴藏的丰富意义，检视或发现实践性知识与理论之间的差异并剖析其原因，调整教学行为并在实践中加以检验，改进和重建自己的教育生活，从而明晰并形成自己的实践性知识体系。

最后，反思有利于教师专业自我发展意识的形成。

反思是教师主要以自己的教育教学活动过程为思考对象，依据已有的知识和经验，对自己的教学行为、决策以及由此产生的结果进行审视和分析，用教育科学研究的方式找出解决实际问题的方法，然后再次实践，再接受新的知识，即反思—学习—设计—实施—再反思，这样就形成了新的知识和经验，再进一步循环。这种模式把反思作为起点，让教师在反思的过程中分析现状、找出问题，认清个体自我发展的方向，然后进行有针对性的学习。当教师看到自我发展、自我实现离不开学习时，就调动了受训者自觉学习的内驱力，使自己的专业发展从被动走向自主，从而能较快地提高本人的专业能力，最终成为研究型的教师。

二 如何切实提升教学反思能力

教学反思的确可以成为教师专业成长的"助推器"，所以如何切实提升教师的教学反思能力成为刻不容缓的问题。那么，教师应该反思什么？

---

① 叶澜、白益民：《教师角色与教师发展新探》，教育科学出版社2001年版，第241页。

又该如何进行教学反思呢?

(一) 教学反思的内容

教学反思的内容是非常宽泛的,涉及教学价值、教学实践和教学环境等多方面。在本文中,我们主要来探讨在课堂教学方面的反思内容。对课堂教学方面的反思主要可以从两个方面着手。

一是对教材处理的反思。教师对教材处理的反思是非常必要的。在新课程背景下,教师不是教教材,而是将教材作为一种课程资源进行教学。所以教师需要反思以下内容:(1) 我是否了解了本节课教材的编写意图?是否了解新课程和课程指导意见中对本节课的要求?在我的教学目标的设计中是否体现?在对课堂教学活动的设计中是否体现?(2) 我是否把握住了本节课教材的主要脉络?在对教材的处理中是否体现了主要脉络?(3) 学生对教材的理解度和接受度是多少?本节课教师预定的教学重点和难点是否符合学生的知识背景和学习能力?(4) 学生是存在差异性的,我有没有针对性地调整教学目标,做到因材施教?(5) 我以前在教学相关内容时曾经遇到过什么问题?如何解决的?效果怎么样?依据自己的教学风格和教学能力,采用何种教学方法,同时对学生也适用……

二是对整个课堂教学行动的轨迹进行回溯、思考。通过对整个课堂教学行动的轨迹进行回溯、思考,教师对自己和学生的教学经历作更加透彻的理解,能自觉对教学效果进行价值判断,发现问题和困难,探究解决的方案。教师在课后需要思考的问题有:(1) 这节课是怎样进行的?(2) 哪些环节没有按备课计划进行?为什么?(3) 对每个知识点的处理,教学策略是否得当?问题设置是否有意义?情境创设是否到位?如果再次教学这一课的内容,我会做怎样的修改?(4) 我帮助学生掌握了学习方法了吗?(5) 学生是否达到了预期的教学目标?(6) 在课堂上学生的表现和反应如何?我的教学能引起学生的注意和兴趣吗?我是如何调控课堂气氛的?(7) 在授课过程中是否发生了意外的状况?为什么会出现这些改变?我是如何处理的?(8) 我的教学观念、方法、行为符合哪些教学规律和理论?如何用这些理论来进行解释?

通过这些思考,教师在反思过去教学经验基础上进行新的教学设计,形成系统的教学策略,能更加有效地促进整个教学过程的顺利进行,而且还有助于培养教师的反思习惯和反思能力,将教学经验上升到理论层面,有助于教师的专业发展和成长，使以后的教学更加完美。

（二）教学反思技能运用的基本策略

首先，加强教育理论学习是前提。在现实教育过程中，教师往往表现为找不到反思点或者是反思无法深入，只能停留在浅层面之上。原因何在？在于教师的教学反思缺乏教育理论的支持。教育理论分析可以帮助教师审视那些教师教学中的直觉判断和缄默知识，帮助教师认识和理解自己的行为和思想，而且还可以为他们的实践提供多种可能。如反思自己的课堂导入需要涉及学习动机理论；合理控制课堂过程中学生的注意力需要灵活运用无意注意与有意注意规律；课堂小结需要涉及学生对知识的融会贯通和保持理论等。教师只有具备深厚的教育理论修养，广阔的教育前沿视野，教学反思活动才可能顺利、有效地进行。在学习教育理论知识时，教师要学会用自身的经验来解释和验证理论。只有把教育理论学习和教育实践紧密结合起来才能促成有价值、有深度的教学反思。

其次，开展多元化的对话交流是手段。这里的多元化是指对话交流对象的多样化。

教学反思的首要对话对象是教师本人。人本主义心理学家马斯洛曾经说过："人都有自我发挥和完成的欲望，使自己的潜能得以实现、保持和增强。"[①] 对于教师而言，使潜能得以实现的方式之一是通过与自我对话进行自我剖析，这既是对自我的批判性思维过程，更是自我提高的过程。教师与自我对话可以分作两个层次：第一层次是写教学后记。这要求教师在每节课后都必须完成。第二层次是写案例分析。教师可以根据平时教学后记的记录，有选择地撰写。

教学后记是教师在课后对课堂教学活动进行批判性的理解、分析、总结和感悟，然后用文字的形式整理记录下来。坚持写教学后记，有利于改进教学，促进自身专业发展。一般来说，教学后记主要是包括以下一些内容：第一，教学的亮点和成功之处，如巧妙的教学导入、画龙点睛式的总结、课堂精彩的教学片断、恰到好处的教学材料以及生动的言语，等等。第二，教学的缺憾之处，如课堂中新生成的问题、不满意的教学环节等，

---

① 转引施良方《学习论——学习心理学的理论与原理》，人民教育出版社1994年版，第420页。

对这些进行系统的回顾、梳理，剖析原因，总结教训，提出改进的措施。第三，教学的疑难问题。备课、上课中难免会遇到一些疑难问题，有的是教师自己发现的，有的是学生提出来的。对这些问题，也可以进行记录。第四，及时获取并记录教学反馈信息。教师在教学过程中可以根据学生回答问题的情况、观察学生的表情变化、学生的练习等获得有关教学的反馈信息，也可在课后通过谈话、问卷等形式，从学生身上获得有关教学的反馈信息。

教学后记的书写，可以参考下面的教学反思表，见表1。教师可将此表格附于每课教案之后，在教学告一段落之后填写此表格。这是最简单、最易操作的形式，没有必须遵守的规范，但必须经常记录，并注意要时不时地重新读自己的教学后记，在表格中不断补充记录自己的想法，归纳和总结相关主题和解决此类问题的方法。这解决了一个问题：教师没有时间记录教学日记的时候，先做个简单的备案，以防遗忘。

表1　　　　　　　　　　　　教学反思表

班次_____姓名_____日期_____

主题	
教学成功之处	
教学缺憾及改进	
教学疑难	
教学反馈信息	
教学感悟	包括感受最深、有新的理解的一些观点；令人兴奋的、疑惑的或已经证实的一两个事件

但是，这种教学后记仅仅是对典型教学现象的收集，并没有将理论和教学实践相结合，这种教学反思不是深层次的反思。要深化教学反思，还需要做案例分析。

案例分析是以案例的形式分析与研究，以揭示其内在的规律。这是一种很好的反思方式，是转变教师教育教学观念和行为的突破口。通过编写和研究案例不仅可以促使教师反思自己的教学，同时还可以分享同伴的经验。学校可以利用学校网站设立教学论坛，将教师撰写的教育案例从不同岗位、不同角度选取优秀作品在论坛中进行交流，共享案例研究的成果。教学案例可以促使教师有意识地对自己教学工作中"是什么"、"为什么"和"如何做"等问题进行探讨，促使教师反思自己的工作，有利于其专业化成长。正像有的教师说的那样：交流我们自己教育生活中的朵朵美丽的浪花，让枯燥的说教式培训变得生动活泼了。

通过教学后记和案例分析等技术手段，教师可以获得自我对话的技术保障。但是教师的自我反思也具有一定的封闭性和局限性。教师的自我反思往往是比较模糊、难以深入的。常常因为"身在此山中"而出现"不识庐山真面目"的状况，一叶障目使自己顾此失彼。此时，同伴就是自己的一面镜子。教学反思还可以用"与同行对话"的方式来进行。具体可以采取下述策略。

其一，进行课堂细节描述的听课评课。观摩和探讨别人的教学，寻找出别人的成功经验或失败原因，可以为反思自己的教学行为提供新的视角和启示，使自己在教学探究中少走弯路，这是提高自己的教学水平的重要途径。进行课堂细节描述的听课评课是一种值得推广的模式。具体操作步骤就是：以教师在日常教学过程中发现的问题为基础，确立听课教师在听课过程中所需要关注的细节和研究主题，授课教师通过公开课展示对该问题的研究，听课教师根据课前确定的研究主题进行针对性的听课，有针对性地记录；听课教师根据课堂观察的结果，重点评价授课教师在该问题研究上取得的成绩和存在的不足，并提出改进意见。授课老师根据听评课老师的意见进一步反思以改进教学。

课堂细节描述式的听课使教师同伴互助交流具有更强的指向性，对教师的教学行为能够产生更深刻的研讨。

其二，与同行合作讨论。教师在反思自己的教学实践时，如果局限于个人的视野或经验，往往难以发现问题和缺陷，而同事之间的讨论可以为教师反思个人的教学实践提供新的思路和借鉴。讨论有助于推进教师集体的教学反思，有利于为反思性教学创造一个良好的整体氛围。集体的智能往往能创造出更多的财富。合作讨论首先要确立主题，形式可以多样。比如可以安排一位教师为中心发言人，将自己对某一问题的思考与解决过程展现给小组的其他成员。在小组成员充分交流相互诘问的基础上，各位参加讨论的教师都可以反观自己的意识与行为，进一步加深对自己的了解并了解和借鉴其他人的不同观点。也可以创设一定的问题情境后，请参加讨论的教师都拿出一张纸写出来，然后每个人都上台来发言，然后由组织者进行归类总结。

其三，利用教学录像进行反思。教师还可以借助教学录像来进行反思。这个教学录像可以是教师自己的或者其他教师的。在播放中找出一些自己觉得很特别的画面和环节，思考反省为何当时会如此教，是否妥当，下次应如何改进等。还可以在观看中留意整节课的课堂结构和教学流程，思考如果让自己重新设计这一课或假如让自己上这节课，将如何设计教学等问题。这时最好是整个备课组一起观看教学录像，共同进行教学交流，对教学现象或问题进行比较深入的分析和思考。当然，如果有专家从旁帮助进行分析和评价，这一反思方法的作用将发挥得更好。

其四，与专家对话。这里的专家是指本校的优秀教师和校外的专家。教师通过观摩优秀教师的公开课进行对比反思，阅读优秀教师的教案，倾听优秀教师的备课思路，并与自己的教案、课堂进行比较，分析自己的不足与成功之处及其原因，并从中吸取经验教训，取长补短，实现自身更好的发展。通过校外专家的引导，有利于走出学校这个圈圈，使教师的思想更有开放性。通过吸纳专家的优秀理论和实践经验，促使教师实现对自身的多角度、全方位的反思。

三　教学反思实施中的反思

进行教学反思，其优点在于可以激发教师个体的主观能动性，帮助教师从每天都在进行着的习以为常的教学方式、教学行为中发现自身的教学问题，并提出解决问题的方案，提升自身的专业化水平。同时，教学反思对客观条件要求不高、简便易行。不少教师因为注重教学反思且善于教学反思，有效促进了自身专业化水平的提高，迅速成长为教师群体中的佼佼者。

但是在倡导教学反思的同时，我们也应该冷静反思和理性面对教学反思在实施过程中出现的一些问题。其一，教学反思流于形式。部分老师把教学反思当做一种被动的外加负担，片面追求数量上的"达标"。于是，教学反思变成了对教学过程的机械回放和简单再现，对于个别教学现象背后所揭示的教育哲理缺乏深入剖析，对个别现象中蕴涵的普遍的教育规律缺乏深入挖掘，更没有追寻偶发现象所产生的必然根据，这导致教师不能把感性思考提升为经验理论，这种教学反思是有反思之名而无反思之实了。这种教学反思只能耗费教师的时间和精力、磨灭教师的激情和灵感，使得老师们纠缠在繁杂的日常事务上而逐渐产生职业倦怠。其二，教学反思趋于功利。在当今"教学案例"写作成风的潮流中，个别老师为了所谓的"标新立异"、"引领潮流"，凭空捏造一些"课堂教学事件"，再以理想化的时尚理论加以修饰和美化，完全不顾教学事件发生的客观依据，更不考究时尚理论的科学性和适用性。这样的教学反思，过分强调了撰写教学反思的功利取向，是一种引人谬思的教学反思。

所以，就如何让教学反思这一"老方新帖"能真正焕发出生命和活力这一课题，我们还可以进行更进一步的深入研究。笔者认为，凭反思提升经验，让经验促进反思，使经验多一点理性，让反思更加真实，是教师群体共同的心愿。愿我们以此共勉，共同走进"反思不止、收益无穷、进取不断"的广阔天地。

参考文献

1. 武博、宋智勇：《浅析教学反思技能》，《新课程研究（基础教育）》2009年第8期。

2. 叶澜、白益民：《教师角色与教师发展新探》，教育科学出版社2001年版。

3. 蔡宇宏：《论教师教学反思能力的提升》，《信阳师范学院学报》（哲学社会科学版）2009年第4期。

4. 沈建军：《让校本教研走向"粗糙地面"——校本教研有效组织形式的实践研究》，《杭州师范学院学报》（增刊），2008年。

5. 李彦花：《教学反思——促进教师专业发展的一种有效途径》，《中小学教材教学》2003年第1期。

6. 吴静芳、张伟平：《关于教学反思问题的探讨》，《杭州师范学院学报》（自然科学版）2004年第6期。

7. 王志民：《为教学反思"把脉"》，《教学与管理》2006年第6期。

8. 靳玉乐：《反思教学》，四川教育出版社2006年版。

徜徉在历史与现实之间

——以现实问题引发历史反思的实践和探索

杭州长征中学　徐放蕾

"神舟六号"与千年前火药的发明，费俊龙、聂海胜与百年前美国的莱特兄弟，引进洋教练与历史上的洋务运动……这样以现实问题引发的历史反思，每天都在我们的历史学习中上演。我校自 2003 年 9 月开始在高三年级开展了以"现实问题的历史反思"为主题的历史教学法的探究活动，旨在培养学生多渠道获取、反思历史知识的能力。

新的历史课程标准在"知识与能力"目标中指出，"在掌握基本历史知识的过程中，进一步提高阅读和通过多种途径获取历史信息的能力…"，在"过程与方法"目标中指出，"学习历史是一个从感知历史到不断加深对历史和现实的理解过程；同时也是主动参与、学会学习的过程"。然而传统的历史课堂教学，重结果、轻过程，忽视学生的经历、体验和个体差异，整个教学过程一帆风顺，学生没有探究的困惑、挫折、失败，更没有成功的喜悦；信息传递由教师（或书本）指向学生，是单向的，其表现形式为教师授、学生受，忽视了学生的猜想、设计、对话和互动；过分强调严格的学术性，忽视了历史内容的趣味性，使很多学生感到历史学科单调乏味，远离实际生活，对历史课的畏难情绪和负重感渐增，热情和亲近感渐弱。

历史教学的现状促使教师不断思考：能否把课堂扩展到课外甚至是学生的生活大舞台呢？能否由学生自己用历史知识来解释当代社会国内外的现实问题，培养对历史知识反思的能力？

一 理论与目标

理论：建构主义坚持知识不是被动接受的，而是认知主体主动建构的，学生已有的历史知识和现实生活中的信息借助某种联系，可以有机地融合在一起。如学生已知百年前美国莱特兄弟试飞成功，是人类航空史上的一大创举，而"神舟六号"上天的新闻打开了他们的视野和思维空间，因为"都是航天事业上的成就"这一联系，把两个不同时空发生的事件自然地组合起来。

知识的建构是基于人们的利益、立场、需要、趣味、眼界、胸襟而实现的。个人建构究竟是一个什么样的过程呢？当代美国心理学家凯利认为：第一，个人建构是不断发展、变化和完善的，可推陈出新，不断提高。比如，从足球洋教练推出洋务运动，最后拓展为"新洋务运动"的概念；第二，个人建构因人而异，现实是各人所理解和知觉到的现实，面对同一现实，不同的人会有不同的反应。比如，在一次活动中，不少学生都剪裁了题为《龙门古镇举行祭祖大典》的材料，设计的问题却不相同，例如"根据材料及有关史实，简述三国鼎立时吴国的兴衰史"、"评价孙权这个历史人物"、"简答三国时期的社会经济情况和特点"……

目标：在高中历史教学中，教师指导学生通过报刊资料的剪编评练，培养学生主动对历史知识进行反思的能力等。

二 实践

（一）准备阶段

1. 教师活动

（1）说明课题目标，激发学习动机。对整门历史课程及各教学单元进行教学目标分析，以确定当前所学知识的"主题"，便于学生收集材料、形成互动，在从未体验尝试的新鲜感里，产生学习兴趣。开学不久，适逢《古代史》的学习，以"追溯历史，找回本真"为题，给"历史正剧"认真挑刺，比如展开对央视大剧《汉武大帝》中有关汉朝服饰、化妆、语言等细节问题的讨论。

（2）介绍过程方法，研究活动方案。方案包括以下几点。

①学生自主选择报刊材料剪裁，内容可与历史单元复习同步，以后与专题同步，便于学生今后共享、交流。

②学生以剪报作材料，独立完成编报，编三类题（选择题、材料解析题、问答题），并自拟参考答案附于题后。

③自我评价、相互评价、教师评价三者结合，民主评选一、二、三等奖，并建立个人作品档案袋，作为历史学习评价内容。

④优秀作品编入校级、班级墙报展出，以部分墙报内容为学习资源，师生合力出历史知识竞赛卷，作为学生练习，以推动活动的有机进行。目标是培养学生合作的意识与能力、促使学生扩大资源共享的范围，提升知识的广度与深度。

2. 学生活动

了解课题目标及大致过程，并自行研究、理解，自己决定具体方案。比如，有不少学生选择了《中国古代史》隋唐单元，联系高考、社会选拔制度反思科举制；联系杭州治理内河、杭甬运河延伸的新闻，反思隋炀帝时开凿京杭大运河；联系孙氏后裔汇聚富阳的信息，反思三国鼎立时期的社会情况。

（二）实施阶段

1. 教师活动

（1）提供材料来源——引导学生从现实中挖掘历史资源（包括各类报刊、学校图书馆、社区课程资源、音像资料、遗迹和各类博物馆、纪念馆和网络资源等），突破教材的界限。该注意的是教师不要提供限定学生思路的资料，只对学生如何查阅有关资料进行必要的指导，报刊的选用、步骤的设计、文字的处理等任务完全由学生自主完成。

（2）点拨组合途径——促成学生在实践中自觉地掌握并运用剪编评练的基本技能与方法，区别有效与无效信息，增强学生的社会实践能力、重新构建知识体系的能力。比如，费俊龙、聂海胜与"神舟六号"上天都是发生于当代，跟历史怎么联系？教师可以提示：A. 人物联系：历史上和费俊龙、聂海胜一样对航天事业作出贡献的还有谁？B. 时间联系："神舟六号"发生于2005年，那么百年前发生过什么重大的历史事件？

这样，学生就能发挥丰富的想象力，把费俊龙、聂海胜与百年前美国的莱特兄弟、1969年苏联的加加林登上月球自然地联系起来。

（3）鼓励积极思辨——督促和激励学生积极克服困难，保证活动的持续进行，拓宽学生的思维，将实践活动引向深入。比如，前面已确定了联系的角度，接下来该剪裁出题了。关于"神舟六号"的材料铺天盖地，学生对该剪什么，剪多少材料不清楚，所以老师还得继续指导，组织学生开展讨论与交流，明确自己定的角度、与题型的结合等。如有学生选择的是《我载人飞船震动世界》，联系新中国在航天事业方面的进步，可出问答题：请举出中国向太空进军的典型事例。

（4）加强个别指导——增进与个别学生的交流，努力成为一个倾听者和交往者，重视每一个学生的内心世界，倾听他们的认识和感悟，并给予相应的认可和鼓励，及时启发、指导、点拨，切实地提供一些建设性的意见。例如有位学生剪裁了题为"百年西泠，孤山留痕"的报刊材料，但觉得很难与学过的历史知识联系，无从下手，决定放弃。知道这一情况后，笔者马上找到那位学生，先肯定他选择的材料独到翔实，再指出材料过多主题散乱的不足，建议可从点到面，提取与历史名人吴昌硕、潘天寿有关的内容，来客观评价历史上的书法家。学生受到提示和鼓励，心花怒放，似乎灵感的源头也打开了，兴奋地问："那么可以分析经济发达与文化繁荣之间的关系吗？""当然可以啦，你这可是透过现象把握经济基础决定上层建筑、意识形态的本质，挖掘了从特殊到一般的规律，境界很高啊！"笔者由衷地祝贺他。后来学生就以此为理解的基点加以运用，设计问题："简析隋唐时期出现众多书画家的原因是什么？最重要的原因是什么？"这里要注意的是时机，教师介入过早会剥夺学生解决问题、发现答案的机会，但介入太迟也有可能使学生因为问题难以求解而失去探究的兴趣。引导的方法包括：提出适当的问题以引起学生的思考和讨论；在讨论中设法把问题一步步引向深入以加深学生对所学内容的理解；要启发诱导学生自己去发现规律、自己去纠正和补充错误的或片面的认识。

2. 学生活动

（1）选择剪报材料——学生从准备阶段时的意向出发，四处搜寻报纸材料，拓展生活空间和历史学习途径。学生掌握材料来源广：有各类报刊，如《参考消息》、《环球时报》、《报刊文摘》、《人民日报》、《时事》、《半月谈》、《每日商报》、《都市快报》、《读者》等，有图文印刷品如

《秦始皇兵马俑大型真品展》、数码摄影作品等；涉足领域宽：有经济民生、政治法制、考古新发现、传统文化保护继承发展、吴越乡土文化、科技、教育、体育、环境与能源9大类，共47项；结合热点紧：人数较集中于"新西湖"、"西博会"、关注"神舟六号"、台湾问题等社会热点、焦点、亮点问题。例如：围绕一个主题，选择不同材料。"新西湖"主题，剪裁《西湖，好一座水下博物馆》材料，剪裁《白堤并非白居易所筑》材料，剪裁《36个历史文化景观将免费开放》材料；剪裁《300年前西湖全景昨日重现》材料；剪裁《西湖的四个时代》材料，剪裁《古都逢盛世 吴越有余音——钱王祠昨落成》材料……

（2）确定角度组合——学生自主把生活、社会、现实中的材料信息，反思历史领域，围绕人与自我、人与他人、人与社会、人与自然、人与文化等方面，确定角度与历史知识组合，从而给历史知识赋予了新的含义。例如，一个学生剪裁了五组不同的材料，分别是《浙大酝酿学期革命》、《浙江进京招贤才》、《毛遂自荐也可上大学》、《考研报名人数再创新高》、《高考制度改革的必由之路》，加以重新的理解、组合，编练"科举制"问题。可见，学生和成人一样主动关心时事，抓住社会关注的新西湖、教育改革、"神舟六号"上天等问题，根据他们的历史知识和现实经验作出较大胆合理的联系，积极发表自己的看法与评价，渴望参与社会活动并为社会所认可。

（3）设计编定题目——学生发挥丰富的想象力，以自己的理解独立设计三类题目。题型按照方案规定是三种，体现统一性。学生实际设计的题目有概述、简析、比较、评价等多种形式，内容没有完全相同的，体现了独立性、创造性。例如：考古界一直以为世界上最早的青铜人像是古希腊、古埃及发现的，一位学生在报纸上发现了一则宝贵的材料：四川成都平原上的三星堆遗址发现青铜大立人像，根据考古推测，比古希腊等早了四五百年，这将改写中国的艺术史和世界对中国文明的理解。该生以敏锐的眼光剪裁编写了题为《对比的目光落向远方，青铜文化如此辉煌》的剪报，侧重对夏商周时期的"青铜文化"和经济领域的手工业进行了探究学习。这样学生的历史知识、现实经验与考古新发现紧紧结合，使历史学习内容超越了教材，大胆取材于现实，更新、更宽、更广、更具有时代感，更吸引21世纪的中学生。

（4）组织开放答案——因为问题由学生自己设计，不是摘自参考书或教材,没有现成的答案可参考,所以必须自拟答案。学生把知识延伸、发展,得到新知识、新概念、新理论,重新构建自己的知识体系。例如:学生由现行的考试制度拓展到历史上的科举制,从形成、性质、作用等,对二者进行分析比较,大胆推理科举制与高考制有一定的渊源关系,得出"以分数为标准仍是最不坏的选择"的结论。实际上,学生的潜能是无穷的,思维空间一旦打开后,组织的答案较灵活多变、科学理性,让人欣喜、引人入胜,具有创造性和开放性,有的答案甚至触及其他学科,如语文、政治、地理、化学、生物……

(三) 总结阶段

1. 教师活动

(1) 分析成果表达——引导学生选择适当的成果呈现方式,解读、尊重、鼓励每一位学生富于个性化的自我表达方式。每位学生的编报都是16K大小,版式可以是横式、竖式、横竖交叉式,手写或打印,图文并茂,各有所长。

(2) 比对个人得失——在实践过程中,注意原始材料的保存,留下学生成长发展的痕迹,对优点及时肯定,对不足提出改进建议,便于他们在与自我、与他人的比较中进行反思,完善以后的实践活动。有的学生在与他人作品的比较中看到了差距,便于互取短长,共同提高。

(3) 评价具体过程——教师评价的同时,通过讨论、协商、交流等方式,引导学生进行自我评价、相互评价。评价应坚持发展性原则、客观性原则、激励性原则等。如有位学生剪裁了题为《巴米扬大佛重建有望》的材料,设计问题"在中国的世界文化遗产中,哪一个是和巴米扬大佛同一时期修建的?"参考答案是魏晋南北朝时期的云冈石窟。阿富汗的局势是世界关注的焦点,巴米扬大佛被战火破坏的现实让大家痛心疾首,2004年又逢第28届世界遗产大会在苏州召开。由于高中历史教材缺世界古代史,所以对于古阿富汗历史的认识很浅,中外历史几乎是割裂的,而学生能打破中西文化史的界限,创造性地把现实问题迁移到历史反思中,设计了一个既有深度、又有广度的高质量问题,让师生不由叫好!这份编报被评为"最具历史责任感"奖。

(4) 修订设计方案——反思实践过程,对下一轮的方案进行完善、补充、修订。每次活动都会发现新问题,如第一次有许多学生未按要求做，出的题目全是选择题，还有学生剪裁的材料很多，但"形散神也散"，杂乱无章，不能体现同一主题。

2. 学生活动

（1）交流成果表达——学生自信的呈现、交流个性化的作品。集体评出一、二、三等奖，供大家观摩学习。

（2）总结个人得失——学生对活动前、中、后的体验、情感、态度、价值观、自我实践能力等变化总结。如有学生主动养成阅报的习惯，逐渐喜欢上了历史课。

（3）反思具体过程——学生反思自己的实践活动，自觉记录活动过程（特别是重要的细节）中的投入、对问题的设计、对成果的交流，主动审视自己的利弊得失，逐步完善自己的行动，激发批判思维和创新思维。

（4）改进设计方案——学生改进活动方案，制订活动的系列计划，以保证实践活动有系统、有计划、有组织地实施。

完整的建构活动应包括准备、实施、总结三阶段，关系如图1。"准备阶段"为起点，保证"实施阶段"顺利进行，结果是师生共同"总结"、改进、修订更高的起点，作为下一次的"准备"，开始又一轮的活动，循环发展、连绵不断，使之成为长期、系统的实践活动和学法训练。在活动中，学生是信息加工的主体、是意义的主动建构者，而不是外部刺激的被动接受者和被灌输的对象，教师是意义建构的帮助者、促进者，而不是知识的传授者与灌输者；师生是平等的合作关系，既强调学习者的认知主体作用，又不忽视教师的指导作用。

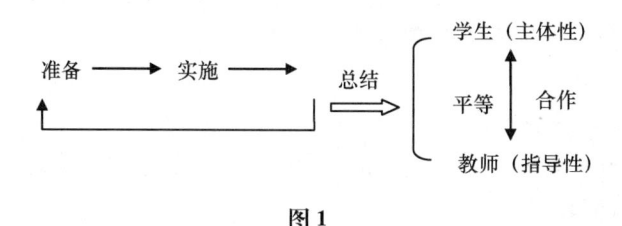

图1

课题实践从准备、实施到总结阶段基本上都由学生自主完成，自觉执行，自我实现，达成实践活动的自动化，体现了学生自理、自信、自尊、自立的主体地位，教师是帮助者、参与者、引导者、监控者、顾问者……发挥着指导性的作用和功能。

三 效果

有助于帮助学生在实践中提高构建全新概念、构建开放答案、构建个性方案、构建综合主题、构建答题规律等能力。

（一）构建全新概念

把知识延伸、拓展，得到新知识、新概念、新理论，重新构建自己的知识体系。例如：有位学生由报刊材料《国家引进"洋教练"》大胆迁移到历史课中的"洋务运动"进行编报，给我很大的震动与启发。当我在课堂上提到这个问题时，几乎所有的学生都很佩服她的"异想天开"，同时七嘴八舌地开始大谈他们感兴趣的网络公司，丁磊、张朝阳等"海归派"，近期洋汽车、洋企业大量入户中国等现实热点问题，我顺水推舟，要求学生们边听歌曲《我爱你，中国》，边总结这些"洋"人、"洋"事物的特征，结合网络和其他资料，又拓展衍生出"新洋务运动"这一崭新的概念。"新洋务运动"即改革开放以来的中国，以振兴中华民族、赶超发达国家为目的，坚持独立自主，利用国外资金，引进国外先进技术、设备、人才，学习国外的科学管理经验，使民族经济得到迅速发展且真正融入经济全球化的浪潮中！因为都是发生于现实生活中甚至是身边的事，学生可以根据自身的生活经验作出呼应，加深了对历史现象的认识与理解，扩展和挖掘了"洋务运动"这一概念的广度与深度，构建了新的历史概念，体现了历史问题的现实联系。

（二）构建开放答案

实践活动中常碰到不可预测的问题，答案由学生自己来组织，甚至突破历史课本的范畴。

例如：学生剪裁了题为《敦煌又响起了开凿石窟的锤声》的报刊文章，其中一个设问："举例说明隋唐文化艺术特点对后世的影响。"编写的参考答案是，"如今杭州各大寺庙的雕刻，飞来峰、南线、西线的栏杆雕塑等；现代诗歌；古筝曲；对日本等国在衣食住行方面的影响"。答案的组织依托现实，反思历史，用细心观察、用心感受到的点点滴滴分析解决了这类开放性的问题。

(三) 构建个性方案

包括设计版面、报纸名称、材料群组、题目、参考答案等。剪裁同一材料的学生，由于经验、兴趣不同，设计的问题也体现出一定的个性化。

(四) 构建综合主题

学习能力强的学生，往往能从一则或多则材料中选定一个主题，然后出三类题进行阐发。由于主题不同，切口小，保证了学生个体构建的时间与精力，所以质量都还不错，形成宝贵的高三历史主题复习资料。如：周正远同学剪裁了登载于《参考消息》上的文章《中印贸易集团对抗美国》，围绕经济全球化的主题，设计了一系列层层递进的问题和参考答案，构建了一个较好的历史小专题。材料解析题有三问：（1）结合所学知识，回答材料中的"市场自由化"指什么？（2）结合有关知识，分析欧盟不愿走向更大市场的原因。（3）结合史实概述"二战"后欧洲区域性政治经济组织的发展过程。（4）欧盟反对"更大的市场自由化"还有怎样的特殊原因？这个主题侧重剖析经济全球化的概念、历史发展的一般过程及其特例欧盟的情况分析，解决了"是什么"、"为什么"、"怎么样"的问题。

(五) 构建答题规律

历史是科学，问题的分析应有一般规律和方法，答案的组织尽管千变万化，但都有公式可循，绝不是随意性的表现。如历史唯物主义（论从史出）、辩证唯物主义（一分为二）、四要素（原因、经过、结果、影响）、四结合（政治、经济、军事、文教），等等。学生通过自身的学法训练，有意识地加强科学方法在答题中的运用，逐渐提高答题的能力，自然而然地掌握了答题规律。

如：学生剪裁了题为《先人留下28种艺术如今成了世界遗产》的报刊文章，设立问题："音乐艺术作为一个历史时代的缩影，我们可从这里走进历史这个大舞台。请就马头琴产生的背景及原因，阐述元朝的历史地位。"

参考答案："……元朝统一后的稳定，为音乐的发展奠定了政治基础；经济发展，畜牧业产量增加，提供了物质基础；蒙古族人民的智慧及性格特征，使创作音乐有了社会可能……"答案的组织完全是按照历史问题思考的一般原则与方法，遵循了论从史出的原理，分析解决有章法、有规律、有启发。

四 总结

开展活动以来的历史课堂上，教师提到社会、现实中的热点问题，不再是"无人应和"、"孤掌难鸣"了，学生乐于、勇于发表自己的看法和观点；课余来办公室阅报的人数剧增，有时报纸供不应求；更多的学生养成了买报、看报、读报、剪报的好习惯，主动走进现实，关心社会，在对历史的回忆中，改善以往单纯按年代记历史的学法，以现实事件为本，重新剖析历史、构建个性化的历史知识体系，从而紧紧地把握住现代生活的节奏和气息，把书读活了。

参考文献

1. 靳玉乐：《新课程改革的理念与创新》，人民教育出版社 2003 年版。
2. 傅道春：《新课程中课堂行为的变化》，首都师范大学出版社 2002 年版。
3. 唐晓杰等：《课堂教学与学习成效评价》，广西教育出版社 2002 年版。
4. 全国课程专业委员会秘书处编：《21 世纪中国课程研究与改革》，人民教育出版社 2001 年版。
5. 康宁：《教育社会学》，人民教育出版社 1998 年版。
6. 教育部基础教育司编：《更新教育观念报告集》，中国人民大学出版社 2001 年版。
7. 朱慕菊：《走进新课程》北京师范大学出版社 2002 年版。

放宽历史的视界　避免片段式认知

——在《历史与社会》学科教学中培养学生的"大历史观"

宁波市第十五中学　干学展

"大历史观"即宏观历史观，用宏观的，放宽的视野来研究历史。著名历史学家黄仁宇先生这样解释道："大历史观"就是要求关于中国历史，先构成一个简明而前后连贯的纲领，之后与美国、西欧史进行比较。在学习历史时，要把视野放宽到世界历史走过的全过程，宏观地由前后（时间）、中西（空间）的往复观照，去审视考量中国历史。让学生既从中国看世界，也从世界看中国，进而客观地认识世界和中国。

《历史与社会》第二部分"我们传承的文明"课程编写"以中国的社会发展为组织线索，同时与国际社会的变迁有机地联系起来，采取历时性的叙述方式，讲述人类文明的起源、古代文明的历程和近代文明的飞跃，讲述文明的继承、创造和传播"，力求体现出本课程"以时间为经，以空间为纬，以人类社会特别是中国社会发展为主轴，以综合认识现代社会基本问题为立足点，整体设计目标的递进关系和内容的逻辑顺序"[1]的构建思路。

笔者认为，"大历史观"与"我们传承的文明"课程编写理念有着异曲同工之妙。课程的编写理念，要求教师在历史教学过程中，以中国史为组织线索，在此基础上结合世界史的知识，注重历史发展脉络的连贯性，培养学生对历史认识的整体性，认识到历史的发展呈连续性。但是，在现

---

[1] 教育部基础教育司组织编写：《历史与社会课程标准（二）解读》（实验稿），北京师范大学出版社 2002 年版，第 35、37 页。

实教学过程中，由于课程编写、教学手段、学习方式等各种因素的综合作用，致使学生对于历史的理解往往停留在片段式的认识，而未深入理解、把握住历史的整体发展脉络。

一　发现片段式认知的存在

"夏—商—西周—东周（春秋战国）—秦—＿＿＿—新—＿＿＿—魏晋南北朝—隋。"这是去年我区期末考卷中的一个习题，学生在填写朝代发展脉络时，第一空"西汉"基本都能回答正确，而第二空"东汉"则有很多学生将其误写为"三国"，在这之中，不乏一些平时成绩相对优秀的学生。

学生为何会把在我们看来如此重要且简单的"东汉"而误写为"三国"呢？事后通过与一些学生的交流和自身的思考，认识到学生之所以会犯这样的错误，在于并未真正理解我国朝代的发展更替。虽然知道汉朝分为西汉和东汉，东汉末期形成了三国鼎立的局面，但是当题目中加入"新"这一课本中并未明确提及的朝代，并且将"三国"改写成统一三国而建立的"魏"时，部分学生就无法准确地认识朝代的发展，虽明知有东汉，却并未真正认识到从西汉发展至东汉的由来，也不理解"三国"与"东汉"的关系，"三国"与"魏"的演变，即学生并未真正完整地把握我国历史的发展演变。

进而思考我们在日常教学过程中所产生的类似问题，不难发现，由于各种因素的作用，致使学生在学习历史的过程中，往往由于中西历史的混淆、时间跨度的跳跃等原因，无法形成一个完整的历史发展观；虽然学习了某一时期的政治、经济、文化、社会生活等方面的知识，却无法认识到：正是这些领域的各自发展，共同推动着社会的向前进步。例如第五单元"工业文明的来临"共分为五课内容，第一至四课分别从生产力与生产关系的发展、思想文化领域的突破、新航路的开辟和政治领域资产阶级革命这四方面讲述西方社会由农业文明逐渐转入工业文明。但是学生在学习的过程中，却只是片段式地认识到14—18世纪间西方社会在经济、思想文化、交通和政治领域的变革，没有认识到这些领域的变化是整个社会发展进步的共同因素。例如习题请你分析英、法资产阶级革命爆发的共同原因，许多学生就无法认识到 14—18 世纪西方社会在经济、思想、交通等领域的变化与资产阶级革命的爆发之间的因果关系。

学生对历史片段式的理解已经阻碍了他们将所学历史内容有机地融入对现实社会的认识和理解之中。如果所学历史是片段式的，那也就难以理解现代社会为什么会是这样的，不利于实现我们这一课程所要求达到的三维目标。

二 分析产生片段式认知的原因

（一）客观原因：教材编写方式与模块教学的意图布局所致

从宏观上看，人教版《历史与社会》教材在内容的处理上，呈"工字形"框架，以时间为经，以空间为纬，按照历史时间发展顺序，以中国社会发展为主轴，同时结合同一时期西方历史的发展，形成中西方历史的对比，有利于清晰地感受整个人类历史的发展。而教材的这一处理方式，虽然形成了中西方历史的比较，但在学生学习的过程中，由于毫无历史知识作为基础，因此中西方历史的跳跃式学习打破了学生对某一国历史或是某一地区历史的整体连贯性认知。

从微观上看，由于教材采用中西方历史的对比教学模式以及厚今薄古的布局，致使教学内容在组织形式上显得十分分散。教材对于历史知识的编写，力求从政治、经济、文化、社会生活等各个方面完整地反映某一时期社会的整体面貌，但对于不同历史时期，不同朝代之间的更替与承接，以及对于历史发展、朝代更替的内在原因等，教材则处理得十分简单，让人感觉到教材在力图淡化朝代的更替演变。加之教材本身的设计思路要体现厚今薄古的布局[1]，所以对于古代史部分，教材编写得相对简单，致使毫无历史基础的中学生很难整体把握历史的发展。例如我国从西周至元朝的发展，如此大时间跨度的历史发展，被浓缩在了一个单元里面。而对于我国古代王朝间的更替演变，教材都简略带过，进而侧重讲述每个朝代在政治、经济等领域的变化。如教材关于西汉至东汉的朝代更替，只是一

---

[1] 教育部基础教育司组织编写：《历史与社会课程标准（二）解读》（实验稿），北京师范大学出版社 2002 年版，第 37 页。

句："公元 9 年，西汉灭亡。公元 25 年，西汉的皇族刘秀称帝，定都洛阳，史称东汉。"① 学生不禁要问，公元 9 年至 25 年间，发生了什么事情呢？难道是历史的空白？又例如课文介绍明清两朝，将此内容与中国古代其他朝代的发展相割裂，放在介绍西方 14—18 世纪的历史单元中，在引入学习明清两朝时，只是简短地以 "1368 年，农民起义领袖朱元璋建立了明朝，推翻了元朝的统治"② 一语带过，如果教师不加以点明分析元明两朝的更替，容易使学生唐突地认为这是一个突发事件，无从理解朝代更替的原因，而这也是推动历史发展的一个重要因素。教材的编写给教师教学与学生学习都带来了一定的困难，跳跃式的教学，导致学生片段式的认知。

（二）主观原因：教师在教学中对教学模式和学习方式的有效达成情况，决定了历史学习的效果

在日常的教学过程中，部分教师时常只是简单地 "教教材"，而非是在 "用教材"、"教学生"。一些教师停留在简单的教学模式中，采用单一的教学手段，以教材作为唯一的模本，按部就班地根据教材的顺序与内容进行简单枯燥的教授，对于教材以外的知识，则很少引用与补充，历史教学课堂演变成了啃食教材的 "食堂"。教师在课余之时，又未能真正地研究教材，没有寻找到教材内容的整体脉络，看不到事件之间的相互关系，认不清历史发展进步的综合因素。所以一些教师在教学的过程中，本身是一种断裂式的教学。

例如：在学习欧洲中世纪历史时，其中一个重要的知识是基督教文明对欧洲中世纪历史的影响。然而关于基督教的内容，课文表述只有不足一个页面的篇幅，十分简单地介绍了基督教的产生及其发展。而课文给出的结论："在中世纪，基督教成为欧洲占统治地位的思想，文化教育也为教会所垄断。"③ 这一知识点十分重要，因为学习至 "欧洲文艺复兴、宗教改革运动" 的内容时，如果学生没有深入地认识到基督教（主要是天主教）在欧洲中世纪的地位，又怎么能具体地理解文艺复兴和宗教改革运

---

① 课程教材研究所编著：《历史与社会》八年级上，人民教育出版社，第 87 页。
② 课程教材研究所编著：《历史与社会》八年级下，人民教育出版社，第 33 页。
③ 课程教材研究所编著：《历史与社会》八年级上，人民教育出版社，第 58 页。

动呢？而在教材"冲破思想的牢笼"中，对天主教背景的介绍也是寥寥无几。试想：如果教师在讲授这些知识时，只是简单地依据课文中的表述，未对教材内容进行适当的增加与处理，又怎么能够苛求学生能够很好地、完整地理解欧洲中世纪历史的发展呢？

所以，在单一的、断裂式的教学下，使学生对历史地理解只能单一地停留在教材之中，对历史的认识只能停留在片段式的跳跃之中，而无法形成整体的历史观。

三 解决片段式认知的对策

（一）依据课标，选择与重组教材，做到三位一体

课程标准是教材编写、教学实施和教学评价的依据。作为《历史与社会》课程的实施者，必须了解本学科的课程标准，尤其是要了解它的课程性质、课程结构、课程目标、内容标准和课程评价等。在了解课程标准的基础上，做到"依标施教"是对教师教学的基本要求。课堂教学设计围绕课标而展开，对教材内容做到大胆的选择与重组，补充相关的各种资料，包括文字、图片、影像资料等，将教材作为一种重要的教学资源，而不是唯一的教学资源，充分做到"用教材"而不是"教教材"。

根据"依标施教，选择与重组教材"的理念，在日常教学过程中，我们就可以根据教学的需要，自主地对教材做适当的增补与删取。我们必须明确历史是整体的、连续发展的，在这一理念的指引下，在教学过程中，就可以根据自己的需要，突破教材编排的局限，合理地处理教材内容，在解放自己的同时，也满足了学生对于知识的拓展与渴求。

例如在讲述中国古代史时，教材将我国西周至元朝前后两千多年的历史浓缩在一个单元内，并且分为了三课内容，我们如何将这段历史能够完整地呈现在学生面前呢？笔者认为：在依据课标的前提下，我们可以对教材内容的顺序、模块做适当的调整。用总—分—总的教学模式，以朝代的发展演变为基础，进而建立以政治、经济、民族关系、文化等几条清晰的发展主线，强调某一方面发展的递进关系，明白某一制度、政策的产生并非是孤立的，而是逐步发展、改良的结果。以第二课"汉唐盛世"的内容，我们可以首先选择把西汉—东汉（三国）—魏晋南北朝—隋—唐朝

代的发展更替过程讲解清楚,把这段时期作为一个整体的历史背景,进而依据课标分解为政治、经济、文化、社会生活等几条主线,逐个学习,明确不同朝代的具体措施,使各个线索的发展显得清晰明确,最后再总结这个时期的历史特点。

采用总—分—总的方式教学,使教学内容的组织形散神聚,又使目标递进层次清晰而合理。依据课标,通过对教材的取舍,制订适合学生认知发展的教学模式,做到课标、教材和教学模式的三位一体。

(二) 利用标题,突出整体,系统思考

标题是内容的简短语句,是内容特征的高度概括。然而,在教学实践中,师生往往会忽视标题的解读与运用,选择直接关注正文的表述。然而,标题不仅高度地概括了课文内容,更是课文的精髓与灵魂,合理地解读标题,有助于学生从整体上把握历史,更深入地掌握标题下的正文,并与前后知识相串联。

标题的分类可以是一个单元、一个课时,也可以是一个章节,甚至是一幅图表、一张照片,任何一个标题的拟定,一定是编者深思熟虑的产物。标题在内容上具有高度的概括性,在体系上具有简明的逻辑性,在功用上则具有清晰的针对性。用好每一单元、每一课时、每一章节的标题,可以帮助学生形成整体的历史发展观。

首先,关注标题,感知整体历史。

由于种种原因,学生容易将历史学习简单化、直接化,打开书本只看正文而无视标题的存在,这样难免会导致学习的知识零散、片面、肤浅,形成片段式的历史知识。所以笔者认为:教师在授课之前,要对标题进行意义挖掘与讲解,分析其内容,加深学生印象。例如第五单元"工业文明的来临",标题清晰地显示了历史的发展将从农业文明向工业文明逐渐过渡,通过标题就可以使学生明白,我们这一单元所学习的历史变化是工业文明社会诞生的早期标志。

其次,理解标题,把握整体历史。

突破对标题字面上的理解,充分挖掘标题与标题、标题与标题下的内容之间的逻辑联系。仍以第五单元"工业文明的来临"为例,第一至四课的标题分别从经济、思想文化、外交(新航路开辟带来的各地区间联系的加强)、政治四个角度来阐明14—18世纪间,社会各方面的改变,而

正是这些领域所带来的变化，促使世界开始从农业文明向工业文明过渡。同时，第一至四课内容先后顺序的安排是，从经济的发展，促进思想文化领域的变化；经济、思想文化，交通等领域的发展，共同推动了政治领域的变革，逻辑性清晰可见。如果师生在学习本单元之前，能够深入地理解各个标题内容及彼此间的关系，那么在开始学习正文之前，就对这一时期历史的发展已形成了一个整体的认识，然后在整体认知的指引下，去探究各方面的具体变化，学生整体的历史认知便自然形成了，同时也有助于学生加强概括综合能力和逻辑能力。

最后，自拟标题，形成整体历史。

这是整体历史学习的最后一个阶段，适用于对历史知识的复习巩固。一个好的标题不仅要求理解内容、掌握特点，还要求对所学习的知识进行分析、综合、比较、归纳和概括等认知活动、思维活动的参与和把握。[1]教师可以通过自拟标题，来整合知识体系，提升学生对历史的认识和理解程度，形成系统的思考。例如，复习我国古代朝代的政治制度时，教师可自拟标题"中国专制主义中央集权制度的发展"，总结各朝代在加强中央集权制度上的政策演变，让学生对这一专题内容形成系统的思考和整体认知。

（三）对比学习，拓展视野，培养"大历史观"

"大历史观"的培养有助于我们突破仅仅局限于对本民族历史的了解而忽略与世界的联系、形成片面狭隘的历史观的局面。构建知识网络和线索能够使学生在时间上形成历史的通感，以了解简明而前后连贯的历史脉络为基础，进而通过对比了解中西方的发展异同。我们要让学生在学习中国历史的过程中，无论哪一段历史，都要将它放在世界的坐标系中，从纵向和横向两个角度学习，既要关注它在中国历史发展中的轨迹和方向，也要关注它在世界历史发展中的地位和作用。通过这样的对比，培养整体世界的历史观。

仍以教材第五单元第五课"面临挑战的中国"为例，笔者的理解是：课文既然将明清历史割裂地放于世界工业文明的来临这一框架中，其目的

---

[1] 黄志强：《课堂教学中如何用好教科书的标题》，《中学历史教学参考》总第287期，第41—42页。

就在于要使学生在学习这一历史时,清晰地认识到历史的两个坐标轴,一个是纵向地从中国历史本身的发展变化看,由盛转衰;另一个则是横向地看,在世界范围内中国逐渐脱离了世界发展的主潮流。横纵对比着来学,形成整体世界历史发展的框架,这就是"大历史观"。当然了,"大历史观"的形成,需建立在对纵向历史掌握扎实的基础之上,所以教师可以依据课标对教材内容进行一定的处理设计,选择首先讲授明清政治制度与前朝的沿革发展,形成一个比较连贯的中国古代史。在此基础上再展开中西同一时期的对比教学,使学生明白此时明清对中央集权制的巩固及日渐闭关锁国的发展策略与世界历史发展的趋势相背离,致使中国日渐落后于世界。学生从中体会到,我们现代社会的发展,必须符合世界的潮流,加强各国、各地区间的联系;如果夜郎自大、孤立发展,只会日益落后于世界潮流。

"大历史观"最终的目的,还要让学生学会在现实社会问题中寻找历史根源,逆向追溯,善于发现古今中外历史与现实的连接点,用历史知识解释现实。让学生明白历史发展是血脉相通的,感悟自己生活的世界原来是这么来的,真正实现历史内容有机地融入对现实社会的认识和理解之中。

参考文献

1. 教育部基础教育司组织编写:《历史与社会课程标准(二)解读》(实验稿),北京师范大学出版社2002年版。

2. 黄志强:《课堂教学中如何用好教科书的标题》,《中学历史教学参考》2009年总第287期。

3. 课程教材研究所、综合文科课程教材研究开发中心编著:《历史与社会》(八年级),人民教育出版社2009年版。

4. 万鸣:《在历史教学中如何让学生进行系统思考——以人教版第一单元第2课至第4课为例》,《中学历史教学》2009年总第283期。

中学社会课

——公民素质教育的重要课程

杭州师范大学历史系 陈斯风

当代社会的巨大变化和飞速发展，对人的人文素质提出了更高的要求。我国青少年的人文素质，特别是思想道德素质的状况，直接关系到中华民族的未来。

在基础教育阶段，以正确的政治思想为指导，培养青少年良好的公民素质、积极的民族精神和开阔的国际意识，是我们面对的课题。同时，随着人文社会科学各学科间的交叉渗透，并逐步趋向融会贯通，注重学科联系的综合认识方式，有利于人们形成对历史与社会的整体认识。人文社会科学发展的这一综合化趋势，促进了学校人文社会学科的综合化进程。

人文社会学科知识原本就是互相渗透和交织在一起的，综合乃是一大趋势。近年来我国高考已经采用文科综合课程，综合课程已成为必然。这也是国际趋势。

综合社会课程从其最初出现就体现了对公民进行素质教育的特别功能，各国开设社会课程的时间固然有先后，但初衷都是为了培养现代公民必需的素质。用现在教师通行的话说，社会课程是一门知识课程，更是一门思想教育课程。

一

综观世界，美国的社会课是各国中形成最早、课程体系发展最成熟的综合社会课程，拥有丰富的理论支持，早在1916年就被确立为学校课程，至今已有90余年的历史。美国综合社会课程大致经历了以下四个阶段：

（一） 社会课的形成（1800—1920年）

1. 国家成长和文化普及的需要

美国是一个新大陆国家，建国初期人民文化水平低下，国家意识远未形成，当时的政治家们出于建设国家和维护统治的需要开始提倡社会教育，在知识分子的促进下，社会教育得到了较广泛的重视和传播，逐渐发展成为美国中小学的主要课程之一。

当时的政治家指出："只有当美国人成为有教养、懂礼仪、有独立思想的公民时，革命才算完成，共和国的基础才能建立起来。"而教育的使命就是培养新的共和国个体，培养具备道德、忠贞爱国、深思熟虑、有良好教养的公民是美国教育的目标。第二任总统约翰·亚当斯（John Adams）认为：国家有责任教给人民，对"做人、做公民和做基督徒都有用的各种知识"。进步的政治家深信，只有受过教育的民众才有控制政府的权利。在幼年美利坚民族形成过程中，国家需要具有维护国家团结和生存所必需的价值观和责任心。

在中小学阶段，历史、地理学教学有助于培养公民意识、爱国主义和国家价值观。亚当斯等人都认为历史、地理和政治经济学具有实用价值，所以历史、地理和公民等课程便成为早期美国中小学最重要的课程。

从当时的课本来看，早期社会教育主要关注公民的价值观、宗教信仰、国家主义、地理知识、历史和政治知识。

1893年，美国全国教育协会推出了美国教育史上第一套统一的课程，其中除了传统的学科外，将地理、历史、公民及政治经济学等"现代科目"包括进来，显示了国家对社会教育的重视。

19世纪末20世纪初美国社会的工业革命迅速展开，社会经历着前所未有的巨大变革。社会存在着许多不确定的因素，有人呼吁教育应教会学生如何在一个变化的社会里生存，教育应该承担引导儿童面向变化的世界的责任。这些都为进步主义教育思想的出现准备了条件，所以在此后的半个世纪里，"生活适应教育"、"学校适应社会"成了教育的主流。

2. 历史学与社会科学之争

20世纪初，社会教育课程由历史学家把持。但不久教育学家发现单一的历史教育不足为一个生活在城市和工业社会中的公民做好充分的准备，无法为解决 20 世纪美国面对的复杂的、困难的问题提供答案，而综合的社会科学则可以成为研究和解决美国存在问题的有效工具。他们认为：历史研究的对象是过去的人和事，而社会教育是要教育生活在当今社会中的民主的公民，因此理解社会、改良社会、加强课程与社会和生活的联系才是社会教育的根本。

在社会科学家的推动下，1893—1915 年间中小学的课程构成有了明显的改进：虽内容仍多为史学家决定，但视角从"政府"变成了"公民"；地理也作为历史的一部分或出现在了自然地理中；经济方面的课程内容也确立了起来；1911 年社会学也被介绍进了学校。

3. 综合社会课的出现

在美国教育史上，威斯利（Wesley）有"社会课之父"之称。1905 年他把经济学、社会学和公民课程合称为"社会"，进行公民教育。随后托马斯·琼斯（Thomas Jesse Jones）在弗吉尼亚州 Hampton 的师范和农业学院进一步融合了社会学、政治学、经济学，开始了比较系统而独立的社会课教学，以培养学生特别是黑人和印第安人具备得体的举止，成为良好的公民。

1916 年，美国全国教育协会重组中学教育组织，成立了全国社会课委员会，明确指出社会课的目的是：培养举止得体、有正确价值观、有教养的好公民。社会课课程的确立意味着这个领域的内容更加广泛而丰富，当时人们对社会课充满了很高的期望。1921 年美国社会科协会创立（简称 NCSS）。

1918 年全美教育协会的中等教育研究小组发表《中等教育基本原则》，阐明了中学教育的七个目标：健康、掌握基本的知识和技能、健全的家庭成员、职业、公民、善用闲暇、道德人格等适应生活需要的内容，把中学教育从单纯看重学术学科学习的束缚中解放出来，使中学能以灵活的课程和新兴学科发挥新的作用。

（二）社会课的早年岁月（1921—1937 年）

这一时期是美国社会课教育初步成型时期。专业协会的建立和扩大，学科名称的确定，专业杂志的创刊，年会的定期召开等都形成于此十余年间，在许多方面为社会课后来的发展定下了基调。

"社会课"（social studies）一词被广泛地使用，标志着这一学科被认可。社会课虽不能概括此学科的全部内容，但除此似乎没有更好的词，且至少也不显累赘。

在1920年代历史内容在社会课中居绝对的主导。1935—1937年美国社会课教育出现了新动向，当时美国的课堂教育所面对的最大的问题是对国家的忠诚。诸如美国退伍军人协会、法西斯主义、审查制度和学生间谍等都成为《社会研究》杂志讨论的话题，当时美国人意识到学校的社会课教育不可能在象牙塔中来旁观社会的变化，此亦显示出社会课后来的发展走向。进而有人提出社会课教师教学水平、教学质量整体较低的问题，教师的培训就显得非常的重要。

（三）战时社会课教育（1937—1947年）

第二次世界大战的爆发给各国人民造成了巨大的灾难，也改变了美国社会生活的各个方面，教育当然也不例外。当时由战争所带来的经济、政治和意识形态危机不可避免地影响了中小学的教育。社会课教学内容被深深打上了战争的印记，维护世界和平的责任成为教育中心，因而此时的美国中小学课程前所未有地关注世界形势和国际热点问题。

1937—1947年的社会课教育呈现出独具时代特征的新面貌。在"第二次世界大战"大背景下，课程变化的主要趋势是：强调现代史和公民训练的重要性，突出当代事件的教学，重视地理和民主价值的教育，对新的视听技术的运用也成为讨论的重点。与学习战争内容相关的是民族主义和爱国主义的教育。1930年代是美国民族情绪高涨和捍卫自由的时代。学校要求社会课教师以各种方式增进学生忠诚民主的原则，利用庆典，升降旗，唱国歌，听爱国音乐和广播，看爱国的戏剧、电影，阅读书籍和艺术作品，讲英雄故事等种种方式加强爱国主义。

（四）第二次世界大战后社会课的变革（1947—20世纪末）

随着第二次世界大战的结束，美国的社会课也出现了新的转折。战后初期，和平教育和国际教育成为社会课最为流行的主题。1947年美国社会科协会主席指出社会课教师的共同目标是"促进智慧的、负责的公民的成长"。种族关系特别是跨群体或跨文化关系教育也成为学校最突出和最重要的问题之一。

第二次世界大战结束也开启了美苏对峙的冷战时期，社会课教学内容也随着东西方关系的演变而不断变化着。

1960年代美国教育领域发生的"结构革命"也波及社会课。布鲁纳《教育的过程》的出版是结构主义课程改革运动的标志。结构主义教育呼吁标准化的教材，倡导学术标准和学科取向。当时美国提出了要培养学者型教师，寻求所谓"学术性"与"师范性"的结合，由受过良好训练、合格的教育者来担任教师。

1970年代以后伴随着美国社会问题的日益严重，美国的教育家们又把研究的重点从课程转到学习者身上，教育的目的也由培养专家转到培养合格的社会公民上来，社会课的定义又出现了新变化。社会课是以公民教育为目的、整合了人类关系的相关经验和知识的学科。1979年社会课的定义确定为："社会课包括社会科学学科和那些与发挥个人在民主社会中的作用有关的研究领域。社会课保护个人的诚实和尊严，关注社会事务和人类关系问题的理解和解决。"

1989年美国历史学会、卡内基教育基金会等组织联合提出了题为《规划课程：为21世纪的社会课》的报告，提出了整合历史、地理和政治为一个学科的社会课课程的框架和结构。1994年《全美社会课课程标准》的制定和颁布是具有里程碑意义的事件。课程标准将社会课确定为：是一门提升公民能力的社会科学与人文科学的整合课程。在学校课程中，社会科提供了综合人类学、考古学、经济学、地理、历史、法律、哲学、政治、心理学、宗教和社会学的训练与研究，也涵盖了人文科学、数学、自然科学的内容。其主要目标在于发展学生的理解和推理能力，使他们处于多元化的民主社会和互相依存的世界中，成为一个为大众谋福利的公民。由此，社会课的主要特征可以概括为两点：增进公民能力；重视学科内和学科间的知识、技能和态度的整合。这一课程标准的创制具有深远而广泛的影响。

二

再看我国社会课程的演变和发展。近代教育在我国的历史并不长，是伴随着民族危机、西学东渐于19世纪末、20世纪初才由西洋传入的，到此时也才有了社会课程的概念。从当时到20世纪末，虽然社会多变，世事沧桑，但学校社会课程的开设则一直持续，虽内容有变，但轨迹可寻。

（一）清末民国的社会学科课程

1. 清末学校的社会学科课程和史、地课

清朝末年在维新运动的推动下，各地出现了一些新式普通学堂，在其中设置了分科型的历史、地理课，我国近代的史地课程以此为开端。

1897年盛宣怀创办南洋公学师范院，秋季设外院（后改为南洋公学附属小学），开设国文、算学、英文、舆地、史学和体操六门课程。1899年吴县陆基创办崇辨蒙学于苏州，分甲、乙两班，设国文、算学、历史、地理学科以教甲班，首次出现了历史、地理的课程名称。

近代学校初创之始，并无严格的系统及统一的章程。至1902年清政府才颁发了第一个有关学校课程的文件——《钦定学堂章程》，其中包括《钦定蒙学堂章程》、《钦定小学堂章程》和《钦定中学堂章程》。该章程规定蒙学堂的教学科目有：修身、字课、习字、读经、史学、舆地、算学和体操；寻常小学堂改字课为作文，其余同蒙学堂；高等小学堂加读古文诗、理科、图画，其余同寻常小学堂。中学堂的课程有12门，其中包括修身、读经、算学、词章、中外史学和中外舆地等。

《钦定学堂章程》并没有真正实施。1904年清政府又颁发了《奏定学堂章程》（包括《奏定初等小学堂章程》、《奏定高等小学堂章程》和《奏定中学堂章程》），规定初等小学堂5年，高等小学堂4年，中学堂5年。初等小学堂设置修身、读经讲经、中国文字、算术、地理、格致和体操7科；高等小学堂开设修身、讲经读经、中国文字、算术、中国历史、地理、格致、图画和体操9门课程。中学堂的课程有12门，包括修身、讲经读经、中国文学、外国语、历史和地理等。

清政府所制定的上述两个章程基本上是借鉴了日本中小学的学制及课程设置，只是没有开设音乐课程。

民国初的中小学社会学科课程设置的仍然是历史、地理等分科型课程。

2. 20世纪20—40年代的学校社会学科课程

在这一时期，我国小学合并了历史、地理等学科，创设了综合型的社会课；中学仍然实施分科教育。

1922年全国教育联合会决定改革学制。新学制为"六、三、三"制，史称《壬戌学制》。全国教育联合会组织的"新学制课程标准起草委员会"于1923年刊布了新学制课程标准纲要一册。此纲要虽未经政府正式发布，但因全国教育联合会及其所属的课程标准起草委员会的代表性和权威性，当时各地的学校均按此纲要中的规定实施。

新学制课程标准纲要在初级小学阶段合并卫生、公民、历史和地理为社会课。当时合并的理由有二：其一，卫生、公民、历史、地理等实际上是人生环境的社会事项，故称"社会"；其二，公民与修身课有所不同，修身注重涵养道德方面，而公民则重在探讨社会环境的状况，因而把公民并入社会课，不开设修身课。高小则开设历史、地理等学科。

新学制课程标准纲要规定初中采用学分制，设置社会科（取代公民、历史、地理）。高中分设普通科与职业科，普通科又分文、理两组，以升学为主要目标。其中社会学科的课程有人生哲学、社会问题、文化史、社会科学之一种以及心理学初步等。

我国小学与初中的综合型社会课以此为开端（但在民国时期，初中的社会课并没有真正实施）。1929年国民政府教育部又公布了中小学暂行课程标准，恢复了分科设课的做法，并在民国时期一直沿用下去。分科型课程包含历史、地理、公民、人生哲学、心理学、社会学之一种、法制与经济等科目，其中以历史、地理、公民为主，有时再细分为本国历史、外国历史、本国地理、外国地理。

（二）新中国的社会学科课程

中华人民共和国成立，1949年9月通过的《中国人民政治协商会议共同纲领》明文规定了人民政府应有计划、有步骤地改造旧的教育制度、教育内容和教学方法；文化教育工作者应以提高人民文化水平，培养国家建设人才，肃清封建买办、法西斯主义的思想，发展为人民服务的思想为主要任务。

这一时期中小学社会学科课程均采用分科设置的方式，一般设有政治、思想品德、历史和地理等课。

此时我国教育管理高度集中，全国所有中小学都执行有中央主管部门制订、颁发的统一教育计划。当时确定并实施分科设课的课程体系，显然是受到当时苏联的影响。

1986年《中华人民共和国义务教育法》正式颁布。为实施此法，我国进行了课程教材改革，在1990年代实施。此轮课改一改以往的全国统一课程（教学计划），而采取多套课程并存。一套由教育部制订供全国多数地区使用；一套由上海中小学课程教材改革委员会编制供上海地区使用；还有一套则由浙江省教委编定供浙江的学校使用。其中对小学阶段，教育部与上海制定的课程计划设有综合型"社会"课；浙江制订的教学计划，开设了"常识"课，把一些与生活、生产密切相关的自然常识和社会常识组织在一起，设置的是综合范围更广泛的课程。初中阶段，教育部的教学计划史、地分科设课。浙江开设综合型"社会"课，不再设置史、地课。上海方案则是分科型地理、历史课，另还有一试点方案开设综合型"社会"课，亦不设史、地课。高中阶段，三套课程计划都设置的是思想政治、历史、地理课，系分课型课程。

世纪之交我国开展了新一轮课程改革，在此课程改革中，小学阶段以综合课为主，其中设有"品德与社会"；初中阶段设置分科与综合相结合的课程，其中设有"历史与社会"（或历史、地理），教育部积极倡导各地选择综合课程。高中以分科为主。

（三）我国中小学社会科课程演变的特点

纵观百余年来我国中小学社会学科课程结构的演变，呈现出三大特点：

（1）从学日本、学美国、学苏联，到独立自主地创设符合我国实际情况的社会学科课程体系。

（2）小学社会科课程经历了"分科—综合—分科—综合"的螺旋式发展过程。

（3）中学综合社会科课程的兴起与课程多样化的趋势。

三

综上所述，世界各国综合社会课程已经有百余年的历史，美国等教育发达国家在这方面积累了相当丰富的理论研究和实践的成果，展示了综合社会课程的独特价值与魅力。当然我们也有自己社会课程教学的长期的经验和教训。随着经济的迅速发展和社会的不断进步，我们更感觉到了教育现代化以及课程改革的迫切性和必要性，从20世纪90年代起，我国也开始了综合社会课的探索实践。新世纪初课程改革又向前进了一大步，义务教育阶段的综合社会课程已经初步成型。

这新型社会课程是带着新的教育理念和教育使命而形成的，因此在课程目标、内容，在教学方法和教材模式等诸方面都反映了课程教学理论、学科教学理论的最新成果。以下择要作一介绍。

（一）社会课程的内容范畴和组织方法

新世纪社会课程是按照所谓"主题轴法"来建构的，其价值主要表现在以下几点：

（1）以"主题轴"的方法整合课程内容，凸显了综合学习中"跨学科领域"的意义。

（2）以"主题轴"的方法整合课程内容，突破了"生活范畴"的限制。这样做在突破按照固有的学科体系组织课程内容的传统，使课程内容在更加贴近学生的经验的生活方面迈进了一大步。

（3）"主题轴"法以主题统整的方式，使这门课程的学习内容有了更强的整体性。每个主题轴下所包含的若干学习主题，既不单是学科范畴，也不限于生活范畴，更不是知识点，而是将学生的生活范围（区域）及现实社会中的具体题材，与地理、历史、文化、政治、经济等多学科的知识融为一体，划分出学习领域。如此的组织，有助于解决经验课程中内容过于零散、忽视知识学习的倾向，也有助于解决只关注系统知识学习、忽视培养思考和行为能力的问题。"主题轴"的建构，同时突破了"同心圆扩大法"的局限性，赋予学习内容的循环上升以新的意义，避免了内容的同义反复，并且给教科书多样化的素材选择和内容切入留下了较大的空间，有利于与高一级阶段的学习衔接。

（二）新社会课程的构建思路

毫无疑问，作为一门正在探索中的综合课程，内容体系的设计是最为核心的，它既透视着课程观念，又是实现课程目标的载体。我国的新世纪的课程改革，构建新的社会课程的主要目的并不在于解决系统知识学习的问题，而是要解决学生在认识、方法和态度诸方面统一培养的问题。因此，新社会课程内容的构建要在我国改革和发展的大背景下，重新认识和定位社会课程的性质、任务；在明确基础教育改革方向的前提下，整体设计包括目标—内容—教学活动—评价等在内的课程标准，合理借鉴国外的一些新观念，从而体现出新课程所倡导的基础性、发展性和前瞻性。具体有以下几个方面：

1. 体现课程性质及定位

为每个学生都具备基本的公民素养奠定基础是社会课程的宗旨。在当代，尤其应突出培养具有批判性思考能力的、负责任的公民这一重要的观念。公民教育不可忽视对广泛的人文社会科学知识的理解。其基本课程的理念和原理在于：其一，着眼于学生作为社会的一分子对其公民角色、权利和义务的认同与理解；其二，着眼于参与社会生活并能够做出理智的决策所必备的知识与技能；其三，着眼于培养尊重自我及他人尊严和价值的态度。在义务教育阶段，尽管教学内容所涉及的知识与技能相当的基础，但它不能按照依据某一学科的逻辑线索规划出学习的步骤，或自以为是地以成人的视野去限定学生的体验空间和认识范围。因为面对多变的社会现实的挑战，学习空间的开放程度将直接影响学生个人素质和性格以及社会适应能力的发展质量。

2. 体现融合、实现课程的综合性

社会课程的内容建构改变了依据单一学科体系建构课程的传统。义务教育阶段的社会课程内容涉及广泛，主要包括社会生活常识、地理、历史、经济、文化、政治、法律和环境等诸多领域。学生的现实生活是综合的，社会生活本身也是综合的，课程内容的建构要体现以儿童少年的现实生活为基本出发点的原则，社会课程强调以儿童少年的经验为基础，体现社会课程的综合性和现实性，不遵循严格和界限清楚的知识系统，不追求知识的系统性与完整性，不存在与某一门学科的密切对应关系，由此实现课程内容建构从注重知识到注重人本身的重要转变。

3. 探索依照非学科逻辑构建学习内容

社会课程的内容以时（历史的）空（地理的）为纵横坐标，从儿童少年现实生活和经验出发，以学生的生活范围的逐步扩大和经验的不断丰富为基本依据，采用综合主题式的方式进行构建。帮助学生从不同的角度认识自我与他人，理解人与社会、人与自然的关系，认识人类社会的发展与文明，并通过探索、接触和思考社会现实中的问题，加强社会责任感。与此同时，因为学生的现实生活和社会环境是社会课程重要的学习资源，因而社会课程的学习内容应当紧密结合社会现实生活和社会发展要求，努力拓宽并有效利用社会环境中的教育资源，以体现社会课程的现实性。

（三）采用"主题轴"法构建社会课程内容的探索

1. 构建内容的原则

（1）基础性原则：社会课程应为学生参与和适应社会生活，在社会生活态度、技能、知识方面提供必备的基础，立足于使每个学生在自己原有的生活经验基础上有所提高和进步，为学生的终身学习和发展奠定基础。

（2）综合性原则：明确课程性质，体现学生的社会性整体发展的课程功能，以学生生活为中心构建学习内容，打破依据学科体系构建课程的传统，突出综合课程形态。

（3）活动性原则：活动和实践是社会课程的内容和方法。采用主题设计，大量减少陈述性、记忆性的内容，帮助学生通过体验、探索等自己学习、自己动手、自己思考的活动和合作学习，养成自主学习习惯，形成自主学习方式，并由此获得生动活泼的发展。

（4）开放性原则：根据我国地域辽阔、地区间差异性大的实际情况，社会课程标准的制订必须考虑不同地区的特点，必须体现指导性而非指令性，体现与社会现实、学生生活实际的联系，使社会课程尽可能地符合我国实际和不同地区以及教师实施的需要，为教材的多样化和课程资源开发留有充分的余地，为教师发挥主动性和适应学生多样性学习的需要创造条件。

（5）一贯性原则：体现课程的统筹设计和均衡关系，充分注意各个年段社会课程的衔接。

2. "主题轴"的结构与内涵

为突破传统学习内容的线性构建方式，实现内容的有机融合，社会课程确立了以学生的社会生活环境和问题为中心，吸收当代社会科学和人文科学的基本知识和方法，围绕人与自然、人与社会的关系、个人与他人的关系三条主线，采用多元结构方式构建内容。所谓多元结构，就是确定人与环境、个人与群体、社会生活与规则、生活与消费、文化与历史、和平与发展、社会与科学技术等多个"主题轴"。每个"主题轴"下又包含若干个主题，使主题形成序列，贯穿义务教育阶段的每一年级，根据学生的发展需要和不同区域的特征，其包容和涵盖的内容可以有所增减，也允许延伸、拓展。

各个"主题轴"之间的关系是既平行，又互相交织。每个"主题轴"的选取和存在的价值取决于其与学生社会生活的关系，取决于其对学生成长为合格公民所具有的意义。"主题轴"下面的内容有的是相对独立的，也有跨"主题轴"的，由此构成了轴与轴之间的联系与区别。每个"主题轴"就是一条中心线，围绕轴中心内容可以呈散射状、由浅入深地展开，由此构成的循环上升不是依据生活范围的扩大，而是依据主题内容的深化，可以防止同义反复。"主题轴"划分是学习范畴，而不是学科范畴，也不是生活范畴；呈现在"主题轴"下的内容是相对抽象的、上位的，其意义是表示"标"的存在，而不是一个个具体的知识点。这样一种建构方式为具体选材和呈现开拓了空间，有助于教材的多样化，以改变长期以来教材的单一面孔。此也正是课程改革所提倡的。

参考文献

1. 邱兆伟：《美国教育改革》，中国台师大书苑1993年版。
2. 马骥雄：《战后美国教育改革》，江西教育出版社1991年版。
3. 毛礼锐、沈灌群：《中国教育通史》，山东教育出版社1988年版。
4. 沈晓敏：《社会课程与教学论》，浙江教育出版社2003年版。

课堂教学与改革

创新课堂教学模式，推动历史学科研究性教和学研究

——课堂教学结构研究

南京师范大学附属中学　李　华

对于写文章，我国古人曾以凤头、猪肚、豹尾来比喻，而且尤为重视写好文章的开头与结尾。如对开头提倡"首句标其目"，"起句当如爆竹，骤响易彻"，"开卷之初，当以奇句夺目，使人一见而惊，不敢弃去"；对结尾强调"卒彰显其志"，"结句当如撞钟，清音有余"，"终篇之际，当以媚语摄魂，使之执卷留连，若难遽别"。其实，建构历史课堂教学模式与写文章有许多相通之处。如课堂的导入应当像凤头一样，虽小，但缤纷美丽、夺人眼球，以激发学生兴趣、吸引学生探究、提高学生学习热情；课堂教学的主体内容应当像猪肚一样，有充实、丰富的内涵，以使学生在知识、方法、能力方面获得更多的真知灼见；课堂的总结应当像豹子抽尾一样，声音响荡有力且绕梁三日，以深刻地揭示历史发展的客观规律，真实地触动学生的思想感情，积极地引导学生树立正确向上的价值观。当然，建构历史课堂教学模式与写文章又有很大的不同，如上课是通过师生互动来完成的，而且必须以学生为教学活动的主体。在培育人才方面，建构好的课堂比写好文章责任更加重大。

当前的新课改，要求课堂教学模式的建构必须有助于研究性教和学的开展。所谓研究性教和学，我以为其第一要义是促进学生对知识的主动性建构，核心是以学生为主体，基本方法是将引入社会信息、设计班级教学活动等学生学习外部环境的创建与精心设计热点化、趣味化的重难点问题

刺激手段有机结合，根本任务是落实新课程三维目标以提高学生的综合素质。在江苏省首轮新课改取得初步成果和新一轮课改特别是附中"研究性教和学"课题的推动之下，我们运用了辩证唯物主义、历史唯物主义的基本原理和历史学科思维的理论与方法，借鉴了国外教育领域中的建构主义、三元思维等理论成果，利用了日益丰富的网络资源和多媒体技术，汲取了中国传统文化的精华，参考了法国当代结构主义思想家罗兰·巴特倡导的"内容为王，形式是金"的观点，着力将科学的理论方法与现阶段的教育环境有机结合，将教学内容与教学形式有机结合，建构起三段四步历史必修课研究性教学的课堂模式。

所谓"三段"，就是指该课堂教学模式由"话题导入"、"新知建构"、"启示结尾"三个教学段落构成；所谓"四步"，就是在保留上述头尾两个段落不变的情况下，将教学主体部分最为基础的"新知建构"段落再分为"获取新知"、"运用新知"两个重要的步骤。为方便记忆，我们将该课堂教学模式概括为"话题入，启示出，获取、运用分两步"的口诀。为直观、清晰地展示三段四步历史课堂教学模式的特点，我们设计了教学结构图来表示（如图1）。该图不仅展示出四个教学步骤中各自的基本任务，体现出三个教学段落中层层推进的教学过程，彰显了教学内容的地位、分量；而且强调了该课堂教学模式对教学方法与教学情境设计的重视。符合新课程三维目标、时代性与基础性以及以学生为主体的教学改革要求。

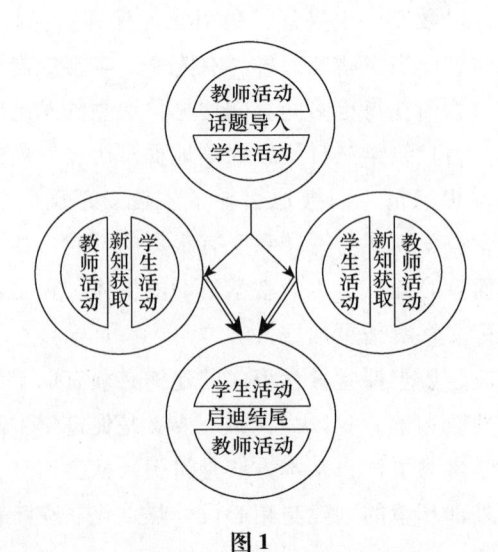

图1

在三段四步教学模式的具体实施过程中，开头阶段的"话题导入"不仅内容要短小精悍，富有研究价值；而且形式要灵活多样，新颖别致，富有吸引力。这方面有许多案例值得参考，如必修Ⅰ《明清君主专制的加强》一课，选用新航路开辟、瓦特改良蒸汽机、英国会大厦、孟德斯鸠头像等看似平常的四幅图片导入新课，与明清专制主义制度形成巨大反差，以对比方法引出探究话题，既强烈地震撼了高一新生的心灵，又激发出他们极大的学习和研究热情，有利于学生采用分析比较的方法思考历史问题。

必修Ⅱ《古代中国的经济政策》一课的导入采用史学界学术性较强的新观点："在中国古代，作为经济政策的'抑商'由两方面组成：一方面抑制私人商业的发展，一方面保护和发展国家商业。商业并不一定意味着商品生产和商品经济，商业不可能完全独立于社会经济运动过程而自行发展，商业甚至商品经济的发展结果不一定是资本主义，二者间并没有必然联系。中国古代'抑商'政策对交换环节影响甚小，而对分配环节作用较大，主要目的是减少私商所获社会剩余劳动，扩大国家所得份额，即国家从私商那里夺取商业利益。"这对文科实验班学生突破教材限制、打破思维定式和设计研究性问题很有启发作用。

必修Ⅱ《交通和通讯工具的进步》一课以"古人一日最长能行多远？"的脑筋急转弯问题引出"朝辞白帝彩云间，千里江陵一日还。""一骑红尘妃子笑，无人知是荔枝来。""坐地日行八万里，巡天遥看一千河。"等优美诗句，再配以马踏飞燕、长江三峡等图片，在这优美的诗情画意中自然地引出了交通和通讯工具日新月异进步的话题。这种方式特别能够激发学生的学习兴趣。

选修Ⅰ《富国强兵的秦国》一课采用下列观点导入"商鞅通过高税收、重刑罚、严户籍和'燔诗书'等诸多'新政'，把秦国百姓一举'打造'成为亦农亦战的机器——没有了财产、没有了自由、没有了思想的战争机器。就这样，商鞅变法一方面带来了国富，另一方面却带来了民贫；一方面带来了国强，另一方面却带来了民弱。"上述引文完全悖逆于教材观点，使学生迅速投入到求证商鞅变法利弊得失和论证引文观点等话题的讨论之中。

必修Ⅰ《罗马法的起源与发展》一课的导入语是德国著名的法学家

耶林（Rodolf von Ihering 1818—1892年）在《罗马法精神》一书的一段话：“罗马帝国曾三次征服世界，第一次以武力，第二次以宗教（基督教），第三次以法律。武力因罗马帝国的灭亡而消失，宗教随着人民思想觉悟的提高、科学的发展而缩小了影响，唯有法律征服世界是最为持久的征服。”精辟的概括轻而易举地博得了高一学生对研究罗马法的内容与发展历程，评价罗马法的作用与影响等话题的极大关注。

选修Ⅰ《王安石变法的历史作用》选取代表王安石政治上积极进取精神的名句"而世之奇伟、瑰怪、非常之观，常在于险远，而人之所罕至焉，故非有志者不能至也。"（选自《游褒禅山记》）和王安石在变法失败后十分孤独的时刻，仍一如既往地坚持自己的政治理想的诗句"墙角数枝梅，凌寒独自开。遥知不是雪，为有暗香来。"（选自《梅花》）发人深省地引出评价王安石变法历史作用的沉重话题。

此外，还可借助疑难问题、经典试题、时政要闻、重要概念、精彩故事以及综合性内容设计出导入研究性教和学新课的话题（见图2）。其方法主要包括将知识重点与时代性问题联系起来构成热点探究话题，将知识难点与趣味性问题联系起来构成难点探究话题，为学生运用发散性思维创建情境与提供途径。"话题导入"不仅可用于单课式课堂教学，还可以用于单元或章节式、主题式等不同的研究性教和学的主要课型。

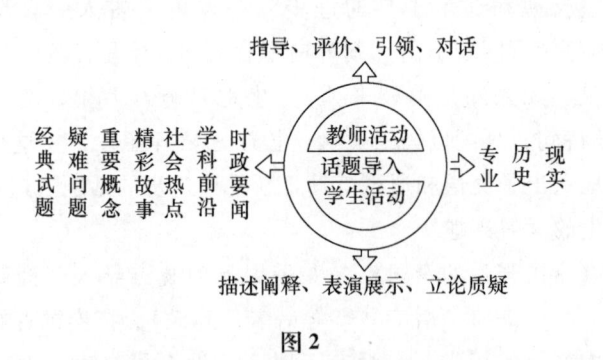

图2

中间阶段的"新知建构"不仅是课堂教学成败优劣最关键的阶段，而且是最能展示教师教学功底与风格、师生双方智能与创意的阶段，同时又是最需要运用学科理论和方法进行指导的阶段。"获取新知"就是要"把接受的信息变成个人的知识"和"运用知识形成技能、技巧"，"运用新知"就是要"达到创造性地运用知识,获得创造活动的经验,把知识和技能转化为能力"。这是历史教学的三级知识目标,也是衡量历史教学充实性的标准。在教学实践中有许多"获取新知"的好案例,如将复现法与局部研究法结合起来设计教学过程,教师把精选历史图文资料依据内容与能级目标编组并设计相关试题,供学生阅读、思考、讨论、解答以及表演历史情景剧等,促进学生全面掌握历史事件的背景、经过、作用、影响,学会分析、评价、论证、驳斥等历史思维方法及材料解析方法。再如运用"图解讲解法",设计"中国近代民族资本主义发展简表"(见表1)以指导学生内化课本知识并掌握因果分析法;设计"近代西方代议制发展简表"(见表2),以引导学生分析解决有关西方代议制的疑难问题并掌握归纳思维法;设计"如何认识秦朝的中央集权制度"思维结构图(见图3),以指导学生采用图示法(见图4)解答问题并学会以思维导图的方式分析解答一些思维程度较为复杂的历史问题。"运用新知"的教学目标主要涉及两个层次,一个比较简单,要求教师因材施教地设计或挑选一些分析性思维特点的经典例题,训练学生独立解决问题的知识迁移与技能迁移的能力;另一个要求较高,要求教师运用研究法指导与组织学生通过不同模块之间、历史学科与其他学科之间、历史与现实之间的联系与对比,通过灵活多样的联想思维尝试设计具有实践性、探索性的问题,再创造性地运用知识和技能解决问题、获取经验、总结方法、提高能力。

在教学实践中也有许多"运用新知"的好案例,因第一层次的好案例比比皆是,在此不作赘述;第二层次的好案例中,有师生共同为解决高一下必修Ⅱ模块教学中的疑难问题所设计的辩论赛题目,为研究时代热点问题所设计的历史小论文题目。辩论赛题目有(1)正方"斯大林模式是苏联解体的根本原因",反方"斯大林模式不是苏联解体的根本原因";(2)正方"内因是中国民族资本主义发展的主因",反方"内因不是中国民族资本主义发展的主因";(3)正方"经济全球化利大于弊",反方"经济全球化弊大于利";(4)正方"经济全球化推动了人类历史进步",反方"经济全球化阻碍了人类历史进步";(5)正方"欧洲创造了世界",反方"欧洲没有创造世界";(6)正方"新航路开辟是全球化的开端",反方"新航路开辟不是全球化的开端";(7)正方"经济危机对中国有利",反方"经济危机对中国不利";(8)正方"西方国家福利制度对经济发展有利",反方"西方国家福利制度对经济发展不利"等。小论文题目有(1)"假如奥巴马与罗斯福对话";(2)"中国——率先走出全球经济危机的国家";(3)"三足鼎立的世界货币体系构想";(4)"未来世界金融中心猜想";(5)"巧解特里芬难题";(6)"假如列宁评价斯大林模式";(7)"土地制度改革对英苏两国工业化的影响";(8)"斯大林模式对中国社会主义道路的影响";(9)"市场经济,想说爱你不容易""如何破解'新特里芬难题'";(10)"假如我出任世行行长";(11)"如何抓住美元贬值的机遇"等。上述辩论赛或小论文均不拘泥于教材,需要学生在学好教材的基础上拓展延伸,不仅可以丰富学生的知识,而且对提升学生多元思维能力、激发学生探究兴趣和社会责任感大有益处;不仅体现出教学内容的充实性与丰富性、反映出教学方式的多样性与灵活性,而且突出了学生的主体地位与教师的指导地位。"新知建构"中两个步骤的教学设计、师生的主要任务与各自活动可以一目了然地通过"新知获取"示意图(见图5)和"新知运用"示意图(见图6)得到反映。

表1 中国近代民族资本主义发展简表

时间		初步发展 甲午战后	短暂春天 1912—1919	较快发展 1927—1937	日益萎缩 1937—1945	陷入绝境 1946—1949
发展状况		资本总额增多 企业数量增多 企业规模扩大 沿海扩到内地	新建企业数量增多 投资总额进一步扩大 面粉业、纺织业发展较快 化工、皮革等行业也有发展	民族工业发展较快,新旧产业都有较大发展 国民生产总值逐年增长,增速创历史纪录	在沦陷区,企业遭受沉重打击 在国统区,企业大面积停产	工厂、矿山、店铺纷纷倒闭 江浙民营蚕丝业一蹶不振
发展原因	列强	列强资本输出	列强忙于一战		日本侵略	美国在华特权
	政府	清政府放松办厂限制	清朝灭亡,扫清障碍临时政府奖励实业	国民经济建设运动	政府战时体制 官僚资本压榨	官僚资本压榨 苛捐杂税 滥发纸币
	民间	民间积极投资办厂	实业团体纷纷涌现群众性的爱国运动			

表2　　　　　　　　近代西方代议制发展简表

名称	君主立宪制	共和制	共和制	君主立宪制	比较项
形式 时间 传统	上院、下院	参议院、众议院	参议院、众议院	联邦议会、帝国议会	
	世袭虚位君主	直接民选实权总统	议会选举总统	世袭实权皇帝	
	议会产生首相	总统	总统与内阁	皇帝任命宰相	
		最高法院			
		联邦制		联邦制	
	君主、民主、贵族			不完善的议会制	
	1689	1787、1789	1875	1871	
	君主制、议会传统	移民国家、殖民地	共和与帝制交替	四分五裂、君主制	
背景	贵族与资产阶级	十三洲、邦联	政治派别纷争	长期分裂	
斗争	资产阶级革命	独立战争	资产阶级革命	王朝战争	
方式	光荣革命	制宪会议	共和派1票获胜	自上而下改革	
人物					
作用					
核心共性特点	经选举产生代表组成议会形式上代表民意行使国家权力。 资产阶级通过经选举产生代表组成的议会，形式上代表民意行使（　　）国家立法权，制约（　　）政府（　　或　　）等）滥用行政权，以维护资产阶级利益。				
主因					

图3

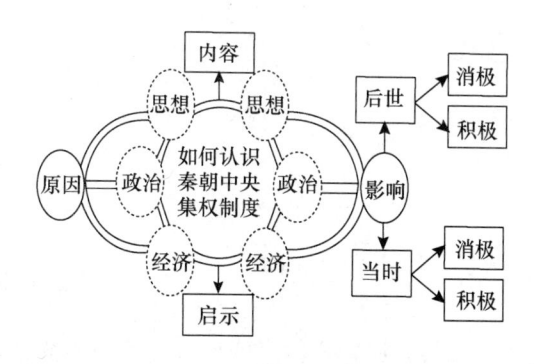

图 4

图 5

图 6

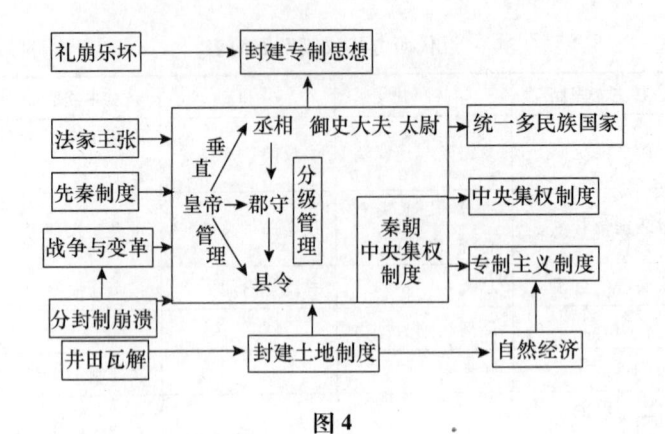

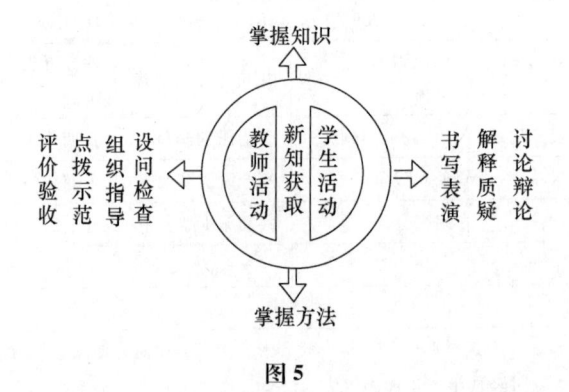

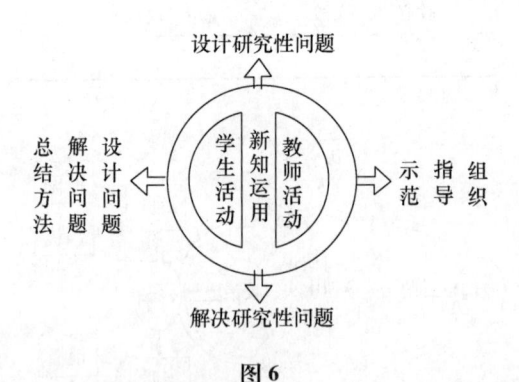

结尾阶段的教学设计，比较好的有畅谈人生感悟的情感升华、讨论思想启迪的认识升华、总结历史规律的经验升华以及鉴古知今的能力升华等角度；首尾呼应、中部升华等形式；由此及彼、由表及里、触类旁通、融

会贯通、鉴古知今等方法（见图7）。以首尾呼应为例，较好的案例如下：

（1）"商鞅变法"从现实问题思考切入到现实问题总结结束。开头为："胡锦涛在十七大报告中有102次提到'改革'，而且专门用了一个章节来讲改革开放，凸显了中央对改革的重视。从某种意义上讲，十七大报告是一篇关于改革的报告"；结尾为"胡锦涛在十七大报告中说：改革开放作为一场新的伟大革命，不可能一帆风顺，也不可能一蹴而就。最根本的是，改革开放符合党心民心、顺应时代潮流，方向和道路是完全正确的，成效和功绩不容否定，停顿和倒退没有出路。"以此要求学生谈谈对改革的认识。

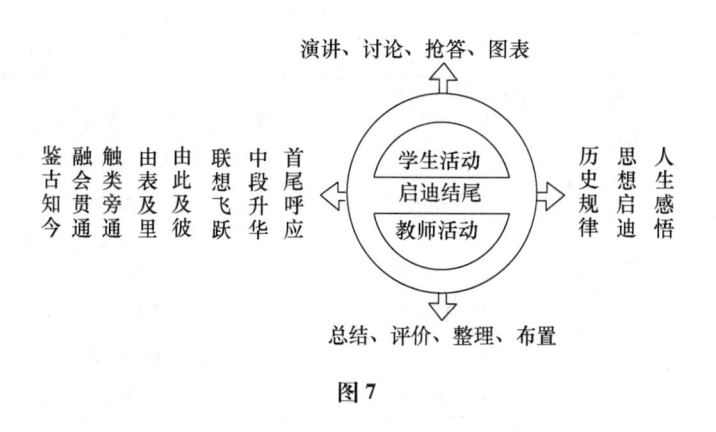

图7

（2）"中国民族资本主义的曲折发展"材料一：甲午战败后的1896年，荣氏兄弟鉴于大量免税外国面粉进口，销路甚广，且投资小，见效快，遂决定筹办面粉厂。在办厂审批时因为没有送礼遭到当地士绅的反对，幸好两江总督刘坤一是倡导办实业的官员，一连下了七道批示要求地方官支持实业。在第八次批示中，干脆强硬地宣布：知县办事无方，革职留用。1900年10月，荣氏兄弟以6000元资本，与人合伙创办了第一个面粉厂——保兴面粉厂，产品极受欢迎。1903年独资经营。1905年又开设振新纱厂，随后陆续在上海、无锡、汉口开设了申新纺织厂、福新面粉厂、茂新面粉厂。思考①荣氏兄弟在甲午战后创办企业的发展状况如何？此为"走进历史"开头；进一步以材料引导性和思考②假如你是政府官员，你对发展民族工业会采取什么政策？如果你打算毕业后进行创业，你认为采取什么样的措施，才能促进民族工业的发展?"关注现实"结束。

还有"交通与通讯事业的发展"一课,从诗情画意切入到诗情画意结束。"商鞅变法"一课从提出某观点切入到评判某观点结束。

综上所述,三段四步教学模式突出了以开头为关键、中间为核心、结尾为高潮的课堂教学的特点,不仅操作起来简便易行,而且教学过程井然有序、教学结构规范严谨、教学内容广泛深入、教学活动灵活多样、教学情境质朴自然、教学实践成果丰硕,见表3。在风格特点上,三段四步教学模式容纳多种方法、搭建四个平台、围绕三维目标、推进三个能级、突出两方地位、实现一个目标。

表3

教学过程	教学方法与师生活动		情境设计与目标达成		时间安排
	教师	学生			
导入新课	叙述、提问、展示组织、评点、	解答、质疑	史海钩沉	明确任务	3—4分钟
学习新课	问题式叙述法复现法、研究法	调动、运用知识描述、阐释事物	层层深入	获取知识掌握方法	18—20分钟
	部分研究法	获取、解读信息论证、探讨问题	学以致用	运用知识提高能力	12—14分钟
总结启示	指导与总结	讨论、发言	精彩纷呈	启迪人生发展创造性思维	7分钟

任何一种教学模式都不可能是万能和普适性的,使用过程中不仅应当坚持因材施教的原则,而且需要不断总结改进。

新课程背景下高中历史教学三维目标有效实现的实践探究

严州中学　夏安腊

高中新课程改革在浙江实施已快三年，面对全新的教学理念、课程标准、教材以及一大堆陌生的历史学、教育学专业术语，我们教师普遍反映难度很大、困惑很多。特别是在如何有效落实历史课程的"三维教学目标"方面，我们更多的还是偏重于基础知识和基本技能或丢弃了"双基"，转而偏重于"学习的过程和方法"，致使"情感、态度和价值观"的教学目标成了空中楼阁。三维课程目标，不是要我们分别实现的三个目标，在教学中我们必须把它们"三位一体"地统一而不是割裂开来，知识与技能是实现过程与方法、情感态度与价值观两维目标的载体，过程与方法是衔接知识与技能和情感态度与价值观两维目标的桥梁，也是实现其他两维目标的手段，而情感态度与价值观又是知识与技能、过程与方法的升华。可见，它们是一种相互依存、互为基础、彼此渗透，相互融合的关系，统一于学生的成长和发展之中。

笔者在两年多的教学实践中，将情境创设、问题设计、活动组织结合在一起，进行了历史新课程三维教学目标有效结合教学的实践。这种实践体现了"以学生发展为本"的教育理念，有利于改变学生被动接受知识的学习方式，可以培养其探究精神和实践能力；这种教学实践符合《浙江省普通高中新课程实验学科实施意见》中提出的"历史教学过程是一个知识与能力、过程与方法、情感态度与价值观三位一体的过程，要建立起一种学生主动学习，积极参与，注重能力和方法培养的现代教学模式"的要求。现笔者以《走向大一统的秦汉政治》为例，论述历史新课程三维教学目标有效结合教学实践的具体操作。

一 重新处理教材,创设现实情境

纵观人民版历史新教材,中国古代历史由原始社会到奴隶社会再到封建社会是一个不断发展的过程,也是一个制度不断创新的过程。这个过程促进了统一多民族国家的形成和发展,但同时也是对人性的不断束缚,对人的尊严、权利、幸福、自由、生命蔑视的过程。对于此点,人民版新教材的论述过于单一,没有列出中央集权制度坏的影响,不利于学生发散思维的发展,而对于人文精神的体现更显得十分薄弱。因此,我在处理教材时更侧重从体现"培养学生人文素养、培养现代公民意识"角度入手,创设新的问题情境,让学生在情境中感悟、体会。

如《走向大一统的秦汉政治》,这课"秦朝中央集权制度的形成"是重中之重。课标要求:"知道'始皇帝'的来历和郡县制建立的史实,了解中国古代中央集权制度的形成及其影响。"皇帝制、中央官制和郡县制在初中历史学习已有所涉及,因此笔者在导入环节上就紧紧围绕"中央集权制度对后世的影响"创设了以下一个问题情境:

两千多年的封建社会,中国曾走在世界前列,中国古代的四大发明、深厚的文化底蕴,造就了中华民族的强大和繁荣。"汉唐繁荣、元朝强大、嘉乾盛世"让我们无限自豪;但也正是宗法制、专制主义中央集权制的长期存在和强化,长时期地剥夺了中国大众的基本人权,使他们习惯于听命令、随大流。使他们深刻地记住了官僚和族长的权力,而忘却了自己的权利、义务和责任。看下面一个事例:"上世纪九十年代,我国某镇镇长常欺压百姓,无论大小事,该不该他管的事,他都粗暴干涉。一位记者问他:你凭什么管得那么宽呢?他回答:我上管天,下管地,中间管空气。"请思考:

(1)这位镇长的话反映了哪种体制的特点和影响?你有没有办法使他改变作风?

(2)这种制度的形成的具体史实如何呢?

(3)这种制度有没有积极作用?

(4)我们究竟该如何评价这种制度呢?

今天我们就来学习这些内容，从而导入新课教学。本课教学紧紧抓住制度建设这一体现历史人文精神的史实，从制度建设的影响入手，由古到今引入，由历史制度的影响到史实的分析，拉近了历史与学生的距离。这样的问题情境的创设与现实紧密结合，有利于学生从提升人文素养的角度去理解史实，也有利于学生创新精神和实践能力的培养，可为学生的人生提供一点经验和启示。

二　体现三维教学目标，设计可操作问题

传统的教学目标以"双基"（基础知识目标、基本能力目标）为主，思想情感教育成了传授知识、培养技能的附属品。而在新课程背景下，在强调知识与技能的同时，更加重视情感、态度与价值观的教育。《历史课程标准》把情感态度的价值目标与知识目标、过程方法目标放在三个不同的层面上，构成一个发展性的动态目标体系。因此笔者在平时教学实践中力求制订可操作的学习目标，并以问题的形式展现给学生，使学生的知识发展与情感培养相结合。如在本课教学中创设了以下问题：

第一部分　秦的统一，因为本课的重点在中央集权制，所以对这一部分作简化处理，主要涉及以下几个问题：

（1）"六王毕、四海一"描述的是哪个史实？你能向大家作简单介绍吗？

（2）请看历史图册，依图指出秦灭六国的先后次序。

（3）秦完成统一后又是如何进一步加强自己的统治的？

（这三个题目体现的是知识和能力目标，知识目标：了解秦统一的基本史实；能力目标：阅读书本、图册的能力，归纳知识的能力，语言表达的能力）

（4）如你生活在当时，请选择不同的身份，提出自己对完成统一大业和巩固统治的建议或策略。（本题体现的是情感态度价值观目标：让学生参与史实、体验历史真实情境，在活动中提高自己公民意识和责任意识。而过程与方法目标主要在完成题目过程中实现）

由第四问学生的回答可以过渡到本课的重点：中央集权制度的建立，通过制度建设加强国家稳定。

第二部分　中央集权制度的形成，主要由三个环节组成。

第一环节　至高无上的皇权，教师提供以下材料。

　　秦初并天下，令丞相、御史曰："……寡人以眇眇之身，兴兵诛暴乱，赖宗庙之灵，六王咸伏其辜，天下大定。今名号不更，无以称成功，传后世。其议帝号。"丞相绾、御史大夫劫、廷尉斯等皆曰："昔者五帝地方千里，其外侯服夷服，诸侯或朝或否，天子不能制。今陛下兴义兵，诛残贼，平定天下，海内为郡县，法令由一统，自上古以来未尝有，五帝所不及。臣等谨与博士议曰：'古有天皇，有地皇，有泰皇，泰皇最贵。'臣等昧死上尊号，王为'泰皇'。命为'制'，令为'诏'，天子自称曰'朕'。"王曰："去'泰'，着'皇'，采上古'帝'位号，号曰'皇帝'。他如议。"制曰"可。"……朕为始皇帝。后世以计数，二世三世至于万世，传之无穷。

　　　　　　——［西汉］司马迁《史记》卷六《秦始始本纪》

要求学生看书、结合材料回答以下问题：

（1）秦统一后参与议帝号的主要有哪些人？

（2）"皇帝"这一名称是怎么来的？秦始皇急于确定名号的目的何在？

（3）在这次议帝号的过程中，秦王嬴政做了哪些决定？

（4）皇帝制其具体内涵如何？

（5）"君要臣死，臣不得不死"、"皇帝的话就是圣旨"对这些现象你是如何看的？

（前四问主要考查学生知识能力目标，通过看书由浅入深，层层深入，在参与中辨别知识，在思考中提高能力，在过程中明确方法；第五问主要考查学生的历史人文精神素养，在学生讨论回答中内化公民意识、公民权利、人生尊严）

第二环节　较为完备的中央官制，教师设计问题情境：

　　秦始皇统一天下后，建立了历史上第一个中央统一管理全国的政府。中央王朝"日理万机"，只靠皇帝一人，自然难以处理全部繁复的政务，必须选拔一些人才来辅助他。那么他都设立了哪些官员来辅助自己呢？然后提问：

（1）据教材指出秦朝在中央设置的主要官员"三公"的名称及其职责。

（2）你能说出中央这些官员与皇帝的关系吗？

（3）这种中央官制体现了什么样的特点？你是如何看待的？（知识能力、过程方法、情感态度价值观三维教学目标的综合体现）

（4）由一位学生扮演皇帝，册封"三公九卿"，并要求说出每个职务的责权。

（在活动中体验历史史实、感悟历史，也是知识能力、过程方法、情感态度价值观三维教学目标的结合，有利于学生创新思维、实践思维、历史辩证思维的发展）

第三环节　郡县制的全面推行，教师提供问题情境：

县、乡仍是今天的基层行政组织，你希望知道它的来历吗？你希望了解当时县、乡都有哪些干部编制吗？你想知道当时的县太爷都有哪些权力吗？然后提问：

（1）秦统一之初，秦始皇为什么围绕地方行政制度设置展开一场讨论？秦始皇为"求其宁息"最终同意在地方设置什么行政机构？这一机构与分封制最大的不同是什么？

（2）秦朝在郡县设置的主要官员有哪些？各负何责？在县以下设置的主要行政机构有哪些？（对书本知识的落实，通过问题形式，然后让学生去看书，从而掌握所学知识，比教师进行直接传授效果要好，并且这让本课的知识目标具有更实际的可操作性）

（3）郡县制与分封制相比有哪些进步之处？（体现能力目标，让学生在参与讨论过程中提高语言的归纳能力、能用历史思维去回答历史问题）

（4）模拟古代朝议："运用何种体制管理国家：分封还是郡县。"（体现情感态度价值观目标，让学生在模拟中体验历史事务的两面性，在模拟中体会专制制度的表面民主，加深对这种制度的理解）

通过以上三个环节，教师要进行点拨：这些制度就构成了一套完整的中央集权体制，并影响中国几千年，那它到底对中国社会产生怎么样的影响呢？接下来我们看看这个问题。

第三部分　专制主义中央集权制度的影响，再次提供导入新课时的问题情境（镇长的语言），然后提问：

（1）这种制度形成的具体史实如何？

(2) 请从社会稳定与制度建设关系的角度谈谈你对秦朝中央集权制度的认识。

(3) 对镇长的行为,我们有没有办法使他改变自己的作风?

(4) 那我们究竟该如何来评价这种制度呢?

这四问由知识能力目标、过程方法目标、情感态度价值观目标构成,一步一步深入,充分体现了学生的主体地位,有利于学生情感的参与,提高学生的历史思辨能力。

三 重视合作探究,组织课堂教学

这些问题的设计,把课堂内容问题化,使处于"问题情境"中的学生有强烈的追本求源的欲望,但如何开展动静结合的活动,有效地组织课堂教学,也大有文章可做,具体我在实践中是这样操作的。

(一) 留给学生看书阅读时间,通过学生看书,完成知识能力目标、过程与方法目标

自学是发展主体能力的前提,自学的质量将直接影响到教学目标的实现。必须认真地引导学生自学、自读、自疑,具体做到:(1)抓重点,析思路。也就是先通读了解教材内容,然后分析本节课的具体思路,接着再按问题思路分段阅读,明确各段间的联系,最后抓住重点难点反复阅读。(2)读书要动笔,要求学生在读书中动笔画出本课的重点知识名词,并在疑问处作出记号。(3)通过看书,结合教师设计的问题,让学生在自学中进行思考,能提出自己的新问题,启发学生质疑问难。

(二) 小组合作讨论交流,解决过程与方法、情感态度价值观目标

讨论交流是拓展学生思维广度和深度的良好形式,它有利于调动全体学生自我探索,有利于师生间、学生间的情感交流,有利于思维的撞击和智慧火花的迸发,有利于学生个性品质的发展。就如模拟史实部分、情感升华部分,都先让学生参与讨论,相互交流启发,再各抒己见,最后让每小组上台模拟,在这一教学组织过程中,学生提高了交往、语言表达、主动探究、与人合作等能力,也提升了自己的主体意识、公民意识、责任意识，提高了学生的人文素养。

（三）教师点拨析疑，深入挖掘课文中历史人文精神

教师针对小组学习反馈，作评价式、解疑式讲评。要引导学生认真读书、思考、想象、概括、主动探索领悟。教师要抓重点，排障碍，针对教材特点和学生实际需要，因势利导，启发思维，教给方法，发展学生的智力。更要充分发挥问题情境的创设作用，挖掘课本中与现实结合的，体现人文精神素养培养的素材。这样才能真正培养有情感的、有责任感的合格公民。

（四）留下课后题目，创新运用所学知识，全面深化三维教学目标

如我在本课教学中布置的创新实践问题设计作业："根据本课所学知识，为班级设计一套全新的管理制度。"通过所学知识与实际相结合，拉近了历史与现实的距离，可进一步激发学生的社会意识和学习的积极性。

以下是学生习作中的一个片断：我认为一个班级没有制度和纪律是不行的，正所谓没有规矩不成方圆，作为学生总会在一定程度上讨厌这些规定，但要真正让自己更好的发展，有必要制定一套我们认可的班级管理制度。我认为班级管理制度的制定必须遵循以下原则："权力集中、民主公开、各负其责、执行协调、效率班务"（结合了课本中的一些知识加以说明，为什么要提出这样的原则）……相信每个班级成员都希望自己的学习环境和人际环境能变得更好，那就让我们携手努力，创造美好的班级吧！

在两年教学中，我进行的高中历史新课程三维教学目标有效结合教学实践，通过情境的创设、体现三维教学目标问题的设计、教学活动的有效开展，体现了新课程改革的精神，突出了学生的主体地位，实现了教学目标的层次递进，即了解——理解——见解。通过学生阅读，整合知识，使学生理解掌握了基础知识；通过问题探讨，师生互动，实现了对知识的理解；通过讨论，学生提出了见解；通过体验感悟，学生升华了情感；通过文字材料的呈现和情境的创设，深化了知识，使单薄的知识充实丰富，富有情趣。

参考文献

1. 《普通高中历史课程标准（实验）》，中华人民共和国教育部制订。

2. 朱汉国、王斯德主编：《历史课程标准（实验）解读》，江苏教育出版社 2004 年版。

3. 《浙江省普通高中新课程实验学科教学指导意见高一上》，浙江教育出版社 2006 年版。

4. 《浙江省普通高中新课程实验学科实施意见》，浙江教育出版社 2006 年版。

5. 朱汉国主编：教科书《历史》，人民出版社 2005 年版。

6. 齐健、赵亚夫：《历史教育价值论》，高等教育出版社 2003 年版。

7. 叶澜：《重建课堂教学价值观》，《教育研究》2002 年第 5 期。

创设问题情境 诱疑导思

临安市教师进修学校 胡爱军

一 问题的提出

亚里士多德曾说过:"思维是从疑问和惊奇开始的。"因为疑问能使学生产生认知冲动,促使学生积极思考,在这个过程中才可能实现创新。新课程改革又强调:"历史课程改革应有利于学生学习方式的转变,倡导学生积极主动地参与教学过程,勇于提出问题,学习分析问题和解决问题的方法,改变学生死记硬背和被动接受知识的学习方式。"所以在课堂教学中,创新始于"问题"。设疑是激发学习动机、启迪求知欲望、点燃智能火花、追求真知灼识的重要教学手段,而导思是培养学生发现问题、分析问题、解决问题能力的重要途径。

二 理论依据

(一)建构主义学习理论

建构主义学习理论强调以学生为中心,不仅要求学生由外部刺激的被动接受者和知识的灌输对象转变为信息加工的主体、知识意义的主动建构者;而且要求教师要由知识的传授者、灌输者转变为学生主动建构意义的帮助者、促进者。这就意味着教师应当在教学过程中采用全新的教学模式(彻底摒弃以教师为中心、强调知识传授、把学生当做知识灌输对象的传统教学模式）、全新的教学方法和全新的教学设计思想，因而必然要对传统的教学理论、教学观念提出挑战。建构主义提倡在教师指导下的、以学习者为中心的学习，既强调学习者的认知主体作用，又不忽视教师的指导作用。

（二）主体教育理论

主体教育理论提出教育活动的三个主体：即教育主体、受教育者主体、教育者主体。教育主体即教育本身的主体独立性，它是教育活动的前提；教育者主体是条件，受教育者的主体性要靠教育者的主体性来完成；受教育者主体是归宿，是核心，教育主体和教育者主体都是为其服务并受其制约的，它们的主体性只有在成全受教育者的主体性的过程中才能得到体现。

（三）探究学习

1964年，美国芝加哥大学教授施瓦布首先使用了"探究学习"一词，标志着探究学习理论的产生。所谓探究学习，是指在研究客观世界的过程中，通过学生的主动参与，发展探究能力，形成科学概念，从而培养探究未知世界的积极态度。《基础教育课程改革纲要（试行）》明确提出："改变课程实施过于强调接受学习、死记硬背、机械训练的现状，倡导学生主动参与、乐于探究、勤于动手；培养学生收集和处理信息的能力、获取新知识的能力、分析和解决问题的能力以及交流与合作的能力。"在探究学习中，关注的焦点是问题的解决，即在教师的帮助或支持下，学生自主寻求问题的答案。在探究的过程中，学生作为探究者，首先要自主生成问题或使问题明晰化，要自主建构对问题的深入理解，并自主建构起解决问题的方案。新课堂主张学生应带着问题主动地学习，抱着探究的精神，在努力掌握现有知识的同时，力争在学习的过程中体现出丰富的创造性，选择独特有效的学习方法，发现新的思想和理论。

三 诱疑导思的基本途径

（一）提出"真"问题，拓展新思维

所谓真问题是指教材没有现成答案，且可以展开或深入探讨的、有多

种并行不悖的结论的问题。比如：对罗斯福新政的评价问题。我提供了下面这张附表，见表1。要求学生对照苏俄新经济政策做出具有说服力的评价，但不要求全面评价。

表1　　　　　　两种经济体制比较：市场经济和计划经济

基础	生产资料私有　生产资料公有
条件	市场、资本、法制、国家对经济控制的权力
动力	追求资本的高额利润　追求平衡发展和国家积累
调节	通过市场　通过国家经济计划
矛盾	无产阶级和资产阶级　人们的需要和经济发展
问题	生产过剩　计划滞后

又比如，学习《鸦片战争》时可这样设疑："落后就要挨打"是共识，问："落后一定要挨打吗？""落后应该挨打吗？""先进就不会挨打吗？"学生的思维被积极调动起来，各抒己见。这时再设疑："为什么鸦片战争中国落后就挨打了呢？"学生会领悟到，必须了解鸦片战争的时代背景，时间变了，即使同样的情况也会有不同的结果。

（二）提供新材料，激活新思索

在教学中要发挥学生的主体作用，有时仅靠教材中的材料是不够的。这时教师就要想办法向学生提供一些新的材料，创设新的情境，引导学生去进行新的思索。例如对隋朝大运河的评价，我提供古代四位诗人的四首诗："千里长河一旦开，亡隋波浪九天来。锦帆未落干戈起，惆怅龙舟更不回。"（胡曾）"帝业兴之世几重？风流犹自说遗踪，但求死看扬州月，不愿生归驾九龙。"（宗元鼎）"汴水通淮利最多，生人为害亦相知。东南四十三州地，取尽膏脂是此河。"（李敬之）"尽道隋亡为此河，至今千里赖通波。若无水殿龙舟事，共禹论功不较多。"（皮日休）请学生用一分为二和是否有利于社会经济发展的观点来评价。又如笔者在讲到中国三大发明对欧洲资本主义萌芽的影响时，出示了这样一段材料："鲁迅先生在《电的利弊》中说：'外国用火药制造子弹御敌，中国却用它做爆竹敬神；外国用罗盘针航海，中国却用它看风水；外国用鸦片医病，中国却拿来吃。'"学生在经过认真思考以后，都纷纷发表了观点，最后得出结论：

腐朽的封建制度严重阻碍了中国的发展和进步。

(三) 突破思维定式，引发新思考

突破思维定式在分析历史事件、历史现象的后果（作用、意义、影响）中，经常会涉及。如复习"商鞅变法"时，教材曾提到其作用："经过商鞅变法，秦国的旧制度被废除了，封建经济得到了发展，秦国逐渐成为七个诸侯国中实力最强的国家"。学生往往只看到其积极作用，所以要引导学生在复习掌握其内容的基础上，得出商鞅变法的三大偏差：压抑工商；弃绝文化；倡导严刑酷法。再进一步引导分析其消极作用：违背了社会发展规律；破坏了文化发展；残暴法制加速王朝灭亡。同时，突破思维定式也表现在对教材中没有下结论或结论模糊的历史问题，要大胆尝试发表自己独特见解或论点，并结合史实进行初步的分析和论证。同时尝试对一些历史事物的发展可能性做出大胆的推理和假设，可通过与之相类似的历史事物的对比、借鉴来提出问题，如：假设甲午战争中国获胜，又该如何评价李鸿章和伊藤博文？如果袁世凯不告密，戊戌变法是否会失败？等等。这些假设的提出，说明学生已经以逆向思维或发散性思维的形式，在更深层的意义上探究历史的真谛。

四 诱疑导思的实施程序

通过诱疑导思使学生明确并掌握所学内容的知识结构，通过自主探究和合作交流，掌握认知规律和学习方法并得到必需的技能和思维方法训练。其实施过程可分成四个程序：创设情景—探究发现—突破难点—信息交流。在整个诱疑导思过程中，要遵循教法与学法相结合，突出"导"的作用和结果。具体实施策略分述如下：

(一) 创设情景、设计问题——诱导

为学生提供学习材料，创设问题情景，以激发学生学习的兴趣。教师可根据学习内容，学习重点难点以及学生的知识基础、思维特点和技能水平设计知识的学习过程和问题，把学生引进旧知识的"最近发展区"，使学生积极主动地完成新旧知识的迁移过渡，顺利进入新课题的

学习。

(二) 探究发现，尝试解决——引导

这是课堂教学的重要环节，目的是让学生切身经历探究、发现的学习过程，开拓思路、使学生的各种学习能力得到充分发挥和提高，特别是培养学生的思维能力与创新能力。教师必须依据教学目标，认真细致地设计好探究学习的方案。提出问题后，学生以小组为单位进行合作学习，教师巡回解疑，再由学生代表汇报讨论结果，教师做适当的启发引导以补充完善讨论结果，这样学生不仅获取了新知识，历史思维能力和语言表达能力也得到全面提高和发展，形成自己的知识，学会与他人合作。

(三) 突破难点，教学同步——疏导

教师要帮助学生突破教材中的难点，为学生铺设认知平台，促使学生化解疑难，思维顿开。要重于疏导，变"难学"为"易学"。一是教师应及时对学生的思维障碍进行疏导或建立"台阶"让学生拾级而上，自己动手解决，使学生既尝到成功又扩展了思维；二是教师要把自己的思维放到学生的思维水平上，面对每一个问题都要有意识地制造陌生感和新鲜感，要从学生的思维角度，思维习惯和方法去体验，设计问题时，教师要从高的悬念向低的悬念过渡，逐步找到接近"发展区"的结合点，力求保证教学双方思维活动能够达到同步协调。

(四) 信息交流，深化规律——指导

在以上基础上，教师进一步引导学生根据探索，尝试所得，通过信息交流形式，总结有关知识和规律。一般由一个小组首先向全班汇报本组研讨情况，汇报形式可采用登台演示、画图讲解等，其他小组做补充、辩论，使学生在知识系统中学习和理解知识、实现"变教师提问为学生发问"，"变教师点名回答为学生主动回答"。学生在教师指导下，对知识进行整理，归纳和衔接，可促使学生有条理、有层次，准确系统地掌握知识和规律，从而使他们的知识技能和认识得到提高和升华。

五 探索与思考

要彻底改变历史课堂教学现状，尤为重要的是教师必须解放思想、转变观念、调整心态、放开手脚，主动适应课程的特点，引导学生自主探究学习，提升学生的历史意识、人文素养和科学精神。在课堂教学中诱疑导思，并不只体现学生的主体作用，更要重视发挥教师的主导作用，教师在诱疑导思时要注意以下三点：

（一）设疑要难易得当

课堂提问是提高教学效率的有效手段，但如何提问，则要讲究艺术性。"设疑"要难易适当，并有一定的诱惑性，能激发每位学生去思考。这种"疑"的深浅程度要结合学生的知识水平和接受能力，照搬书本内容就可以回答的问题则缺乏难度，表面热闹，实则起不到提问的作用，反而降低了教学水平。反之，如果问题提得过难、过深，超过学生的实际水平，学生接受不了，可望而不可即，也会挫伤学生的积极性，使学生产生畏难情绪，影响教学效果。最合适的问题应该是如同摘桃子，不是唾手可得，也不是架了梯子还难以摘到，而是跳一跳、伸一伸手可以摘到。也就是说，这类问题在教科书上往往没有现成的答案，但通过教师启发，学生思考，是可以回答的。它往往要求学生在大范围的新旧知识的联系中加以分析、归纳、比较才能解决。

（二）诱疑导思时，要鼓励学生言之成理，言之有据

我们对学生的思维结果应尽量肯定，无须要求他们遵循一成不变的答案。只要能消化、吸收教材，在理解的基础上用自己的语言来组织，中心意思明确即可。如果只靠死记硬背却不愿花时间来吃透问题，那只能停留在认识的表面上，所以我们应追求言之成理，言之有据。例如，讲"商鞅变法内容"时，不要求学生死记知识，可提问"废"的是什么？"立"的又是什么？学生归纳为"三废三立"，笔者给予高度肯定，即1. 土地制度：废的是奴隶制的土地国有制；立的是封建制的土地私有制。2. 奖励耕战：废的是奴隶主贵族的世袭制，弃农经商的旧俗；

立的是耕战之功,重农业生产的新风。3. 建立县制：废的是奴隶制的分封制,立的是中央集权制。使学生彻底理解了变法的内容是使奴隶制向封建制过渡。在课堂教改实践中,对学生的踊跃回答,笔者就经常加以赞赏、鼓励。当学生的思维结果经常被肯定后,学习历史的自信心增强了,学习积极性就被充分调动起来,同时课堂的口头交流也训练了学生的胆量和语言表达能力。事实证明,只要学生的积极性和主动性调动起来,就会使我们的课堂常常出现热烈、活泼的场面,也会使我们的教学目的达到预期的效果。

(三) 教学要注意民主性原则

设疑的目的在于激发课堂气氛,提高学生的兴趣,吸引学生的注意力,提高课堂教学实效,培养学生素质。因此,必须面向全体学生,营造民主的教学气氛,让学生受到激励,充分调动学生学习的主动性,使之积极思考,敢于提出言之有理的不同见解。教师要认真对待学生的问题,不论其问题多么肤浅或异想天开都不能嘲笑。要创造民主气氛,杜绝从言语上或行动上挫伤学生的积极性,防止扼杀学生的创新火花。而对于那些敢于发表反驳教师意见的学生更要加以表扬。因为在教学过程中,教师虽说是"权威",但教师的话并非句句是"真知灼见",由于教师个人知识能力及认识的局限性,教师在教学中出现错误是在所难免的。教师不要回避和掩盖,而要鼓励学生积极提出质疑,即使他的观点是错的,也要先肯定他的勇敢,然后再和学生一起讨论来加以引导。

没有问题是谈不上学习和研究的,有人曾说：正是问题才把只不过是小碎石的东西变成了历史的证据。所以历史课堂教学要注意创设问题情境,诱疑导思!

参考文献

1. 《普通高中历史课程标准 (实验)》, 人民教育出版社 2006 年版。

2. 赵亚夫：《历史教学论要解决的问题是什么》,《中学历史教学参考》2006 年第 10 期。

3. 任长松：《新课程学习方式的变革》, 人民教育出版社 2003 年版。

4. 陈伟国：《高中历史新课程教学方式的转变》,《中学历史教学参考》2005 年第 10 期。

5. 刘爱香:《高中历史教学研究应研究什么》,《中学历史教学参考》2005 年第 6 期。

6. 崔允漷:《有效教学》,华东师范大学出版社 2009 年版。

基于 SOLO 分层评价理论的高中历史课堂教学优化策略

杭州市第十中学 张 勇

SOLO 分层评价理论（Structure of the Observed Learning Outcome）是香港大学教育心理学教授比格斯（J. B. Biggs）首创的一种学生学业评价方法，由于这种评价方法具有开放性，能明确反映学生的思维层次（比格斯称之为"可观察的学习成果结构"），帮助广大教师掌握学生真实学习水平，符合新课程改革"以学生发展为本"的目标，因此受到了人们的关注。广东省从 2004 年就开始在试点研究的基础上推广应用 SOLO 分类评价方法，上海市近几年的历史高考中也尝试引入 SOLO 分层理论命制试题，取得了一些阶段性的成果，如：何琼《新课程背景下高中历史必修模块学生学业评价的研究与实践》、黄牧航《SOLO 分类评价理论与高中历史试题的命制》、《谈 SOLO 分层法在历史科高考命题中的应用》、黄黎明《SOLO 分类评价理论及其对新课程改革的启示》等。下面我结合人教版选修四《中外历史人物评述》中《圣雄甘地》一课具体加以分析。

一

根据 SOLO 分层评价法，比格斯把学生对某个问题的学习结果由低到高划分为五个层次：前结构、单点结构、多点结构、关联结构和抽象拓展结构，其中前三个层次的具体含义如下：

（1）前结构层次（prestructural）：学生基本上无法理解问题和解决问

题，只提供了一些逻辑混乱、没有论据支撑的答案。

（2）单点结构层次（unistructural）：学生找到了一个解决问题的思路，但却就此收敛，单凭一点论据就跳到答案上去。

（3）多点结构层次（multistructural）：学生找到了多个解决问题的思路，但却未能把这些思路有机地整合起来。

分析一下不难发现，这三个层次只是一个具体的知识"量"不断扩展的过程，但知识还处于零散的阶段，知识与知识之间还没有形成有机的联系，所以学生的能力并没有得到"质"的提高。运用到历史课堂教学中，这就是指导学生积累史实的阶段。在这一阶段中，学生只需将史实罗列清楚，尚不需要厘清史实之间的因果关系，建立知识结构。

那么，一课中哪些史实是学生必须要掌握的呢？新《课标》、《历史教学指导意见》对教学内容与难度提出了具体要求，认真研读，可以有效防止教师任意增减教学内容和提高教学要求，实现新课程倡导的"减负增效"。《圣雄甘地》一节，其基本要求是：简述甘地领导印度国民大会党进行"非暴力不合作运动"的主要事迹；感受甘地为印度民族独立事业而贡献一生的坚定信念和斗争精神。从《课标》和《指导意见》看，"简述甘地领导印度国民大会党进行'非暴力不合作运动'的主要事迹"便属于"积累史实"阶段需要学生重点掌握的内容；而"感受甘地为印度民族独立事业而贡献一生的坚定信念和斗争精神"，表面看属于情感目标，但仔细体会"贡献一生"四字不难发现，甘地一生的主要活动都应该在掌握之列。再加上《指导意见》中说明部分："'凤凰新村'与'坚持真理'一目为学生课外阅读内容"，教师可以确定本课所应掌握基本史实的范围：甘地一生的主要活动（除"凤凰新村"和"坚持真理"部分），重点是"非暴力不合作运动"。

确定了范围，罗列史实对于高二文科班的学生来说并不算难事。而SOLO分层理论给我们的启示就在于：史实不仅仅在于简单的罗列，还必须有精确的时间、空间定位，否则在回答问题时便会出现SOLO理论中所论及的"前结构层次"或"单点结构层次"，而这正是普通高中学生中比较常见的现象。

为此，在课堂教学中教师必须让学生逐步养成这样的习惯：史实要和时间、空间相联系。而建立表格这种形式笔者认为是比较适合的。表格中应该包含这些内容，见表1。

表1

时间	地点	史实（活动，可分解成起因、经过、结果等内容）

在教师的指导下，学生通过阅读《圣雄甘地》一课的课文，然后经过分类、提炼、概括，形成下列表格，见表2。

表2

时间	地点	史实（活动）
童年、少年	印度	出生于虔诚的印度教家庭
18岁后	英国	在伦敦大学学习法律，受基督教的影响
	南非	担任律师，受种族歧视，受托尔斯泰的著作影响，开始试验非暴力抵抗
"一战"结束后	印度	从"文明不服从"运动到第一次"非暴力不合作运动"（起因、内容、结果）
1930年	印度	领导第二次"非暴力不合作运动"（食盐进军、结果）
"二战"中	印度	领导第三次"非暴力不合作运动"（特点）
"二战"后	印度	致力于缓和民族、宗教矛盾，被印度教极端分子刺杀

这是一个"编年史"类型的人物简表，人物活动及其时间、地点一目了然。学生能制订出这张表格，势必已经对人物生平有了较为清晰的了解，有的学生可能已经开始产生一些疑问。这就要求教师进一步深化教学内容，向学生学习能力的下一个层次进发。

二

SOLO分层评价理论的第四个层次是"关联结构层次"（relational），其具体含义是：学生找到了多个解决问题的思路，并且能够把这些思路结合起来思考。具体到历史课堂教学中，就是要将已经掌握的史实有机地联系起来，找出它们之间的逻辑关系，建构完整的知识体系。和前三个层次相比，这一层次对能力的要求有了"质"的飞跃。前三个层次是基础知识的积累，知识是零散的、支离的、相互间未建立联系的；而这一层次则明确要求对知识进行整合，需要分析、概括、综合、比较等一系列理论思维的介入，因而是学生能力培养至关重要的环节，也是高中文科学生应该达到的能力水平。当然，重视这一层次并不意味着淡化、弱化前三个层次，思维能力的突破离不开基础知识的积累，这一层次是在前三个层次的基础上建立起来的。

《圣雄甘地》一课要建立有机的知识体系，"非暴力不合作运动"是核心，它是甘地一生中最有特色、最为辉煌的活动，《课标》的重点和难点也是它。那么，该如何围绕"非暴力不合作运动"来进行本课的知识整合呢？

整合一：通过分析第一阶段所列表格，我们可以在各史实之间建立起如下的联系，见图1。

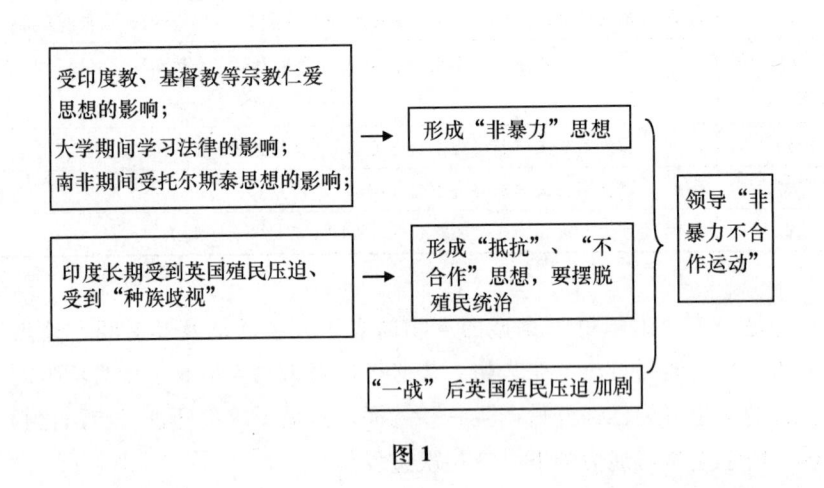

```
受印度教、基督教等宗教仁爱
思想的影响；
大学期间学习法律的影响；      → 形成"非暴力"思想  ⎫
南非期间受托尔斯泰思想的影响；                    ⎪
                                                  ⎬ 领导"非
印度长期受到英国殖民压迫、    → 形成"抵抗"、"不   ⎪ 暴力不
受到"种族歧视"                  合作"思想，要摆脱 ⎪ 合作运
                                殖民统治           ⎬ 动"
                                                  ⎪
                          "一战"后英国殖民压迫加剧 ⎭
```

图1

这一步整合在甘地领导的三次"非暴力不合作运动"、甘地的生平经历以及印度当时的客观环境之间构建了因果关系，使学生能初步解释"非暴力不合作运动"爆发的原因。整合的难度不大，只是建立了史实之间的初步联系，大多数高中生都能完成，关键是初步整合的成功能使学生获得学习的乐趣，激发学生进一步探究的兴趣。更多的疑问会在学生的脑海中升腾起来：为什么是在第一次世界大战后甘地领导了第一次"非暴力不合作运动"？为什么"非暴力不合作运动"在印度能够得到大众的支持？在中国可行吗？为什么这种看似"软弱"的"非暴力"的方式最终

却使印度获得了独立？……这就需要教师在引导学生深挖教材的基础上，建立更多的知识联系，进行进一步的知识整合，从而拓展学生的思路，完善学生的知识结构。

整合二：为什么第一次"非暴力不合作运动"出现在"一战"后，见图2。

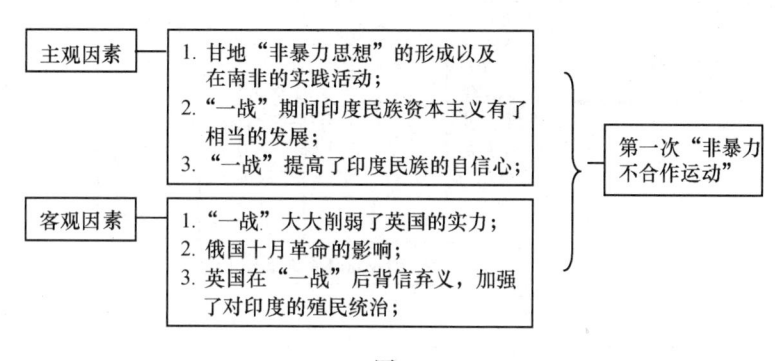

```
主观因素 ── 1. 甘地"非暴力思想"的形成以及
              在南非的实践活动；
           2. "一战"期间印度民族资本主义有了
              相当的发展；                      ── 第一次"非暴力
           3. "一战"提高了印度民族的自信心；      不合作运动"

客观因素 ── 1. "一战"大大削弱了英国的实力；
           2. 俄国十月革命的影响；
           3. 英国在"一战"后背信弃义，加强
              了对印度的殖民统治；
```

图 2

这一整合中，只有"甘地的非暴力思想形成以及在南非的实践活动"和"英国在'一战'后背信弃义，加强了对印度的殖民统治"这两部分是课文的现有内容，其余都属于课文的隐性知识，需要进行一定的知识迁移才能得出。这对高二学生来说有一定的难度。迁移的关键是把握"一战"这一特殊的历史阶段，教师可以引导学生回顾高一时期同一阶段中国的历史：（1）"一战"中中国的民族资本主义出现了怎样的变化？（2）"一战"期间中国的思想政治领域发生了哪些重大事件？

从第一问中可以迁移出以下结论：由于"一战"期间，列强放松了对殖民地、半殖民地的控制，使殖民地、半殖民地的民族资本主义有了一定的发展，印度也不例外；从第二问中可以迁移出以下结论：受俄国十月革命的影响，中国新文化运动出现了转型，五四运动兴起，而印度也受此影响，民族解放运动高涨。

这种知识迁移已经远远超出了本课内容之间的联系，可以帮助学生将以往学过的内容和现有的内容之间建立更为广泛的联系，并学会将学过的类似知识进行转化，用于解决当前未学知识的能力。经常进行类似的训练，学生的思路将得到极大的开阔，并且可以极大地激发学生学习历史的兴趣，"兴趣是最好的老师"，这对学生今后的发展会有很大的帮助。

类似的整合还可以进行下去，例如：为什么这种看似软弱的"非暴力"方式却使印度获得了独立，见图3。

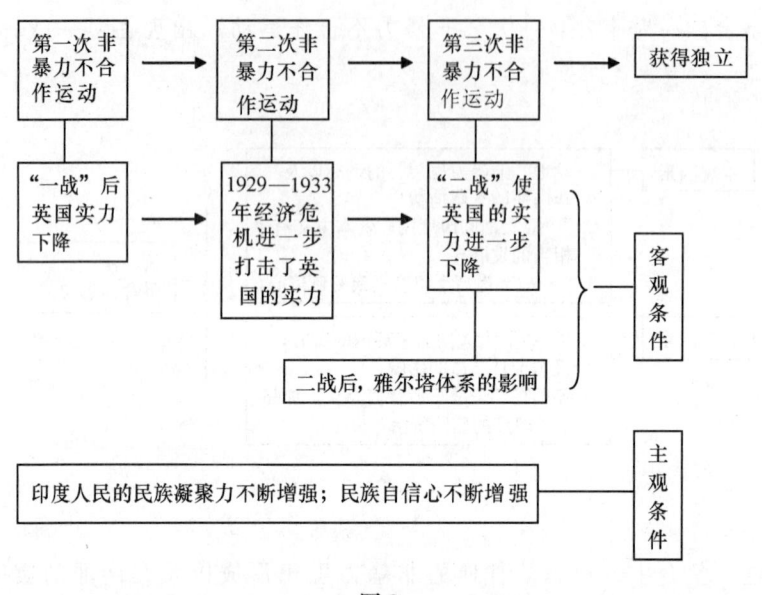

```
┌─────────┐    ┌─────────┐    ┌─────────┐    ┌─────────┐
│第一次非 │───▶│第二次非 │───▶│第三次非 │───▶│获得独立 │
│暴力不合 │    │暴力不合 │    │暴力不合 │    └─────────┘
│作运动   │    │作运动   │    │作运动   │
└─────────┘    └─────────┘    └─────────┘

┌─────────┐    ┌─────────┐    ┌─────────┐    ┐
│"一战"后 │───▶│1929—1933│───▶│"二战"使 │    │
│英国实力 │    │年经济危 │    │英国的实 │    │ 客
│下降     │    │机进一步 │    │力进一步 │    │ 观
└─────────┘    │打击了英 │    │下降     │    ├ 条
               │国的实力 │    └─────────┘    │ 件
               └─────────┘                     │
                    │                          │
                    ▼                          │
            ┌───────────────────────┐         │
            │二战后，雅尔塔体系的影响│         ┘
            └───────────────────────┘

┌─────────────────────────────────────┐    ┐ 主
│印度人民的民族凝聚力不断增强；民族自 │    ├ 观
│信心不断增强                         │    ┘ 条
└─────────────────────────────────────┘      件
```

图3

这些整合对高二学生来说难度较大，有很多内容还没有学过，可以当做课文拓展问题留给学生思考，不仅可以加深学生的思考深度，培养学习历史的兴趣，更重要的是教给学生一种解决问题的方法，也就是在思考问题时要做到"瞻前顾后、左顾右盼"。"瞻前顾后"是指要思考事件的前因和后果；"左顾右盼"是指要考察事件的主客观环境，注重相似知识的迁移。能做到这一点，就一定能让学生建立起知识之间全面的联系，构建出严密的知识体系。

三

到了这一步，学生已经能够概括出基本的史实，建立起史实之间的联系，甚至已经能够构建起复杂、严密的知识体系，一堂课上到这种地步，任务应该已经完成得不错了。然而，SOLO理论告诉我们，任务还没结束，还有一个重要的步骤，那就是第五层次：抽象拓展层次（extended abstract）。

这个层次的含义是：学生能够对问题进行抽象的概括，从理论的高度来分析问题，而且能够深化问题，使问题本身的意义得到拓展。具体到历史学科，就是从具体的史实及其联系中抽象出理论，并能够从理论上分析为什么会出现这种现象，以及这种现象的发展规律。

本层次明显对学生有相当的难度，在回答问题时，很少有学生能将问题的解答上升到理论的层面，能达到第四层次就已经不错了，这说明学生在运用理论方面的欠缺。但是，《高中历史新课程标准》明确指出："普通高中历史课程，是用历史唯物主义观点阐释人类历史发展进程和规律，进一步培养和提高学生的历史意识、文化素质和人文素养，促进学生全面发展的一门基础课程。"也就是说，高中学生学习历史就是要学会用历史唯物主义等理论观点来阐释历史现象的。这就需要教师在平时的教学中善加引导，多加训练，让学生习惯于从具体的史实中抽象出理论或规律，并且用理论来分析、解决具体的历史问题。

《甘地》一课进行到第四层次，学生已经构建了较为复杂的知识网络，教师只要善加引导，便能使学生总结出一些规律来。例如，甘地的"非暴力不合作运动"为什么能使印度获得独立？参考答案可以是这样，见图4。

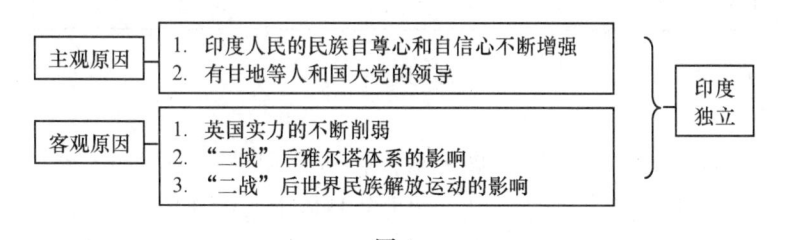

```
主观原因 ── 1. 印度人民的民族自尊心和自信心不断增强
            2. 有甘地等人和国大党的领导             ┐
                                                    ├ 印度独立
客观原因 ── 1. 英国实力的不断削弱                    │
            2. "二战"后雅尔塔体系的影响              │
            3. "二战"后世界民族解放运动的影响        ┘
```

图 4

教师可以进一步启发学生：中国是如何摆脱半殖民地半封建状态的？见图5。从比较中学生可以看出，殖民地、半殖民地要获得独立，需要具备一些条件。

通过这种分析，就将"总结印度独立的经验"这样一个孤立问题，普遍化为"总结殖民地、半殖民地独立的经验"这样一种规律性的结论。

```
                ┌─ 1. 中国共产党的正确领导
    主观原因 ───┤  2. 广大人民群众的支持           ┐
                └─ 3. 中共推翻了腐败的国民党政府   │   中国
                                                   ├─ 人民
                ┌─ 1. "二战"后资本主义国家的衰落   │   获得
    客观原因 ───┤  2. 雅尔塔体系的影响             │   独立
                └─ 3. 世界民族解放运动的影响       ┘   自主
```

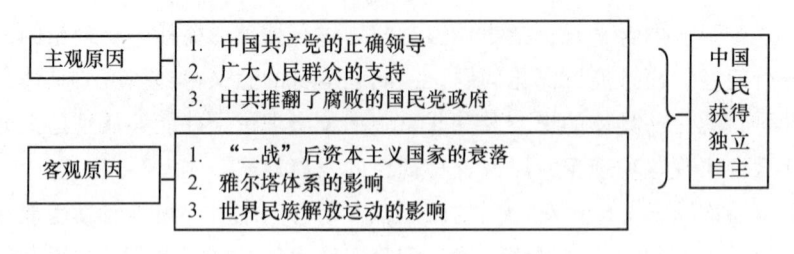

图 5

同样的问题还可以从"偶然性"、"必然性"的角度加以探讨：即印度得以独立的偶然性在于："二战"进一步削弱了英国的实力，迫使它不得不放弃在印度的殖民统治；而必然性则在于：民族自觉、民族独立是世界历史发展的潮流和趋势，不合理的世界殖民体系迟早是要崩溃的，见图6。

从主观上说，需要有一个较为成熟的政党或组织和具有较高威望的领导人或领导集体，采用正确的方式，制定正确的纲领，将全国人民团结起来进行斗争。
从客观上说，需要有一个较好的国际环境（如宗主国的衰落，外部国家的支持，等等）。

图 6

其他类似的还有像对"民族资产阶级局限性"的探讨，对"非暴力运动"的评价等，都可以引导学生从具体史实中抽象出规律，或用理论来加以分析。长此以往，学生的史学理论水平会有一个较大的提高。

四

总之，SOLO分类理论给我们提供了新的分析历史思维能力的视角和方法，该理论不是以分析思维的种类为目标，而是以分析思维的层次为目标，由于所有的思维问题都存在着层次的高低，因此在平时的教学实践中这种理论是切实可行的，而且还可以起到优化课堂教学，提升学生思维能力的作用。当然，这种理论现在更多是在试题的命制中进行实践，课堂教学的实践还不多，这就更需要我们广大一线教师自觉地加以运用，使这一理论在优化课堂教学中发挥更大的作用。

参考文献

1. 何琼：《新课程背景下高中历史必修模块学生学业评价的研究与实践》，《历史课程改革的理论与实践》，人民教育出版社 2008 年版。

2. 黄牧航：《SOLO 分类评价理论与高中历史试题的命制》，《历史教学》2004 年第 12 期。

3. 黄牧航：《谈 SOLO 分层法在历史科高考命题中的应用》，《基础教育课程》2009 年第 12 期。

4. 黄黎明：《SOLO 分类评价理论及其对新课程改革的启示》，《天中学刊》2007 年第 6 期。

打开研究性学习的"另一扇窗"

——试论 PBL 教学模式在历史课堂教学中的实践

倪丽梅

Hugh Morgan Hill 说:"眼见、耳听为实,但品尝使人形成认识。"[①] 是啊,其实在某种程度上智能是不可言传的。因此在长期一线教学工作中,笔者经常会考虑以下问题:如何让学生在课堂上活跃他们的思维,提出他们的看法,感受他们自己的需求,而不是老师站在课堂上激情满怀地讲着,学生则呆若木鸡、机械被动地听着?为此,笔者翻阅了很多有关研究性学习的书籍,发现研究性学习似乎成了课题研究的代名词,而学生的主要学习渠道——课堂上宝贵的 45 分钟却被冷落一旁。正当笔者为这些问题困惑和探索时,接触到了 PBL 教学模式,它为我们打开了研究性学习的另一扇窗。

一 PBL 教学模式简介

什么是 PBL 教学模式呢?

PBL 即 Problem-Based Learning,是一种以问题为本的学习模式或是教学模式。它最初是在哈佛大学医学院发展起来的。哈佛大学医学院为什么会开发这样一种教学模式呢?因为哈佛是美国大学中的名流,而哈佛大学

[①] 转引自埃德温·M. 希里奇斯和菲利普·海林杰:《以问题为本的学习在领导发展中的运用》,上海教育出版社 2002 年版,第 23 页。

医学院则是名流中的名流。哈佛大学医学院的教学质量一直受到肯定，医学院学生的才智当然也毋庸置疑。然而，对医学院毕业生的一项抽测却发现，学生对前几年所学内容的遗忘率竟高达 90%，而且进一步的调查发现，医学院的教学与学生未来在工作场所中面临的真实环境和复杂问题之间的联结并不紧密。于是哈佛大学医学院的传统教学模式受到了挑战。为了应对这一挑战，医学院开始研究和开发新的教学模式和教学方法。于是 PBL 在这样的背景下诞生了，并被引入教育领导发展的教学模式。

PBL 的基本指导思想大致可以概括为三条：

第一，问题是学习的起点，也是选择知识的依据。

PBL 的基本信条是"先问题，后学习"。在找到起点后，学员要为解决问题而有目的地寻求知识，所以，问题也就成了选择学习哪些知识的依据。

第二，教育管理者的专业发展必须与工作场所和复杂问题相联结。

在教学过程中，学生的先前知识被启动；学生能获得大量应用知识的机会；学生对新知识加以理解的背景与他们以后实际运用知识的背景非常接近。

第三，教师不再是"真理"的讲解者或传授者，他们的工作重心不再是课堂上的"表演"，而是课前的设计和课后的反馈和反思。

PBL 要求教师从以往那种"真理"讲解者或传授者的角色中摆脱出来，而应当着重做好三项工作：教学前的方案设计，教学后对学生的个别化反馈，教师的自我反思与改进。

二 在历史课堂中实施 PBL 的策略

在传统的教学方法下，中学历史课难教、不受欢迎是普遍存在的现象。有教师曾在高一学生入学之初，进行了全年级的问卷调查：其中对历史有兴趣的学生占 60%；而对历史感兴趣的原因，是"因为学校开设课程"的学生仅占 6%—8%，传统的历史课堂教学，以教师为中心，以课本为中心，以学科体系为中心，以积累知识、发展记忆和掌握已有的结论为目标，因此原本丰富生动的历史，为了赶进度，为了考试，变成了枯燥乏味的纲纲条条，学生厌学、怕学就在所难免了。

以上的问题仅仅用课题研究的方式是无法完全解决的；而且，学生的课余时间也是有限的。PBL 教学模式向我们展示了一个全新的视角——"问题教学法"，以学生为本，以学生的发展为教学出发点，通过对问题的探讨，把学习的主动权交给学生，让学生在课堂上通过自我发现去激发其智能的潜能，培养其强有力的内在学习的动机，把作为人的本质创造精神引发出来。这也就是我们要探讨的研究性学习的"另一扇窗"。

在 PBL 教学模式启发下，结合笔者自己早有的一些教学思考，笔者对该教学模式做了进一步的探讨，以使之更适合我们的中学历史教学。下面就是笔者的一些粗浅的看法。

（一）关注问题的设置

宋代朱熹曾说过："学贵有疑，小疑则小进，大疑则大进。"心理学家也认为：学起于思，思源于疑。疑即问题。设疑可根据学生认识发展规律、知识的内在联系，创设问题情境，启动学生思维。设疑之于教学，犹如清泉之于水潭。清泉一失，水潭即成无澜死水。在以问题为本的历史教学中首先应重视问题的设置。具体如何做呢？

设问也是一种技巧，在长期的教学和学习中，笔者主要采用了这些方法：于导课伊始时设疑，于重难点处设疑，于教材的衔接处设疑，于无疑处设疑，于枯燥乏味处设疑，于结尾处设疑等。

在这基础上设疑还应注意：

（1）必须能够激起学生学习新东西的愿望和需要。即要能激发学生的学习兴趣，调动学生的学习积极性。H. A. 多勃洛留波夫说："当学生乐意学习的时候就比被迫强制学习轻松得多，有效得多。"

（2）要适合于学生的知识和智力水平。问题的设置不是越难越好，应当符合学生的认识水平和能力水平。

（二）关注学生的参与度

在上课过程中如果只有精彩的问题，没有学生的参与，那么一切就变得毫无意义。而事实上，大多数的学生面对问题时，第一反应是躲避，如何才能让他们不再畏惧问题，积极参与呢？这也是 PBL 模式要达到的预期。结合中学历史教学实际，笔者认为：

1. 设置问题情境

在历史教学中，由于课本的局限，很多描述都是结论性的，而缺乏史实材料的铺垫。要让学生对问题产生解决的兴趣，就有必要给学生提供丰富、翔实的材料。问题情境的设置可以起到一定的作用。一般可以通过以下这些方法来达到此目的，如对有关的趣味史实进行叙述，展示实物、图片、模型，揭示课文本身所包含的矛盾事实，引导学生通过对比分析发现矛盾和提出假设，检验假设，激发矛盾，利用不同人物对某一问题的不同观点而产生的矛盾以及从审美角度入手，通过对艺术品的鉴别、比较等一系列的方法来充盈问题情境。

2. 培养学生的问题意识

在 PBL 教学模式中要求学生有提问的需求，这样学生在课堂中才会有听课的必要。这就需要学生学会发问。

（1）营造民主的教学氛围

造成学生不敢提问的最大障碍，一是紧张，二是自卑。因此，要培养学生的"问题意识"，就必须消除学生的这两大最大障碍，营造一种民主的教学氛围。在课堂教学中，教师应多给学生以微笑，多站在学生中间讲课，多讲一些鼓励性的话，努力为学生营造宽松、和谐、民主的学习氛围，努力培养学生"不唯上、不唯书、只唯实"，敢于大胆质疑的学风。

（2）教给学生问"问题"的方法

许多学生觉得没有问题可问，主要是他们不知道该怎样去发现问题，提出问题。教师可以通过以下方法来帮助学生发现问题。

首先，可以鼓励学生对课本的节题、标题进行提问。其次，可以鼓励学生根据上下节关系提出问题。再次，可以鼓励学生在新旧知识的矛盾处发现问题。最后，可以鼓励学生在对照比较中去寻找问题。最后，可以鼓励学生进行假设性提问。

3. 激励思维的另类手段

事实上，在教学中光运用以上手段并不一定能取得令人欣喜的效果。很多学生似乎已经习惯于坐享教师的讲解，懒于去思考，去分析，去归纳，而问题意识的培养也需要一个过程。因此，当你精心设计了有深度、有广度、有趣味的新颖的问题，在课堂上满怀期待地提出时，迎接你的仍将会是一片死寂。因此笔者认为学生还需要打一针强心剂。

鉴于学生平时对单元考试的畏惧，笔者在课堂里采用了这样的诱导方法：以四人小组为单位，互相帮助，进行讨论。只要能针对老师提出的问题进行小组讨论，并说出自己的见解，不管对错，都可记录在册，当次数累积到这一章总提问数的三分之二时，该小组的成员有权选择是否参加单元考试。同时，为了保证这些学生基础知识的学习，他们还必须通过平时的章节知识的听写。面对这样的选择，大多数的学生开始积极参与课堂的讨论，开始用自己的心灵来体味历史的魅力、历史的内涵。他们的讨论往往是热烈的，而结果往往是令人惊喜的。

（三）关注对学生的评价

在一节课结束后，我们还应关注对学生的评价。鉴于以问题为本的学习模式与传统的教学模式的不同，评价体系也应该作出相应的变化。PBL主张在教学结束后需要给出对学生的反馈信息，笔者认为是非常必要的。结合历史教学的特点，笔者设计了以下几种教学的评价方法：

1. 学生对自己在本堂课中的表现给予自评

在 PBL 的课堂中，学生的主动意识是非常重要的。我们对学生的评价不仅仅是要给出一个简单的结论，而是希望他们在每一堂 PBL 课中持续地成长发展。所以，评价更需要能体现这方面的效应。这张自评表是希望学生能学会反思他们的个人成就，当他们有了这种意识，他们就能发现自己的不足，反思自己的进步，积极地参与课堂的问题讨论，并从中受益。（见附表1）

2. 同伴互评

PBL 是一种合作学习的方式。那么同组同学的互相关心，互相帮助就显得格外重要。这一评价方法既可以让学生获得身边同学的看法以更清楚地认识自己的学习情况，还可以促进小组的合作，更好地参与课堂的问题讨论。（见附表2）

3. 教师的反思自评

作为知识的传授者，我们教师有责任在教学的过程中让学生进行合作学习。在这种学习中，将会要求教师更富创造性、智能和干劲。除了拓展自己的专业知识以外，对教学进行反思同样重要。在鼓励学生进行自评和他评的时候，我们也需要进行自评，并可以与学生交流探讨，共同寻找最佳的课堂效果。（见附表3）

三 小结

虽然在实施新的模式的过程中还存在着这样那样的困惑，但我坚信只要不断地总结经验，不断地探索，问题教学法将在中学历史教学中焕发出它独有的艺术魅力，更好地促进中学历史教学的改革和发展。笔者盼望通过努力为学生带来课堂上的愉快，课堂后将来的生存积淀。

参考文献：

1. ［美］埃德温·M. 布里奇斯和菲利普·海林杰：《以问题为本的学习在领导发展中的运用》，上海教育出版社 2002 年版。

2. ［美］Ellen Weber：《有效的学生评价》，中国轻工业出版社 2003 年版。

3. 杜彦芬：《高中历史实施"问题教学法"的研究和实践》，《教坛聚集》2009 年第 13 期。

4. 朱家鼎：《历史学科问题教学设计》，《中学历史教学参考》1997 年第 11 期。

5. 白荣胜：《历史教学中的思维品质培养》，《中学历史教学参考》1997 年第 7 期。

6. 徐世德：《历史问题设计与思维品质的培养》，《中学历史教学参考》1996 年第 12 期。

附表 1

对学习和进步的自我评价

姓名：_____ 日期：_____

上课日期：_____

积极参与

续表

●守时
●责任感
●主动性
●努力
●其他
学习习惯
●组织
●努力
●效率
●勤奋
●其他
小组学习
●倾听
●合作
●参与
●自信
●热情
●其他
态度
●积极的
●有帮助的
●恳切的
●关心的
●其他
创造性
●新颖性
●能力的激发
●准确性
●创新性
●其他

附表 2

同伴评价的学生问卷
同伴姓名：_____ 日期：_____

续表

我的姓名：_____ 列出你所在小组的每一名成员，并且写出每一名成员在问题讨论时为本小组所做的努力： 说出每名小组成员的优缺点： 你所在的小组成员是如何利用长处克服短处的？ 描述你所在组在课堂讨论中的成就：

附表3

<center>教师反思自评</center> 列举出我在本堂课中的三个优点： ☺ _____ ☺ _____ ☺ _____ 列举出我要改变的三件事情：我想如何改变？我的做法将会有什么不同？ ☺ _____ ☺ _____ ☺ _____ 关于教学内容的反思问题： 1. 课堂的主要目标是什么？ 2. 学生对什么内容学得比较好？为什么？ 3. 学生对什么内容学得不太好？为什么？ 4. 将来我会做什么改变？ 5. 课的内容有趣吗？是否适合课堂教学？ 6. 学生是否具备必需的背景知识？ 7. 在将来如何完善此课？ 关于授课过程的反思问题： 1. 我讲了多长时间？ 2. 学生讲了多长时间？ 3. 谁说得最多？为什么？

续表

4. 还有没有能帮助学生学到更多知识的活动或方法？ 5. 我在这堂课中是如何激发学生的？激发的策略有效吗？为什么有效/无效？ 一般性反思问题： 1. 如何使一名后进生做到专心讨论？ 2. 大多数学生对本课的反应如何？为什么？ ……

投石激浪　妙问生花
——高中历史课堂提问艺术的策略研究

杭州市余杭第二高级中学　王　强

　　课堂提问是教学过程中教师和学生之间常用的一种相互交流的活动方式，是知识传授、信息反馈的重要渠道，它在高中历史教学中发挥着重要的作用。高质量的课堂提问，可以说是一门教育艺术。但在实际的课堂教学活动中，我们的教师对课堂提问的艺术并没有引起足够的重视，课堂教学中还存在大量要求学生一问齐答的表面性提问；存在大量"是不是"、"对不对"、"好不好"之类的虚情假意问题；有发现学生上课不专心听讲，教师突然发问的惩罚性提问；有貌似民主、充分尊重学生主体地位，让学生畅所欲言，但对学生提出的问题搁置在一边，不予理睬的作秀性提问。此类的提问严重制约了课堂教学的效率，影响着学生的发展。

　　历史课堂提问是激发学生积极思维的动力，是开启学生智能之门的钥匙，是信息输出与反馈的桥梁，是沟通师生思想认识和产生情感共鸣的纽带，因此教师应充分挖掘课堂提问的艺术。

一　巧抓提问的时机

　　课堂提问作为引发学生学习的外部因素，要想最大限度地发挥作用，必须抓住时机。提问的最佳时机就是学生"心求通而未得"，"口欲言而未能"的"愤"、"悱"状态。教师在提问过程中既要抓住时机，又要创造时机，使之进入"愤"、"悱"状态。

提问要选择恰当的时机，要与学习的内容和学习者的实际情况相一致，努力抓住学生处于愤悱状态的最佳时机，进行提问。教师可因生、因时、因材，细观察、巧琢磨，创设新颖的情景，设计新奇的问题。问题的设置一定要巧妙、生动、形象、直观、贴近学生实际经验，发人深思，给学生以强烈的刺激，引起其反映，吸引其注意力，激发其求知欲。

如人民版必修一《"一国两制"的伟大构想及其实践》一课，作者做了如下设计：1925年，闻一多先生在美国写下了《七子之歌》，到今天已经有几位儿子回到了母亲的怀抱？还有哪一位没有回到母亲的怀抱？那么今天我们就来回顾一下，香港、澳门是怎样回归的？台湾在回归的道路上还存在哪些障碍，前景如何？从而导入新课。再如"新航路的开辟"一课作如下设问：在哥伦布出世以前，法国巴黎的一家饭馆里，厨师开了如下一张菜单，你认为是真的还是假的，请说明理由。菜单是：番茄汤、炸牛仔带、煎泽芋（泽芋指土豆）、四季豆子、什锦面包（小麦、玉米、裸麦）、凉拌菠萝蜜、可可、牛奶加糖。此问题于课前呈现则不适时，更宜放于课后。

另外，老师可根据学生的神态（心理状态和行为状态）选择学生发问。有经验的教师，经常在提出问题后环顾全班学生，掌握学生对一些问题的反应：①学生举手，表明他有把握回答；②嘴巴微张，身体前倾，"眼睛渴望着眼睛的重逢"，则表明他极愿意试一试；③托腮挠首，"举头望明月"，表明他正在思考，但一时还难以回答；④躲避老师的眼睛，把头埋得低低的，谓之"低头思故乡"，则表明他对这个问题不懂或害怕回答。因此，在提出问题后，教师要根据自己的教学意图，有针对性地选择对象回答。比方说这节课你想锻炼几个平时不敢发言的学生，那么，你就可以注意观察学生的神态，及时捕捉你需要的对象。

二　活用提问的技巧

教学是一门艺术，历史老师在这方面应有更高的造诣。课堂提问是历史课堂教学的核心，当你设计好了提问内容，把握好了提问时机，选择好了提问对象，那么，万事俱备，只欠东风了，而这东风就是提问技巧。

（一）呈现方式的多样性

教学中提什么样的问题不是机械的，教师要根据教学目标，把高层次问题和低层次问题通过各种方式结合起来。具体来说，问题的呈现有以下几种不同方式，教师可选择其中的一种或几种交替使用。

1. 渐进式提问

渐进式提问其实涉及问题的层次性。从心理学角度，人们若对某件事物或某项活动没有一点认识，也就不会对它有情感，因而不会对它有兴趣。所以不是任何问题都是有效的，非常熟悉或完全陌生的事实都不能形成学生回答问题的动机，只有那种使学生感到困惑而又不会灰心丧气的问题才是合适的。

渐进式提问可以在一堂课中进行，也可以在某一个教学阶段进行。在学习新课时，我们就可以用渐进式问题导入。比如讲解"中国民族资本主义的产生"的背景时，有一种观点："中国民族资本主义是欧风美雨的产物"，你认为这种说法对吗？为什么？学生一时难以回答，如果能把它分解成几个方面，引导学生探究思考：①中国资本主义萌芽出现在什么情况下？发展态势怎样？②鸦片战争以后，资本主义国家侵略中国有什么特点？对中国产生了哪些影响？③中国资本主义兴起于何时？情况如何？④如何看待外国资本主义对中国民族资本主义发展的影响？通过这样的提问和探究，就会把学生的认识逐步引向深入，使学生的历史思维能力得到提高。

再如：在讲述《天朝田亩制度》时，教师直接问学生，请你说说对它的评价。学生一般就难以回答。如果给学生一些感性的材料或将问题分解成几个小问题逐步地提问，情况就大为改观。

问题一：在封建社会最基本的土地制度是什么？（封建地主土地所有制）最大特征是？（土地是私有财产，地主占有广大土地）

问题二：《天朝田亩制度》在土地分配方面提出的主张对该制度有何影响？（主张废除封建地主土地所有制，反映农民阶级要求获得土地的强烈愿望）它的积极意义在于？（具有强烈的反封建色彩）

【过渡】：从这里我们不难得出这样的结论：《天朝田亩制度》具有鲜明的反封建革命性。（1）进步性——革命性：是几千年农民反封建的思想结晶。

问题三：《天朝田亩制度》所描绘的理想社会是怎样的？它是否代表中国历史的发展方向？

问题四：《天朝田亩制度》中关于劳动产品的分配采取何种方式？它是否能够调动农民的生产积极性？为什么？

【过渡】：（2）局限性——落后性、空想性。体现的是一种违背社会发展规律的绝对平均主义。阶级局限性农民是小生产者，他们要实现的是自给自足的小农经济，小生产决定了他们的觉悟是自私的，平均主义满足了他们要求土地的愿望，但"从不受私，物物归上主"的分配原则，又超越了他们的觉悟，无法调动他们的生产积极性，因此是一种无法实现的空想。

教学中教师应尽可能地创设一种适合于学生积极地发现、提出和解决的问题情境，或设计一系列有层次、有深度的问题，引导学生深入思考。

2. 逆向式提问

高中学生正处于比较自我和偏激的年龄阶段，对一些正统的观点抱有叛逆的心理特征，利用逆向提问，可以激发学生的思维兴趣，培养学生思维的灵活性、发散性和创造性，可以更好地对学生进行情感态度与价值观教育。

比如，笔者在讲解《中华民国成立》这部分内容时曾设计过这样一个问题：如果孙中山不把临时大总统之位让给袁世凯，辛亥革命还会失败吗？这样一个问题，无疑会引起学生的探究兴趣，在展开激烈的讨论后，一部分学生认为：可能不会，因为有了孙中山的正确领导，就能避免失败；还有一部分则认为：会失败，因为辛亥革命没有广泛发动群众，人民不理解革命。在这种情况下，教师可以追问：历史的创造者是个人还是人民群众？辛亥革命失败的主要原因是在于某个领导人呢，还是在于其阶级本身的弱点？最后，教师可以在学生的讨论中得出结论：辛亥革命的失败是必然的。因为资产阶级的软弱性、妥协性注定了它本身必然要失败。

这种逆向思维提问对学生有强烈吸引力，可以创造积极活跃的课堂效果，学生通过思辨更加深了对知识的理解，同时学生思维的敏捷性、迁移性、广阔性、顿悟性得到培养，从而达到创造性思维之境界。逆向式提问可以让学生从多个角度分析问题，得出多维的问题答案。

（二）语言表达的精准性

表达清楚的提问，能够提高学生正确回答的可能性。提问的语言力求做到准确、简洁、清晰，避免不规范、冗长或模棱两可的提问。

一是"准"。历史课堂语言作为一种教学语言，最要紧的是准确无误，科学性是第一位的。我们必须力求做到语言确切，用词严谨。如辛亥革命的历史意义应该是：推翻了两千多年的"君主专制制度"，或者"封建君主制度"。有的教师说成是：推翻了"封建社会"。那就不对了，在这里，"封建君主制度"和"封建统治"，文字上的差别无几，而概念却完全不同。

二是"精"。历史课堂说话务求明白、简练、干净，防止出现"官腔"、"训话腔"。一句话一个"啊——,"两句话一个"懂吗？"，不断的"这个、这个"，无数的"嗯、嗯"等，这些话会使本来丰富而有意义的内容失去它应有的光彩。

（三）合理运用等待

先来看一则案例：

某教师讲述"鸦片战争"时，提出了以下问题：①英国对华输出鸦片的本质意图是什么？②英国发动鸦片战争的根本目的是什么？③《南京条约》给中国带来了怎样的灾难？……教师在罗列了许多问题后，没给学生留下思考时间，有的问题甚至是在先请学生起立后才提出的。结果三位回答问题的学生，只是紧张茫然而尴尬地站着……

在以上案例中，教师如果能给学生以一定的时间思考，善于运用"等待"，效果肯定要好得多。"等待"是指：提问之后要让学生有时间思考。

所谓合理运用等待是指教师提问后停一会儿，留给学生的一定的时间思考。调查研究发现，许多教师在提问之后，给学生所留的思考时间往往不足三秒。由于没有充足的时间思考，学生的思维很容易卡壳，回答的难度也会加大，他们往往因组织不好回答而放弃机会。

具体的操作程序是：一是教师在提出问题后，要等待足够长的时间，不要马上重复问题或指定别的学生来回答，其目的是为学生提供一定的问题思考时间；二是在学生回答问题后，教师也应该等待足够的时间，再对学生的回答做出评价或者再提另外的问题，这样可以使学生有一定的时间来详细说明、斟酌、补充或者修改他们的回答，从而使他们的回答更加系统、完善，而不至于打断他们的思路。

研究表明，教师在进行课堂提问时，如果只给学生一、二秒的时间去思考问题，并在学生还没有想好时就重复问题或请另外的学生回答，其结果是使学生对回答问题失去了信心，减少了学生的思维，从而达不到训练学生思维能力的目的。相反，如果教师使用了"等待"这种技巧，学生在答问中就会发生一些重大的变化：（1）学生会做出更长的回答，他们回答问题的语句数量会随着回答问题时间的增加而有所增加；（2）会有更多的学生自愿回答问题，一些学业失败者回答问题的次数也会增加；（3）学生的回答会更具有分析性、创造性和评价性，并且学生还会出示更多的论据，在提出论据之前或之后也都会对推理过程进行说明；（4）学生回答不出问题的现象有所减少；（5）学生在课堂教学中的成就感明显增强，等等。

（四）多用开放性提问

在现实的教学过程中，当教师的提问缺乏基本的开放性时，教师的"提问"不仅不能给教学带来生机，反而对教学带来干扰。

课堂提问本是一种基本的课堂教学活动，问题设计的好，可以引导学生的思维，促进学生的学习，但如果用一些过于琐碎的无意义的问题，诸如："是不是"、"对不对"之类的牵着学生鼻子走，如果用一些只有一个唯一答案的问题领着学生朝同一个方向前进，学生就没了自己，没了方向。这样学生从小就会揣摩、猜测他人意图，学会察言观色；这种满堂灌的教学，淹没了教学重点，挤占了学生读书、思考、练习的时间，也限制了学生思维，实是贻害无穷。

三　恰当处理提问结果

对于教师的提问，学生答不出来，也是正常的，教师不能粗暴地让学生罚站、坐下、换人，而要保持良好的心态，以尊重学生为前提；如果学生回答了，教师不应简单地重复学生的答案，而应对学生的回答作出判断、分析,把学生低层次的回答提升类化。许多名师的课之所以精彩,就在于他们能有效地、风趣地、恰如其分地对学生的回答进行评价,体现教师精深的教育机制,这是每一位教师一生的追求。然而,它绝不是一朝一夕就能学来的,需要教师们穷尽一生的精力去努力和积累。有效处理提问结果显然是课堂提问的点睛之笔。

(一) 对学生发言权的保护与尊重

教学实录片断:高中历史课上,有位教师让学生阅读有关古希腊和中国古代神话的两段描述,然后,提问:"从这两段描述中,可以发现古希腊和古代中国神话有什么不同?"

学生甲回答:"希腊神话有比较完整的系统,而中国神话比较零散。"

教师点评道:"这位同学的回答很不完整,哪位同学来补充一下?"

这时,甲同学羞得满脸通红,而班里则是一片宁静。

……

分析:这是教师在讲授高中新课程历史必修一古代希腊民主政治中,比较、思考古代政治制度的异同中出现的一幕。相对于小学生和初中生,高中生的自尊心更强,他们在课堂上能主动举手发言的并不多。学生甲通过自己的认真思考,总结出古希腊和古代中国神话的一个不同之处,是难能可贵的,应该给予热情的鼓励和肯定的评价。可教师的点评,却是一种否定性的评价,这不仅伤害了甲同学的自尊心,而且也对其他同学产生了消极性的暗示,挫伤了他们踊跃回答问题的积极性。因此,教室里出现了鸦雀无声的尴尬局面。

学生回答问题不完整,是课堂上经常出现的情况,如果教师换一种说法:"这位同学经过认真思考,已经找到了古希腊和古代中国神话的一个不同之处,很好。大家再想一想,还有没有其他的不同之处?"这样的点评对甲同学是一种褒扬,也必然能激励其他学生继续思考,踊跃回答,课堂教学效果肯定要好得多。

(二) 善待学生的错误

面对学生的回答,教师不要将自己变成冷面的法官,而应充当细心诊断的医师,循循善诱的导师。课堂教学是学生尝试学习的过程,允许学生尝试错误(可称之为"美丽"的错误),不能误解为对学生学习中出现错误的容忍，而在于对错误的性质和程度进行甄别，引导学生发现错误中的合理成分和发生错误的症结。教师不要过分关注错误本身，应更多分析错误产生的过程。要善于鼓励学生质疑和讨论，引导学生在讨论中走向结论，不要简单地从结论走向结论。这能有效地激发学生的学习兴趣和学习的积极性、主动性，培养思维能力。教师在教学中要尽量做到：学生会做的让学生做，学生会讲的让学生讲，即使做错了，讲错了，可以让学生自己互相纠正补充，教师可适当地完善、提升、类化，经历了这样的过程，学生才会记忆更深刻，掌握更牢固。但必须防止一种偏向，即不论什么问题，最后都由教师盖棺定论，如果学生已经表达得很完善，可以让学生小结，那可是学生的成就，对他们来说意义更大。

参考文献

1. 叶小兵：《历史老师的提问》，《历史教学》2005年第11期。
2. 张圣华：《新课程标准下的理想课堂到底什么样》，《中国教育报》2003年12月23日。
3. 赵敬春：《谈教师的课堂教学艺术》，《教育探索》2001年第2期。

新课程下历史课堂教学互动误区现象探析及对策

杭州市长河高级中学 方新委

新课程改革呼唤课堂教学互动。《基础教育课程改革纲要（试行）》明确指出"教师在教学过程中应与学生积极互动、共同发展"。在新课程强调互动教学的呼吁下，历史课堂教学总体上再现了令人欣喜的新局面，老师在教学过程中注意与学生积极互动、共同发展，引导学生质疑、探究，促进学生在老师指导下主动、富有个性地学习。但在，在现实的教学实践中，由于种种原因，仍然有些教师滥用、乱用、错用互动教学，从而使教学互动被异化并走进了误区，越来越背离新课程教学互动的本意。

一 当前历史课堂教学互动存在的误区表现

（一）重形式、轻内容——不真实互动，导致思维价值的偏失

互动学习往往围绕一定的任务而展开，让学生在完成任务的过程中习得知识、体验情感。所以，具有一定思维价值和挑战性的问题才能引起学生的探究欲望。但是在历史课堂教学实践中，有些教师片面强调互动的形式，忽视互动的内容和实质，为互动而互动，导致互动的形式化、不真实。这首先体现在课堂中老师的不恰当的提高上，提高封闭性问题多于开放性问题。看似热闹、连珠炮似的一问一答对话，并不能真正启发学生的思维，实际上是"满堂问"进而"满堂灌"。其次，互动的形式化也会出现在小组合作学习中。在热闹的小组合作学习背后，出现了诸多问题：第

一，合作主题的形式化。要么是主题比较简单，无需学生之间相互讨论，课堂讨论只是浪费时间的过场而已；要么是问题比较复杂，确实需要学生共同解决，但由于学生缺乏足够的思考空间、时间，以及知识储备，难以在短时间内达到真正解决问题的目的。第二，学生合作的形式化。合作学习的背后是只"作"不"合"、只"议"不"思"，学生大多"各自为政"。第三，教师指导的形式化。一旦学生进入了合作学习的这一环节，教师就在不同的合作小组之间来回巡视、指导，看似很忙，实际上大多摆样子、装门面，并没有真正投入到合作学习的过程中。

教学互动当然包括师生问答、小组合作讨论等看得见的形式上的互动，但互动的真谛在于师生思想敞开、心灵对话，从而达到师生视界的融合。互动不仅要形动，更需要心动。教师恰当的精彩讲授会激起学生内心思想的波澜，静悄悄的课堂也会洋溢互动，而太热闹频繁的形体互动反而会阻碍学生独立思考、灵性飞扬。因此，过分的"形动"会阻碍心动，当然太少的"形动"也不能促成心动。

（二）重认识，轻情感——不和谐的互动，导致目标达成不高

教学互动作为一种特殊的人际互动，既包括认识互动，也包括情感互动。但在现实的历史课堂教学互动中，存在这样的问题：鉴于内容繁杂，多认知互动，少情感互动；迫于形式需要，重认知互动，轻情感互动。实践中的课堂教学互动仍然是以老师传授知识与学生汲取知识为中心和目标，教师的职能囿于"传道、授业、解惑"，是通过师生对话完成学生对知识的建构。这种偏重认知、轻视情感的互动，是一种不和谐、不健全的互动。

其实，高质量的教学互动生成的不只是知识，更是有情感、创新和创造。教学中有效的互动不仅是一种知识的交流、灵感的碰撞，更是一种心灵的沟通和情感的交融。心理学研究表明，情感因素是影响质量的一个重要因素，积极丰富的情感能促进认知过程、意志过程、使个性品质得到全面发展。历史课教学过程不仅是一个知识建构的过程，也是一个人格完善、情感满足、道德高尚的过程。情感互动是师生互动的实质，亲其师，才能信其道。历史课堂如果没有师生的情感互动，没有师生双方发自内心的相互欣赏、认同和肯定，那肯定是低效的、不成功的。

（三）重师生、轻生生——不平等的互动，导致学生主体地位缺失

学生积极主动地参与互动是有效教学的核心之一。有效互动活动必须以学生为本，充分激发学生的兴趣与热情，让学生积极主动参与活动。受传统教学思想的影响，在学生主体地位尚未完全确立的历史课堂中，教学互动大多体现为教师与学生的"控制—服从"的单向互动，缺少学生与学生交互平行互动，教师常常作为唯一的信息源指向学生，在互动过程中处于强势地位。在课堂教学互动中大多是以教师为中心，教师是课堂教学互动的启动者和主宰者，教师想与谁互动就与谁互动，想怎样互动就怎样互动。"我的课堂我作主"，而不是学生的课堂学生做主，教师犹如教室的"君主"，控制着互动的方向和进度。

实际上，在课堂教学互动中，师生双方活动应是交互性的、非对立性的。教师应成为普通一员互动，与学生形成包容、共享的平等交往关系。如果片面地把教师作为主体，会导致互动由老师垄断，在表面热闹的一问一答中，其实学生处于一种被动地位，只有浅层的知识问答而没有深层的思维碰撞，导致学生主体地位的缺失。久而久之，学生就会对互动失去兴趣，互动也就得不到学生的支持，使历史课堂互动向无效倾斜。

（四）重优生，轻差生——不公平的互动，导致教育公平的缺失

在历史课堂教学实践中，由于学生与学生之间在知识储备、接受能力、个性特征、心理素质等诸方面都存在着差异，因而老师在互动对象的选择上，往往会给学习成绩好的学生更多的互动机会。在互动内容和时间的分配上，一般倾向于让那些成绩差的学生回答一些判断性、描述性较强的简单问题，且互动持续时间相对较短，而让那些学习成绩好、口语表达能力强的学生回答一些论证性较强的复杂问题，且互动持续的时间长；在互动态度和行为方式上，对于优生，倾向于采取民主、肯定、充分考虑学生个性的言语表达，而对那些所谓的差生，倾向于采取专制、否定、控制的言语表达。这种重视优生、轻视差生的互动，是一种不公平、不公正的互动，在这类互动中，不少学生成了听众，被边缘化了。其实，课堂教学互动应本着为了每一位学生完美成长的理念，促进每一位学生在原有的基础上获得社会性发展，让他们感受到教师的关怀和教育的公平。给每一个人平等的机会，就是要保证每个人都能受到适当的教育，只有公平的教育

才能造就公平的社会，只有受到公平教育的一代才会是自信的一代、身心健康的一代。

（五）重预设、轻生成——不精彩的互动，导致过程引导不力、效率低下

在新课程下，历史教学互动会引起学生兴趣，而有效的交往互动离不开教师的积极引导。受到传统教育教学思想的影响，兼之部分教师自信心不足，在历史课堂教学实践中，存在着这样的现象和问题：多课前预设的互动，少课堂生成的互动，重课前预设的互动，轻课堂生成的互动。不少的公开课和常态课就是顺着教师课前预设的互动一步一步来，提问按照事先预设的进行。学生按部就班，像应声虫，教师一呼，学生百应。这些假问题与课堂场面的虚假繁荣突显了教师本位，否定了学生本位，其课堂教学效果必定是有限的。

其实，课堂教学中随时随处都有可能发生意外，出现生成性的问题，生成许多新的潜在资源和师生互动，如果要让学生在课堂上有思维碰撞，有奇思妙想，就需要教师营造和谐的课堂氛围，需要教师创设足够的创造空间。即使如教师所愿，学生在课堂上有灵感出现，有智能的火花迸发，要把它转化为可生成的资源，也需要教师敏锐地加以捕捉、放大。否则，契机稍纵即逝，而且无法复制。如果老师死守自己的教案思路和预设，对其视而不见，就完全背离了新课程的理论。例如，当学生提出一个与教师备课思路不一样的看法时，一些教师通常会说："这个问题提得很好，但是由于时间关系，这个问题我们还是留在课后再讨论吧。"如果教师真是发自内心地想着课后再与该学生讨论，这也可算做是对课堂生成性资源的课后开发。可是很多教师一下课就忘了这一回事儿，甚至当时说出那句话本身就是为了搪塞。如果教师常常这样课后不解决学生在课堂上的问题，久而久之，学生也就会失去发现问题和表达不同想法的兴趣和热情。

二 历史课堂教学互动误区的应对策略

历史课堂教学互动误区现象的频出，不是偶然的。它既有文化体制上的原因，如传统文化的原因，如师道尊严；有现行体制的因素，如高考及考试的内容限制；也有人为的因素，如教师传统教学思维的惯性、对新课程观和教学观的理解不到位、教学能力不强等。解决这些问题是一个任重道远、漫长的过程，一方面需要全社会多方面的共同努力，但就目前情况来讲，教师自身的变革应该成为努力的主要方面。为此，广大历史教师必须更新观念，乐学善教。

（一）更新传统教学思想，树立现代教学观念

基础教育课程改革理论强调："新课程不是更换一本教科书，而是一场深刻的教育教学思想和观念的革命。"它是教学其他活动的先导和灵魂，对教学行为起着指导和统率作用。因此，面对新一轮新课程改革的实验，如何树立新课程的思想和观念，把握课程改革的方向，正确理解课程改革的意图，彻底从传统教学模式的桎梏中解脱出来，适应现代教育发展的新形势，实现现代教育教学培养适应未来发展人才的目的，是广大教育工作者，特别是教师首先需要解决的紧迫而艰巨的任务。

观念是行动的先导。要实现历史课堂教学互动的有质高效，历史教师必须树立符合课程理念的现代教学观。

新课程理念认为，教学不再是忠实而有效传递和执行课程的过程，而是创生与开发课程的过程，是课程内容持续生成与转化，课程意义不断建构与提升的过程，是学生发现、提出、分析、探究和解决问题的过程，是交流、合作学习、收集和处理新信息、获取新知识的过程。新课程的教师，不再是学生的"尊者"、知识和能力的"权威者"、课堂和学习的"主宰者"，而成为贯彻现代教育教学思想，实现现代教育教学目标，以教育的理想去实现理想的教育的载体，成为学生学习活动的组织者、参与者，学习方式的引导者，学习效果的反馈者，学生人生的领路人。其具有"教师"和"学生"的双重身份。教师教的过程也是自身不断提高即"被教"的过程，教师与学生构成平等、互助、互动、互惠、共同学习和提高发展的伙伴关系，教师只是"学生平等中的首席"、知己朋友、保护者和监护者。课堂上教师应该尊重学习主体，把学习的主动权还给学生，让学生自己去发现问题、提出问题、解决问题。教师要成为师生互动环境的创造者，交流机会的提供者，积极师生互动的组织者和学生发展的引导者和促进者。

（二）改变课堂教学模式构建"师生学习共同体"

新课改下，教与学之间不再是"给水"和"接水"的关系，而应该是共同"找水"的关系，师生是携手前进共同成长的主体。课堂中师生和谐站位，和谐发展，教学相长，是新课标所需要的新格局。传统的严格意义上的教师教和学生学，将不断让位于师生互教互学，彼此将形成一个真正的"学习共同体"。在这个共同体当中，学生的教师和教师的学生不复存在，代之而起的是新的术语：教师式学生和学生式教师。教师不再仅仅去教，而且也通过对话被教，学生在被教的同时，也同时在教。他们共同对整个成长负责。师生的交往意味着课堂教学中双主体性的凸显。共同的信念、学习者分享各自的见解与信息、鼓励学习者探究以达到对学习内容的深层理解，是学习共同体的重要特征。

近些年来，我们学生的知识领域迅速扩大，这是老师所不可及的。在课堂讨论过程中，学生们集思广益，常常出乎老师的意料，涉及其他学科，如自然科学等，学生知道的比教师多的情况也会时有发生。在这种情况下，我们不仅不必为此而感到尴尬，而且要虚心地向学生学习，敢于放下"师道尊严"，转变角色，"弯下腰来与学生探讨"，与学生在同一个平台上互动，要变"牵着学生走"为"推着学生走"。那么学生自主学习、主动学习的热情越高涨就越激发教师对现在教育、教学的探究，就越促进对教学知识的研究，学生也在与教师共同学习的过程中，增强了学习历史的自信心。"亦师，亦生，教学相长"。

（三）创设问题情境，激发互动欲望

高质量的问题情境，能激发学生的学习兴趣和互动欲望。历史课堂情境的创设必须做到：第一，以"情"为纽带。情感因素是启动学生自主学习的关键，要引导学生互动，动机、兴趣、情感、意志、性格等非智力因素起着关键的作用。只有把智力因素与非智力因素有机地结合起来，充分调动学生认知、心理、生理、情感、行为、价值等方面的因素，让学生进入一种全新的境界，师生互动学习才能达到比较好的效果。这就需要在课堂教学中，做到师生融洽，感情交流，充分尊重学生人格，关心学生的发展，营造一个民主、平等、和谐的氛围，在认知和情意两个领域的有机结合，使学生以最佳的情绪状态来参与互动。第二，以"思"为核心。

以发展学生思维为核心，选择合适的问题。问题情境的设置在教学中引入应注意随着教学过程的展开要成为一个连续的过程，并形成几个高潮。通过精心设计问题情境，不断激发学习动机，使师生、生生互动经常处于"愤""悱"的状态中，给学生提供学习的目标和思维的空间，课堂互动学习才能真正成为可能。第三，问题情境创设还必须遵循由易到难、由感性到理性的原则，要让学生"跳一跳能够摘到桃子"，问题要有较强的逻辑性和层次性，切忌天马行空。通过讨论、争论、拓展、引申等方式打开学生的视野和思维空间，开发学生的潜能，让学生的想象力和创造力得以进一步发挥。最后注意情境的创设应结合生活和时事热点、紧扣教材，且有启发性、激发兴趣等功能。

（四）尊重学生差异，增强互动效果

学生来源于不同的家庭，有不同的文化背景和不同的学习基础，学生的实际和需求也是多元的。教师如果能够尊重学生的个体差异，结合不同学生的具体实际，激发学生主体的教育期望，并以此为基础组织教学内容，选择适宜的教学形式和方法，必然会增强教学活动的针对性和有效性，必然会充分挖掘学生的潜力，最大限度地实现教学互动。从学生的实际出发，尊重学生存在的个体差异，并将之作为一种教育资源而珍惜开发，为每个学生个性的发展创造空间，满足学生不同的价值追求和情感需要，允许学生不同思维观点的存在、发展，鼓励学生各抒己见，标新立异，允许学生对教师和书本知识的质疑和超越，不要求学生接受教师所谓的"权威"，鼓励学生共同参与探究，让学生思维始终处于积极活跃的状态。充分利用学生的经验与体验，引导学生在范例分析中展示观点，在价值冲突中识别观点，在比较鉴别中确认观点，在探究活动中提炼观点。

（五）注重教学反思，提高互动教学有效性

要有效地进行互动教学，避免进入互动误区，还要注重教学反思，通过教学反思来提高教师的教学水平，是近年来教师心理研究的一个重要课题。教学反思是教师以自己的教学活动过程为思考对象，来对自己所做出的行为、决策以及由此所产生的结果进行审视和分析的过程，是一种通过提高参与者的自我觉察水平来促进能力发展的途径。反思，不是简单的教学经验总结，它是伴随整个教学过程的监视、分析和解决问题的活动。反

思后则奋进，存在问题就整改，发现问题则深思，找到经验就升华。如此说来，教学反思的真谛就在于教师要敢于怀疑自己，敢于和善于突破、超越自我，不断地向高层次迈进。教学反思是一种有益的思维活动和再学习活动。一个优秀教师的成长过程中离不开不断的教学反思这一重要环节。教学反思可以进一步地激发教师终身学习的自觉冲动，不断的反思会不断地发现困惑，"教然后而知困"。教学反思可以激活教师的教学智能，探索教材内容的崭新表达方式，构建师生互动机制及学生学习新的方式。

综上所述，观点的更新是前提和基础，"学习共同体"的打造是关键和核心，互动的创设是平台和载体，教学反思是保证，四者相互联系、相互促进，缺一不可。

课堂教学互动作为基础教育改革的一项重要内容关系到教师与学生的共同成长。课程改革从根本上来说就是人的变革。斯滕豪斯坚信："没有教师的发展，就没有课程的发展。"课程改革从根本上来说就是人的变革。基于此，我们教师在教学实践中，必须进一步解放思想，转变角色，坚决摒弃那些不真实、不和谐、不平等、不公平、不精彩的教学互动，走出课堂互动的误区，恢复课堂教学互动的本来面目，在本真的教学互动中实现学生的全面发展和教师的专业发展。

参考文献

1. 徐世贵：《新课程实施难点与教学对策》，开明出版社 2003 年版。

2. 人民教育出版社小学数学室：《小学数学教材教法》，人民教育出版社 2002 年版。

3. 张学敏：《课堂教学技能》，西南师范大学出版社 2000 年版。

4. 钟启泉、张华：《为了中华民族的复兴为了每位学生的发展》，华东师范大学出版社 2001 年版。

创新性、强制性、通识性、平时性

——浅谈世界现代史课程教学的一些改革

杭州师范大学历史系　马　丁

教学改革的核心理念是培养学生的创新精神和实践能力,它倡导一种共进共生的课程文化,在某种程度上成为课程的生产者和主动的设计者。就大学世界现代史课而言,必须凸显创新性、强制性、通识性和平时性,真正关注学生的接受能力,即实现"能思考、能应用"的目的。而现实教学中我们教师多忙于教学,总是把教学任务匆匆过一遍,谈不上改革,久而久之,学生学世界现代史的兴趣会淡化。因此,世界现代史课程要面向全班学生,既注重基础教育和素质教育,又要特别关注每个学生的情感,激发他们学习世界现代史的兴趣,帮助他们建立学习的成就感和自信心,使他们在世界现代史学习过程中发展综合运用能力,提高人文素养,增强实践能力,培养创新精神。同时,学生通过强制、通识、平时、感知、体验、实践、参与和合作等方式,实现任务的目标,感受成功,形成积极的学习态度,促进世界现代史课程实际运用能力的提高,为他们的终身学习和发展打下良好的基础。本文提出创新性、强制性、通识性、平时性的教学改革方法,通过这一方法以及使世界现代史充满活力。

一　大力提倡学生们的"创新性"思维

创新性就是要打破旧的常规,充实具有独创的内容来进行教学,以培养学生们的创新思维。世界现代史课程与中国现当代史课程相比,大多数历史系的学生还是喜欢中国现当代史课程。道理很简单,中国现当代史课程是本国的历史,它看得见摸得着;而世界现代史课程讲的是国外的事情,它看不见摸不着,时空相隔太远,无法理解其历史氛围,也无法体会其历史人物的感受。

在传统的教学中,学生总是站在世界现代史历史发展的旁观者角度,即使再感人的世界现代史历史事实,也无法激起他们内心的波澜。所以我们可以通过创设世界现代史历史情境,让学生最大限度地走入历史人物的内心,以至"观史如身在其中"。诱导学生主动参与教学,走进历史情境,体验人物心灵,思考世界现代史历史的复杂性和多样性,进而发展"言之有据,论者符实"的科学态度以及"理解偏见、容纳悖论"的人文精神。要实现这一点,我们采取专题讨论的方式,先让学生阅读讲义及相关材料,如我们在学习印度内容时,提出这样一个问题:假如你是印度的甘地,你该如何领导印度人民进行革命?让学生积极讨论,课堂效果良好。再如,讲到"第二次世界大战"内容时,特别是讲到苏联人民进行卫国战争时,插入一些有关斯大林格勒保卫战、莫斯科保卫战等的资料片,让学生感受卫国战争的艰难和苏联人民的顽强。当然,还有很多的方式:如让学生走上讲台当老师、就某一个专题开展辩论、充分利用多媒体教学播放相关的影视资料等,都会让学生感到有趣,也就会让他们主动地学习世界现代史历史知识,最终达到教学的目的。

有相当一部分人认为,创新思维主要是应运在理科或其他一些应运学科上,而历史尤其是世界现代史要将创新理论应运进来有一定的难度,因为历史是要以史实为依据,再加上有许多经典作家对世界现代史下了定义,我们要修改这些理论、观点确实有相当的难度。但作为世界现代史的教师我们既尊重经典作家的理论和观点;但又不要被这些理论和条条框框所约束,我们要大力提倡学生们的创新思维。教师要重视营造学术的民主氛围,做学生创新思维的促进者。开放式的教学允许学生保留自己的不同观点,对一个问题,学生可以有不同的解决方法,每一个学生的观点都是受尊重的。如有个学生提出标新立异的想法,作为教师应马上意识到这是一个表扬学生具有创新思维的好机会,于是就可以对全班同学说这位同学学得活,具有创新思想,说明他真正掌握其用法了,其他学生只要在尊重基本历史史实的基础上都可以发表自己的见解,回答时可以各抒己见。我们世界现代史教师应大力表扬那些回答大胆、见解独特的学生。这样,他们对世界现代史课越来越感兴趣，同时也提高了学生对世界现代史的理解能力，也更好地积累了自己的知识，使学生树立了自信心，养成良好的学习习惯，并形成有效的学习策略，发展自主学习的能力和合作精神。

培养学生们的独创、独立、合作、探究的学习方式，这既是一种学生学习方式的变革，更是一种教师教学方式的变革。我们教师只有转变观念，转变角色，从一个教人者转化为学习者，转化为和学生并肩的共同探究者，才能在共同探究中共同发展。

二 "强制性"——加强学生们的基本技能的掌握

世界现代史课课程一般放在大二年级上，而大二学生正是打基础的关键时期。在学生基础教育阶段，在一定的场合下，教师需要一些强制性教育，来迫使学生接受一些基础性的知识。以往在世界现代史课教学过程中，我们一般采用的教学模式，其基本程序是："教师讲解——学生倾听。"这种单向线性交流形式，存在许多不足之处：其一，教师在台上讲得大汗淋漓，而学生在台下听得云里雾里，一下课老师讲授的知识在学生脑中马上烟消云散。其二，交流只在教师与班集体之间进行，而没有落实到每位学生。这种上课形式过分强调了教师的主导作用，忽视了学生的主体地位和群体作用，不能激活学生在学习过程中的主动性、积极性。

世界现代史课程由于学科因素课堂气氛往往不够活跃，没有活力，课堂效果就大打折扣。在教学改革前，教师在上课的时候把学生当成完全被动接收的对象，往往不厌其烦地进行讲解、分析，不要求学生主动去思考，更不用说主动提出问题和解决问题。既违背了学生的认知规律，又不能发挥学生在教学中的自主性和主体地位。使学生渐渐地把学习当成了负担，当成了苦差事。要想让学生摆脱这种被动的学习局面，就要求教师的教学方式应该发生相应的改变。努力构建一个师生互动、共同参与课堂活动的自主教学模式。在这方面我们采取两方面措施：第一，"强制"要求每位同学记笔记。中国有句俗话：好记性不如烂笔头。就是说再好的记忆力时间长了也会忘记的，而用笔记下来的东西是永远不会忘记的。根据这一理念我们在开学的第一周就强调每位学生必须记课堂笔记，期中检查一次，期末检查一次，将其纳入平时成绩。一开始有些学生不习惯，尤其一些男同学抵触情绪比较大，他们认为太累太辛苦，而且认为世界历史已经在高中阶段学习过了，没有必要再来记笔记。针对这一情况我们对这些学生进行耐心解释，如中学世界历史与大学世界历史，它们的面和点以及深度等是完全不一样的。另外也要给同学们讲要记笔记的要领，并不是所有内容都要记述，而是有选择地记录，通过记笔记加强了学生们的基本技能的掌握。第二，组织专题演讲，除了记笔记以外，我们还根据学生自己的兴趣和爱好，组成小组，互相讨论、交流。我们鼓励学生充分利用课外知识来完成自己的主题，准备好回答相关的提问。对专题演讲同学们积极性都很高，通过阅读课外史料、同学间相互交流、查找课外资料、网上查找等多种途径进行整理搜集。第三，人人参与。在讲课的过程中，我们注意及时点拨、指导、适时鼓励。整个过程所有学生都积极主动地参与。这样，学生通过亲自参与、亲身体验，缩短了与史实的距离，加深了对世界现代史知识的理解，对比较枯燥的世界现代史学习产生了浓厚的兴趣，更重要的是培养了他们自主学习的多种能力。

三　通识性以及平时性，不断激励学生不断进取

一专多能的通识性教育是本科教育改革的方向，培养通才人才以适应社会需要和市场需求，扩大就业率。平时性教育就是考试成绩主要看平时，而不是完全看期末考试，这样能够使广大学生在成绩面前真正做到公平、公开、公正的原则。

本科教育改革方向就是瞄准通识教育，所谓通识教育，即不同于传统以专业为主导的教育，而是以融通不同领域知识、培养通识人才为目的的全面素质教育。通识教育的推行，不是为学生谋求某种职业做准备，而是以追求学生的公民意识、完善人格，传递重要的价值观为目的。在通识性教育方面，我们除了本课程的教学同时还积极开展通识性教育，向学生们灌输文史哲以及自然学科方面的知识，要求同学们既成为本专业的专家，又要成为通才。

在上世界现代史前，我们总是要广泛搜索跟课本有关的内容，尽量扩大知识面，除了世界现代史内容外，还要向学生呈现一些课外的图片或实物，采取面对面的直接交流，启动学生参与，根据实际加以运用，进行逼

真的思想、感情和信息交流。有时因为上课准备不足，教师难免会讲错，有些同学会毫不留情地指出我们的错误，这时我们教师一定要放下面子和架子，如确实讲错，那么我们要在课间休息时或另约时间主动向学生道歉。这不但不会降低老师的威望，反而使学生更加尊重老师。如由于我们教师对电脑知识的了解并不比学生多，所以教师在讲解如何上网、如何搜索世界现代史信息等方面的知识肯定讲得不够全面，这时就可以叫一个精通电脑的学生讲解，学生们也就知道许多课本上没有的知识，这样做并不有损于老师在学生心目中的地位，反而会觉得老师很亲切、很虚心，能够跟学生打成一片，更好地开展师生交流。这样，就可以建立融洽、民主的师生交流渠道，经常和学生一起反思学习过程和学习效果，互相鼓励和帮助，做到教学相长。

我们在长期的教学过程中发现，有相当一部分学生平时上课不怎么听，也不是很认真，但由于这些学生记忆力比较好、领悟能力又比较强，在期末考试中成绩往往还比较好，考分还往往比较高；而相反另一部分同学平时非常认真，上课也十分专注，但因记忆方式方法等存在一些问题，这些学生在期末中考试分数往往并不如意，成绩排名也往往比较落后。这是什么原因造成的呢？我们认为这主要是由于期末考试一考定"终身"的弊端造成的，这种考试方法给平时认真听课的学生带来信心上的沉重打击；也助长部分不认真学习的学生的气焰；同时也将我们老师带到比较尴尬的境地。如何破解这一难题？我们采取了平时分数的比例与期末考试分数的比例一样的方法，即平时50%，期末50%。平时成绩包括笔记的两次检查、两次作业、一至二次的专题讨论、缺旷课率、期中考试等几大类，然后与期末成绩一道综合进行考评。我们通过近两年的实践试验运用，觉得效果比较显著，特别是使一些平时不认真学习的同学转入到认真学习的行列内，使学生的成绩能真正反映出其真实水平。

在现代教育中要重视赏识学生，这是每个教师都明白的道理。"学校无小事，事事皆教育"。在世界现代史的课堂上，就更不应该忽略"小事"了。我们教师要成为每一个学生的赏识者，就要关注每一个学生，关注每一个学生的每一件"小事"。既要关注和赏识学生对知识的掌握和能力的提高，又要关注和赏识学生在学习过程中的学习习惯、学习方法和行为表现的优良，还要关注和赏识学生在情感、态度、价值观等方面的积极表现。

我们教师为了让一些基础欠佳的学生找回自信，应尽量在平时的教学中，有意识地让他们做一些能够做到的事情，回答一些能够回答的简单问题，与此同时还应时常科学地运用激励机制，经常性地、细水长流式地"关注"这些学生，只要他们有一点进步就予以表扬、肯定，即便是一个微笑、一个眼神、一个手势和一次点头，都会使学生增强信心，这有助于他们逐渐建立新的"自我"。

世界现代史要求我们教师重新思考学生，把学生作为学习的主体来看待。正如美国教育学家多尔说的那样：教师在师生关系中的地位是"平等中的首席"，教师应以平等、民主、尊重、理解、关心、赏识的态度去对待学生。

我们教师在平时课堂专题讨论中，要想方设法让学生多说、多思、多练，自己尽量保持"沉默"，不到万不得已决不开口"点拨"。

四 成效与反思

（一）成效

创新性、强制性、通识性、平时性在世界现代史课程中的运用取得了比较显著的成效。创新性培养学生创造性思维的方法，活跃课堂气氛，深受同学的欢迎。轻松、自由的气氛使学生消除了紧张，让学生寓教于乐，学习世界现代史知识由被动接受知识转化为开动脑筋主动探索知识，发展创造性思维，对学生进行有效的思维方式训练，教师要创设问题情景、启发学习思路、鼓励学生独立思考，并相互讨论，大胆得出有独创性的见解，培养学生的想象能力、发现能力、探索能力和知识迁移能力，使学生的思维有独创性、发散性、广阔性得到有效的训练，使学生了解知识发生、发展、变化的全过程，从而为学生能创造性解决问题奠定了良好的基础。强制性加强学生们的基本技能的掌握，为学习世界现代史打下了扎实的基础；通识性教育是本科教育改革的方向，培养通才人才以适应社会需要和市场需求，扩大就业率。平时性能够使广大学生真正做到公平、公开、公正的原则。

我们世界现代史课程在历史041班、人文042班、历史051班、人文052班、历史061班等进行教学改革的试验和运用，经过一段时间的实践与探索，我们发现同学们在课堂上思路开阔，思维活跃，学习成绩明显提高，优秀率、及格率、平均分均超出一般水平。另外学生们的基础知识和基本技能掌握得更加扎实；同学们的创新思维有了提高，知识面更加宽广。记得有好几位同学在毕业分别时对我们说："世界现代史是我们大学四年中笔记记得最多的一门课，也是我们最怕的一门课，同时又是我们最认真准备的一门课。"

（二）反思

我们教师应改变传统的教学方法，尽快走出以教师为核心的误区。在课堂教学过程中，应做到以下几点：

（1）培养学生们的创新能力，多设置和组织让学生参与的交流活动，使他们在学习中能互帮互学共同进步，提高创新思维。

（2）采取集中与统一的方法，如采取强制性的记笔记，来加强学生的基本技能的掌握；采取民主学术讨论来加强同学们的创新思维，提高他们对世界现代史的学习兴趣。

（3）教师应该避免单纯传授历史知识的教学方法，要明确学习目标，要以学生的生活经验和兴趣为出发点，内容和方式要尽量真实，要有利于学生学习世界现代史知识，发展扩大知识面，从而提高学生的实际运用能力。

（4）要注重世界现代史学科和其他学科间的相互渗透和联系，使学生的思维和想象力、审美情趣和艺术感受、协作和创新精神等综合素质得到发展。

当然任何新生事物的成长，都必须要付出一定的代价，任何教学改革也必然会遇到各种困难。通过几年来的教学改革我们发现存在着下列问题：第一，由于进行教学改革必然要触动一部分同学的既得利益，引起这部分人的反对。如强制性记笔记就引起相当一部分男同学的反对和抵触。第二，在推行平时性教改时也遇到个别学生的反对。如人文05（2）有一位同学平时上课都不来的，而在其他课老师点名时，班级同学往往给他打掩护，因此几年下来他考试都能有惊无险顺利通过。而轮到我们这门课时，由于要进行教学改革，平时的分数占一半，另外我们要检查平时的缺旷课、笔记等相关成绩，而这些成绩因他平时不来上课的次数较多，无法通过，所以我们就建议他重修世界现代史，这个决定获得了大多数同学的支持和肯定，但却引起了这位同学的强烈反对，他提出质疑，为什么其他课他不去听课老师给他过关，而我们世界现代史不给他过关？对于他的问题我们一一进行耐心解释，使他终于明白了我们的良苦用心。第三，由于进行教学改革，我们这门课的学生教学考评分数不高。这两年世界现代史教学改革下来，正如我们预料的那样，教学考评分数是不高的，甚至出现连年下滑的局面。主要原因除第一、二条以外，当然也有我们自身存在的缺陷，需要改进提高。

总之，"创新性"能力的培养有助于提高学生用世界现代史解决实际问题的能力，学生通过思考、调查、讨论、交流和合作等方式，学习和使用世界现代史；"强制性"的学习可以促使学生们掌握大量的基本技能，从而打下扎实的基础；"通识性"教育是本科教育改革的方向，培养通才人才以适应社会需要和市场需求，扩大就业率。"平时性"能够使广大学生真正做到公平、公开、公正的原则。通过世界现代史的教学改革可以促使同学们认真完成学习任务，大大提高学习积极性，从而促进教学质量全面提高，这样培养出来的学生也就更能适应时代的需要，从而真正成为国家有用之才。

参考文献

1. 历史课程标准研制组：《世界现代史课程标准》（实验稿），北京师范大学出版社 2001 年版。

考试策略与运用

行走在课改理念和高校选拔之间

——评 2010 年浙江文综卷第 38 题

严州中学　谢余泉

　　2010 年浙江文综历史卷充分体现了新课改的基础性、选择性、综合性、时代性，基本上紧扣考试说明和《省学科指导意见》，试卷结构（题型、题量）与参考样卷基本吻合，难度适中。今年的浙江高考文综历史卷命题，基本继承了去年的命题风格，但又有创新，既充分体现新课改理念又实现高考选拔功能。而且命题视野开阔，必修模块覆盖相对均衡。依据《考试说明》与《学科指导意见》，对政治文明史、物质文明史、思想文化史的主干知识进行了较为全面的考查，这对高中历史教学具有较好的导向作用。"新课程高考是为促进教学服务的，新课程要求怎么教、教什么，我们就怎么考、考什么"（浙江省考试院副院长于 2009 年 3 月 16 日在严州中学调研时的讲话）。两年的命题实践已初步形成浙江地域风格：图文并茂、形式活泼、卷面整洁、文字简约、立足基础、突出主干、重视素养、紧扣时代、体现人文等，反映了浙江历史试卷命制已初步形成独特的风格。笔者仅以 38 题为例谈谈高考试卷的"浙江风格"及其教学启示。

一　考查重点：在"三基"中求稳定

　　"三基"是指基本的主干知识、基本能力与基本方法。
　　首先，命题重视知识再认再现。命题注重考查学生历史新课程主干知识、基本知识的掌握程度，努力避免考查低层次的机械记忆，体现素质教育和减负增效的要求。如中国近代的民族工业、美国的三权分立、孙中山民主革命活动、古代农耕经济、民族政策、科举制、海外贸易、恩格斯的理论贡献、古代先哲、道家思想、理学、现代中国外交、中东问题等都是历史新课程主干知识或基本知识。以浙江省今年的38题为例："民国时期民族工业兴衰题"是历史学科的基本主干知识之一，民族工业的"产生"、"初发"（初步发展）、"短春"（短暂春天）、"短发"（短暂发展）、"萎缩"（或困境）五个阶段的原因、概况、特征、影响是高考备考的重点知识。高考就考了后3个阶段的有关问题，答案来源大部分在必修二专题二第二课教材中。真正把教材内容在试题中活化、迁移和上升。浙江省去年历史卷12道选择题有10道题的备选项（题肢）来自于教材的直接叙述，39题工业革命题的大部分答案来自于教材，今年我省2道非选择题的大部分答案均来自于教材。注重引导学生回归书本，理解基础主干知识，有利于克服备考中脱离教材、过分依赖教辅的被动局面。命题突出了基础性特征。从答题得分情况看，38题3问得分均分依次是3.55、3.69、3.54（去零分卷），略高于去年38题得分。

其次，突出能力考查。在继承2009年丰富的文献材料和图表材料的基础上，弥补了2009年试题的不足，试卷38题安排一个图片，既活泼了试卷形式又避免了图表过多使卷面杂乱的弊端。试卷给考生以亲切感和亲和力，起到缓解考生心理压力、缓和考生紧张情绪的作用。试题命制者引用了很多课本以外的知识和社会素材，形成新的问题情境，构成新的设问角度，源于教材又高于教材，不拘泥于教材的表述。主观题38题中的"经济危机对近代中国民族工业的影响"，检验考生获取和解读信息、调动和运用知识、描述和阐释事物、论证和探讨问题四种能力，突出了试题的选拔性，充分体现了以知识为载体，以能力立意的指导思想。这有助于引导高中历史教学关注三维目标的耦合，注重历史学科能力的培养。

再次，突出学法考查。第一，本题考查了学生对长时段的历史知识（如本题的近代民族工业发展、古代专制主义制度演变、中东问题等）"宏观梳理线索，中观把握阶段特征，微观掌握细节"的学习方法。第二，在考查主干知识中以考查陈述性知识为主，程序性知识为辅，体现历史学科的特色。例如对中国民族资本主义的考查，试卷较少考查几个阶段的原因、特点、意义和影响，而是考查几个发展阶段的发展状况、发展态势和所处境地。从本题"工业发展状况"来看，一般要从工业总体总量、资本来源、地域分布、产业结构、总体地位和性质等几个方面把握。考查了描述历史事物状况的一般方法。第三，本题第3问"从国民政府政策措施角度，简述导致民族工业处于这一境地的原因"考查了学生对国家政策从哪几个方面去把握的历史学习的归纳法，从本题来看，国民政府的政策一般包括战争政策（内战政策）、外交政策（投靠美国）、货币政策（恶性通货膨胀）、赋税政策（苛捐杂税）、经济政策（扶植官僚资本）等几个角度分析。历史学习方法和原则的成功渗透，是浙江卷38题的一大亮点。

启示：新课程改革的核心理念是"培养具有现代意识的合格公民"的大众教育，历史课程的呈现形式之所以不惜被"阉割"成模块专题形式也是便于选择最能体现这一理念的教学素材。公民教育就是素质教育，因此新课程教学的三维目标，必然在高考中有充分的体现。教材重点、教学弱点、学习盲点汇成一点，就是高考命题的兴奋点。也是我们提升高考成绩的长分点。

二 基本原则：在"三贴"中求变化

"三贴"是指贴近时代、贴近生活、贴近学生实际。

从贴近时代来看，全球化时代呼唤学生的全球意识和全球视野，试题巧妙而成功地把1929—1933年资本主义经济危机对我国民族工业的影响结合起来考查，体现了全球史观和整体史观；开放的时代呼唤学生的开放、创新意识，本题关注学术进展，及时反映学术研究的新趋势和新成果，如突破了以往的思维定式，肯定了国民政府的一些经济上的成效。求实求进，渗透新课程理念。

从贴近生活来看"经济危机"、"通货膨胀"、"宏观调控"等现实生活中热点问题经过命题者的精心设计进行"侧面接触"和"打擦边球"，使本题具有浓厚的生活味道而又避免猜题，刻意回避所谓的时政热点。确保了公正原则，强化了理性思维。

从贴近学生实际来看。首先，本题采用的文字材料简约而不简单，图片材料活泼而不庸俗；不在文字的艰涩难懂上做文章而是简洁明了地提供信息，材料既不是"合成"的也不是"网络"的，而是均来自名师大家的名著，这样既增强了考试信度（重点从理性思维能力方面而不是文字理解方面考查和选拔学生），又充分体现了对考生的人文关怀。因此欣赏本题犹如在欣赏一位清新脱俗的大家闺秀。其次，从考查内容和能力来看，本题考查的知识与能力都是考生耳熟能详的内容，多少都能答出来，关键是学生的理性思维品质的高低决定分数高低。启示：高考命题与时事热点紧密相连，但不会像政治课那样直接考时事热点。现实问题的历史思考，历史问题的现实联系，让历史贴近现实、贴近学生、贴近生活，这是新课程教学、新高考命题的一个趋势。

三　考查形式：在"三统"中求创新

"三统"是指命题考查形式实现社会热点与人文学科知识的有机统一、实现新情景与学科主干知识的有机统一、实现知识、能力与情感考察的有效统一。

从热点与知识的统一来看，如前文所述本题巧妙结合了"经济危机"、"通货膨胀"、"宏观调控"等现实生活中的热点问题。生活是我们解读历史的起点。38题通过中国民族资本主义经济发展，影射当今社会热点问题——金融危机。特别是第三小题从国民政府政策措施角度，简述民族工业处于这一境地的原因一问，突出了在发展经济过程中政府的主导作用，从而体现了历史的社会现实功能。

从新情景与学科主干知识的有机统一来看，本题考查民族工业的"短春"、"短发"、"萎缩"三个阶段的知识全部创设了新情境、提供了新材料。命题也凸现文明史观，"从人类文明演进的角度看历史"，同时注意体现全球史观，将中国史放在整个世界的背景下加以考查。

从知识、能力与情感考查的有效统一来看，本题成功地渗透了制度创新（辛亥革命推动民族工业的短春）、国家独立（日本、美国侵略导致民族工业萎缩）、科学决策（国民政府的政策使民族工业陷入困境）关乎国家兴亡的思想情感教育，倡导一种具有爱国主义、民族精神和世界意识的现代公民素养。

启示：以新材料新情景为载体，寓思想情感教育于试题中，贴近学生，贴近现实，立足于基础知识，突出考查历史思维能力（如记忆、理解、推理、比较、归纳、概括、史论结合、论证、评价等能力）和材料解读、整合、运用等能力，这是近年高考命题立意之所在。浙江省也不例外。

四　命题技巧：在完美中见瑕疵

浙江高考卷38题从命题立意、材料设置、情境切入、问题设计、角度选择、难度控制、信度把握，甚至到答案命制都独具匠心，体现了命题组高度的责任心和高超的命题水平。但瑕不掩瑜，其一，体现新课改特色不明显。由于要控制整个试卷的难易程度以实现平稳过渡，在选择题难度增加的情况下，本题在考查学生的材料理解整合运用能力方面略降低于2009年的高考38题，分析了38试题我们仍感到浓浓的知识立意，三维目标多集中于传统的知识与能力。其二，民族工业是相对于外国资本主义而言的，它包括近代洋务企业、民族资本主义企业、官僚资本企业和中共在根据地创办的新民主主义企业。尽管本题材料一已经界定了本题考查的是"中国资本主义"，为避免歧义不如设问干脆提"民族资本主义"代替民族工业。其三，能力考查目标较为集中。集中于考试说明的第二大能力目标即"调动和运用知识"之辨别和理解历史事实，分析历史结论，又多以识记为主，缺乏能力梯度。本题三问，一问"工业发展状况"，二问"工业发展态势"，三问"工业发展境地"，显得有点平淡，容易造成视觉疲劳和思维疲劳，如若第二问在增加一点材料基础上，设计一道对1927—1937年国民政府统治经济方面甚至是法币政策的开放式评价题，或者以"资本主义经济危机对我国1927—1937年民族工业的影响"设计开放式试题，则既能考查学生创新思维能力，又能增添本题魅力。浙江省新课程改革已经完整走过了4年，设计开放性试题对新课程改革成果的检测、巩固和导向都有一定意义。

总之，对试卷的分析可以横看成岭侧成峰，从中得出的启示也会见智见仁。从近年各地高考卷特别是今年的38题来看，在新课程背景下的中学历史教学必须做到"目中有人"——以有利于学生终身发展为理念全面贯彻三维目标,"脚下有土"——立足三基以四项 12 级能力为标准,"手中有术"——优化学法,以合作探究学习为方法,"腹中有货"——活化课堂,以创设新情境提供新材料为抓手。是谓"卷行有常,逆之者亡,顺之者悲,制而用之者生"!

例谈历史材料分析题的解题思路

浙江省教育厅教研室 牛学文

材料分析题是由材料和问题构成的试题形式，这些材料既可以是文字，又可以是表格，也可以是图片等，相关问题多数情况下是由若干个题目组成的一个系列，这些题目主要是主观题，如问答题等。

材料分析题是常见的一种主观性题型，它能够考查学生获取、解读信息和表达观点的能力，发现和提出问题的能力，以及灵活运用各方面的知识与方法分析与解决问题的能力。因此，材料分析题是一种在历史考试中广泛应用的题型。

在考试阅卷中发现，考生解答材料分析题时失分现象十分严重，究其原因，主要是没能掌握正确的解题方法。下面以2009年的一道高考历史题为例，谈谈历史材料分析题的解题思路和方法。

近代以来，人们的婚姻观念逐渐改变。阅读下列材料：

材料一 父母之命这句话固然视为天经地义不可改易的，但是我们现在做父母的应该要晓得，这几千年来的礼教风俗到了今天决计行不通！……做父母的应该要明白些现在世界的大势！闭关自守，做不到了；农业经济组织下的状态，保不住了。

——陆秋心《婚姻问题的三个时期》
（《新妇女》1920年4月15日）

材料二 我在小姊妹的帮忙下，加入了家庭妇联。我看见姊妹们加紧生产，努力学习文化，便愈感到自己的落后，我要好好地向姊妹们学习，我也加入了学习班。新婚姻法颁布以后，小姊妹张丽娟告诉我，说可以到家庭妇联申请向朱家离婚，婆婆没有理由阻拦我，于是我离婚了，我自由了。

——《一个童养媳的新生》
（1950年9月1日《解放日报》）

材料三　婚姻不是件私事；……在任何地方一个男子或女子要得到一个配偶，没有不经过一番社会规定的手续。

——费孝通《生育制度》

请回答：

(1) 据材料一、二，人们的婚姻态度发生了怎样的变化？

(2) 据材料一并结合所学知识，说明作为婚俗背景的经济基础和家庭关系，从传统到近代发生了怎样的变化？材料二中"我"的婚姻态度发生变化的社会条件是什么？

(3) 据材料一、三，不同学者在婚姻自由度问题上的视角分别是什么？我们应如何全面认识这一问题？

答案要点：

(1) 变化：从遵从父母之命到追求婚姻自由。

(2) 经济基础：从传统小农经济到近代工商业的发展；家庭关系：从传统纲常伦理（父为子纲）到家庭成员的平等自由；

社会条件：社会制度的变革（新中国的成立）；社团组织（家庭妇联）的支持；法律保障（新婚姻法的颁布）。

(3) 视角：历史考察；社会关系考察。认识：随着社会的发展，婚姻当事人越来越自由，但处于社会关系中的人，婚姻自由总是相对的。

此类材料分析题一般可分四步来解答：

第一步，审题。审题就是审读题目设问，获取"问题指向"。切忌先阅读材料，再分析问题。

首先，分清行为要求。第一，抓住关键词（动词、名词），弄清其

"要求和内容"，以便准确把握题意。例如，本题第1问中"婚姻态度"、"变化"，第2问中"说明"、"变化"，第3问中"婚姻态度"、"社会条件"，第4问中"婚姻自由度"、"视角"，第5问中"全面认识"等都是关键词，抓住并理解了这些词，"问题指向"就明确了。

第二，分析行为动词，弄清行为要求的层次或级别，以便准确把握对知识内容的考查程度。考试中常见的行为动词有说明、指出、描述、简述、概述、阐述、分析、对比、评价等。"说明"要求说出是什么、为什么；"指出"要求简单说出某事物或现象；"描述、简述、概述"三者要求不同，"描述"要求较细，文字较多，"概述"则要求概括程度较高，字数较少，"简述"的要求居于"描述"和"概述"之间；"阐述"属于较高的要求，要指出判断的依据、推理过程和结论；"分析"要求应用材料，依据原理，得出结论；"对比"要求在某些侧面将两个或多个事物进行比较；"评价"要求从不同的角度，从有利与不利两方面进行分析，要有结论和理由。

不同的行为动词有不同的要求层次或级别，一般从低到高分为了解、理解、应用三个层次。"了解"相当于"是什么"，涉及事实、概念、观点、原理、特点、特征、表现等；"理解"相当于"为什么"，涉及意义、优点、优势、优越性、作用、影响、结果、危害等；"应用"相当于"怎么办"（或"怎么样"），涉及方针、政策、对策、措施、建议、方案等。例如，本题共有5问（依次5个问号），其中第1、2、4问是问"婚姻态度的变化"、"经济基础和家庭关系的变化"、"婚姻自由度问题上的视角"，是问"是什么"的；第3问是问"婚姻态度变化的原因（社会条件）"，是问"为什么"的；第5问是问"对婚姻自由度的全面认识"，是问"怎么样"的。

其次，明确限制条件。例如，本题第2问中的"据材料一并结合所学知识"即为限制条件，在解答本题时，第一，必须是"根据""材料二"，既不能"结合"、"分析"、"通过"、"解读"材料一，也不能结合"材料二或材料三"。解答本题的过程中如果没有"根据材料一"，肯定是不符合题目要求的；如果"根据"了其他材料，也一定是无效的。第二，必须"结合所学知识"。

再次，领会命题意图，搞清命题者究竟考查的哪部分知识和能力。例如，本题命题意图是通过婚姻制度来考查学生对近代以来中国社会习俗的变化及其影响因素的掌握情况，对应的课标内容是"中国近现代社会的变迁"中的第一条："了解近代以来人们物质生活和社会习俗变化的史实，探讨影响其变化的因素"。

第二步，阅读。阅读就是从材料中提取信息、获得意义。带着"问题指向"仔细阅读材料，搜索有效信息（即材料中蕴涵的、与设问相对应的、对答题有用的词语）。切忌不认真阅读材料，直接凭感觉答题。

首先，粗读。通读全文，了解大意，然后用最简短的句子说出整体材料在谈些什么，每则材料或每一自然段又在谈些什么，以及各材料之间的内在联系。例如，本题材料整体上谈的是近代以来人们婚姻观念的变化情况及影响因素，材料一说的是"父母之命"已行不通了，材料二叙述了获得婚姻自由的过程，材料三则说婚姻自由不是绝对的，它还要受一定的社会约束。三则材料随着时间的发展，层层递进，并上升到一定的理论高度。

其次，细读。根据"问题指向"检索材料中的关键词语（有效信息），理解材料与问题之间的对应关系。同时，还要关注诸如时间、地点、人物（作者姓名）、材料出处、注释、标点符号等细节。例如，本题材料中的关键词语有"父母之命"、"礼教风俗"、"农业经济"、"家庭妇联"、"新婚姻法"、"社会规定"等，这些关键词语就隐含着相关问题的答案。此外，材料一中的"1920年4月15日"，材料二中的"1950年9月1日"，材料三中的"费孝通"等，都蕴涵着重要信息，有的还是答题的关键。

再次，领会作者的写作意图，即确定作者所要解决的问题。正确理解作者的观点、主张及其论述，对答题有一定帮助。

第三步，联系。联系即事物之间以及事物内部诸要素之间彼此对接、相互作用。切忌互不联系、孤立答题。

首先，问题与材料相联系。这贯穿于"第二步阅读材料"过程的始终，此处不再赘述。

其次，材料与教材相联系。这主要是针对"根据材料回答并结合所学知识回答"的题目来说的。对这类题，要紧密结合教材内容进行"知识迁移"，实现材料与教材相关章节内容的衔接和对照，并建立有效联系。例如，本题第2问就需要把材料一与教材相关内容联系起来。由材料一中的"1920年4月15日"，我们可以判断是中华民国时期。由于辛亥革命的爆发和中华民国的建立，促进了民族经济的发展，使该时期民族工商业出现了短暂春天；新文化运动解放了人们思想，使民主与科学精神深入人心。把这些教材内容与材料一（"农业经济"、"父母之命"、"礼教风俗"）有机结合起来，才能说清作为婚俗背景的经济基础和家庭关系从传统到近代所发生的变化。

再次，历史题目与现实社会相联系。材料分析题往往要反映当前形势，分析和解决现实问题，总会与社会热点存在着或明或暗的关联，若能与社会热点联系起来，对答题肯定是有益的。

第四步，答题。答题就是用纸笔回答问题，要求文字表达准确、简洁、通顺。切忌答非所问、词不达意和杂乱无章。

首先，按照题目的限制条件回答。如果题目要求"根据材料回答"，那么答案一定在材料中，根据材料内容作答即可，不必回到教材。例如，本题第1、3、4问，只要认真阅读材料，是很容易正确作答的。

如果题目要求"根据材料回答并结合所学知识回答"，那么答案就不能全从材料中得到，须根据材料回忆教材内容，并把两者有机地结合起来才能完整作答，如本题的第2问。

如果题目要求"根据上述材料谈自己的观点、认识或看法"，那么不仅要充分利用材料中涉及的所有有效信息，特别要把握和理解材料的中心词（解答问题的关键），同时还要把相关知识迁移过来。这些被迁移的知识，不仅包括历史知识，而且包括有关哲学、政治学、经济学、社会学等一些基本常识，加强学科间知识的相互联系。例如，本题第5问所涉及的中心词是婚姻自由度，应如何全面认识这一"中心问题"呢？应结合材料一、三，把哲学中有关联系的观点、发展的观点、全面的观点迁移过来，才能正确答题。

其次，按照题目的逻辑要求回答。如果题目问"是什么"，这属于了解层次，只需简单陈述事实、观点、原理、结论等即可，不必阐述理由。例如，本题第1、2、4问，只要分别概括出"从遵从父母之命到追求婚姻自由"；"从传统小农经济到近代工商业的发展、从传统纲常伦理到家庭成员的平等自由"；"历史考察、社会关系考察视角"就可以了，不必展开。第2问若不理解"经济基础"就不能正确答题，第4问若对"视角"弄不明白也容易误判误答。

如果题目问"为什么"，就需要从因果关系方面来探讨主客观原因、主次原因、内因外因。原因是引起一定现象的现象，是更深层的东西，要求提高了，达到理解层次。例如，本题第 3 问，就需要从材料中归纳出"社会制度的变革（新中国的成立）"、"社团组织（家庭妇联）的支持"、"法律保障（新婚姻法的颁布）"等三个客观原因（社会条件）。该问如果不理解"社会条件"就无法正确答题。

如果题目问"怎么样"，往往是要求在理解的基础上谈看法、说做法（措施），要求又提高了，属于应用层次。例如，本题第 5 问就是"谈看法"的，要求从哲学的高度，回答出"随着社会的发展，婚姻当事人越来越自由，但处于社会关系中的人，婚姻自由总是相对的"基本意思，不要求那么准确，只要符合题意就可以了。

以上只是笔者的一孔之见，未必"放之四海而皆准"。实际上，材料分析题主要是考查学生的阅读和写作能力，靠死记硬背是不行的，必须加强平时的技能训练，提高学生的阅读理解能力和文字表达水平。如此，取得高分成绩也是完全有可能的。

依据试题特点　强化基础复习

——从 2010 年浙江文综历史试题谈起

浙江省杭州市萧山区教研室　茅佳清

一　2010 年浙江文综卷历史试题特点分析

朱可老师发表在"中史参"2009 年和 2010 年第七期上的两篇浙江高考文综历史试题评析文章中指出："高考试题是对教学内容的高度提升与概括，是对新课程新理念的文字性呈现与知识性的反馈；"2010 年历史试题在呈现形式、知识内涵方面有新意，凸显基础与能力并重、感性与理性共存的特点，但试题铺垫不足、拓展不够、表述不严。笔者同时以为，2010 年浙江高考文综卷历史题的最大特点是强调基础性，强调"论从本出"，即命题源大多在教材及基于教材知识点之上的归纳理解。因此，强化历史基础知识的复习与知识运用能力的培养，是 2011 年高考历史复习的重中之重。

（一）侧重基础知识的理解分析——注重教材

基础教育课程改革的具体目标要求在最终目标上改变课程过于注重知识传授的倾向，强调形成积极主动的学习态度，使获得基础知识与基本技能的过程同时成为学会学习和形成正确价值观的过程。在结构调整上改变过于强调学科本位、科目过多和缺乏整合的现状，……并设置综合课程，以适应不同地区和学生发展的需求，体现课程结构的均衡性、综合性和选择性。在内容选择上改变课程内容"难、繁、偏、旧"和过于注重书本知识的现状，加强课程内容与学生生活以及现代社会和科技发展的联系，关注学生的学习兴趣和经验，精选终身学习必备的基础知识和技能。在学习过程中改变课程实施过于强调接受学习、死记硬背、机械训练的现状，倡导学生主动参与、乐于探究、勤于动手，培养学生搜集和处理信息的能力、获取新知识的能力、分析和解决问题的能力以及交流与合作的能力。

这是我们教学的理想状态，是新课程教学的基本理念。我们要努力在上新课时实践理想：快乐学习，实现"轻负担、高质量"的教学目标。

但是，对于高三历史复习来说，不管采用什么方法，记住并理解教材知识仍然是最基本的。因为，高考考的就是这些基本的内容。

1. 知识点源自教材叙述

即试题所考知识点直接来自教材。这点在 2010 年高考历史题中表现得很突出。如第 12、14、16、17、19、20、21、22、39（1）题等，都属于这一情况。

其中第 12 题选项中所列的孔子、墨子、普罗塔戈拉、亚里士多德四人，其事迹主张可以在教材必修Ⅲ P4—5、7—8、100 及选修 4P31—34，尤其是 P34 第一段找到相关知识点，经比对不难得出正确答案；

第 14 题关于图示农耕技术始见何时的问题，可在必修Ⅱ P5 阅读图示及相关文字后得出结论；

第 16 题考查科举制的发展，只要掌握必修Ⅰ P15 及选修 4P9 即可答出；

第 17 题只要记住必修Ⅲ P16 中那句"他（陆九渊）批评朱熹的理学过于'支离'"后，判断出甲方是指陆九渊，然后得出甲方的主要观点是 B 项——"发明本心"；

第 19 题虽然整合性极强，但仍是基础知识，只需要掌握选修 4P10、15 及必修Ⅰ P10 卡片和 P10、16 内容后，即可清楚；

第 20 题则要求掌握在必修Ⅰ P50 及选修 4P59、61、62 文字和 P64 "阅读材料"思考题中提供材料的一句话后，方能得出选项中孙中山革命言论所处的时间，从而知道其先后顺序；

第 21 题考的实际是七十年代中国外交的突破，需要记住必修Ⅰ P72、88—91 的内容，归纳表中从 1969 年的"49 国"到 1978 年的"112 国"数据后，得出答案；

第22题属典型的基础呈现题，只要熟知必修ⅢP127、128及选修4P87、92的相关知识点后，即可轻易解答；

第39（1）题7分是综合题中的基础题，需要掌握必修ⅢP111孟德斯鸠的主张及P113"自我测评"《启蒙运动时期的主要思想家及其主要思想》表中对应的主要著作才能答出"《论法的精神》"，然后才能概括出该理论思想的主要内容。

2. 概念解释点来自教材

就是对教材中历史概念的再认识。今年试题中概念解释类的题目鲜见，而且不显现。勉强算起来，第13、16、39（2）题涉及历史概念的解释问题。

如第13题，B项和D项内容分别可以在必修ⅢP5找到相应的句子，属于儒家代表荀子的主张；A项和C项没有在教材中找到，但都是道家主张，都具有"无为"这一本质含义，只是A项相对更直接一些。

又如第16题考了科举制及其发展，其内容基本能在必修ⅠP15及选修4P9中找到；

第39题考了"三权分立"这一概念，其内容基本可以在必修ⅢP111正文及P113"自我测评"《启蒙运动时期的主要思想家及其主要思想》表、必修ⅠP123—124正文中找到，只是需要对提供材料进行结合与概括罢了。

3. 基本因素依教材理解

历史的基本因素是构成历史发展全貌的概念性要素，包括条件、原因、目的、特征、特点、规律、实质、本质、影响、意义等。这类题能够较好地检测学生运用知识归纳、综合分析问题的能力，能够较好地体现历史思维的过程，反映学生历史学习的水平。因此，历来为命题者所青睐。如今年文综卷第15、18、21、23、38（1）（2）（3）、39（3）题，就明显体现了考查历史要素的命题意图，涉及题合计52分，占历史总分的52%。例如：

第15题通过古诗设置的新情境，让学生结合必修ⅡP7、10、17—21再在古诗中后两句及"新丝""新谷"和"卖""粜（读 tiào）"等字样，相应得出选项A、D、C，再根据必修ⅡP6—7关于"土地兼并"的叙述，在古诗中排除B项特征。

第18题结合必修ⅡP24关于明朝对外贸易政策的叙述，结合材料分析，可以得出明朝"限制"却"不禁止"对外贸易的政策特点。

第21题考查的是1969—1978年中国外交特点及原因，试题设计时故意加上了1969年，去掉了1979年，既避开了"七十年代中国外交突破"这一明确的信息引导，又排除了④项"中美正式建交"（1979年1月），结合的内容主要在必修Ⅰ P72、88——91，②③④项可以直接从这些页码中得出，只有①项需要概括得出。

第23题考查的是根据图9所示特征判断这次战争的名称，然后根据已学知识在所列选项中找到属于这次战争影响的选项。其实，这幅图虽然属于新情境图，但与选修3 P118上的《苏伊士运河战争》图基本吻合，据此判断出战争名称后，再根据P118中苏伊士运河战争影响第3点"战争对国际格局的影响"——"美苏两国……走上了中东角逐场的前台"这句话轻松得出答案D项。至于A选项则可在P117中"巴勒斯坦战争"结果第2点找到一样的话，在P122上找到C项——"十月战争"（第四次中东战争）的结果及D项——"十月战争"的影响。

第38大题（1）（2）（3）题均为特征、影响、因素，且答案集中，基本可在必修Ⅱ专题二第二课P34—37找到相关内容。在答第（1）小题时，根据材料一提供的时间范围，即可在教材P34—35找到相应内容，只要稍加概括即可；第（2）小题的"概括1927—1937年中国民族工业发展态势"在教材相应区域P35—36没有类似的文字，必须结合本课题目"二民国时期民族工业的曲折发展"方能接近答案，"分析1929—1933年资本主义世界经济危机对中国民族工业的影响"就比较容易，结合材料所提示和教材P35—36即可答出："各资本主义国家为转嫁危机，对华倾销商品，日本加剧侵华，冲击了中国民族工业发展。中国人民的反帝爱国运动，国民政府采取的一些促进经济发展的措施，使民族工业在1929年后仍能坚持下去。"第（3）小题的答案可从标题得出"境地——困境"，从P36—37得出"政治反动——打反共反人民的内战，外交卖国——使美国加紧侵略中国，经济掠夺——扶持官僚资本、征收高额税收"等答案，"通货膨胀"这一信息可以在教材P36或试题材料三中得出。

第39题第（3）小题考的是"三权分立"制度的特征，结合材料和必修Ⅰ P124下可以得出答案。

（二）突出教材内容的重新整合——凸显能力

一是注重模块内的整合：即试题知识源在一个模块内的若干页、若干专题或单元。这类题最多。

如第 13 题在必修Ⅲ P5，14 题在必修Ⅱ P5，15 题在必修Ⅱ P7、10、17—21，17 题在必修Ⅲ P14、16，18 题在必修Ⅱ P24，21 题在必修Ⅰ P72 及 89—92，第 23 题在选修 3P117、120、122，38 题在必修Ⅱ 35—36，涉及题合计 54 分。

此外，第 39 题第（3）问的答案设计则既强调了基础知识的记忆考查，又突出了材料分析归纳的能力考查。从必修Ⅰ P124 下对美国 1787 年宪法的评价中，可以找到三权分立制设计的进步作用，即："避免绝对权力（独裁）的出现，在一定程度上保护了资产阶级民主，为美国的长期稳定和发展打下了坚实的基础"这个答案。同时，要求在三则材料的文字叙述中，得出"有时三权扯皮（材料一），甚至相互否决，导致效率低下（材料二、三），影响统治集团意志的有效贯彻"。这里既有据材料分析问题的能力要求，也有对西方制度评判的既定格式，即西方制度具有明显的局限性。

二是兼顾模块间的整合：模块间的整合，在必修 3 册之间体现得并不多（只有 39 题是必修Ⅰ与必修Ⅲ相关内容的整合），其他主要是必、选修之间的整合。这类题也不少。

例如第 12 题，在学习孔子、墨子等中国思想家主张时（必修Ⅲ P4—5、7—8、100）要与同时期的西方哲人（选修 4P31—34）相互联系比较。

第 16 题是必修Ⅰ P15 关于科举制度的叙述，结合了选修 4 唐太宗实行科举取士的史实。

第 19 题则是必修Ⅰ P10、16 关于秦朝、元朝的民族政策，结合了选修 4 唐太宗、康熙帝采取的民族政策措施。

第 20 题是必修Ⅰ P50 "辛亥革命"与选修 4P59、61—62 孙中山革命活动及 P64 阅读思考题提供材料整合的结果。

第 22 题，是必修Ⅲ P127—128 内容结合选修 4P87、92 有关书名的结果。

第 39 题是必修Ⅲ P111 正文及 P113 "自我测评"《启蒙运动时期的主要思想家及其主要思想》表、必修Ⅰ P123—124 正文等整合的结果。

这些学科内模块间的整合涉及题合计46分，且能力要求也处于基本表象之间，并没有深挖下去。如一般人都能想到的把孔子与亚里士多德比较，把孙中山与辛亥革命、三民主义联系，把康熙帝与清代前期政治相联系，把美国1787年宪法与欧洲启蒙思想家相联系，等等，类似的也可以把毛泽东与新民主主义革命、社会主义革命、毛泽东思想相联系，把邓小平与社会主义建设新时期、邓小平理论相联系……

三是忽略学科间的整合：学科间的综合指政、史、地三门学科之间的知识整合，旨在综合研究人类社会活动的意识、事实、地缘三要素。其中意识因素是指社会现象的精神范畴，它包括人类活动的道德规范、价值取向、信仰选择等；事实因素是指社会现象的时间范畴，它包括人类活动的社会根源、表现形式、发展过程等；地缘因素是指社会现象的空间范畴，它包括人类活动的自然条件、生存环境、文化种类等。要完整地描述社会现象，就要从这三个方面入手，全面分析社会现象的内部关系。以往全国高考文综卷中比较多地采用了三科一题的命题方式，旨在考查学生综合运用三门学科知识，解决比较复杂问题的能力。由于这种题型对命题者本身学术综合要求极高，加上学生大多无法适应这种高综合度的问题解答，操作起来比较困难。因此，2009年及2010年浙江高考文综卷均没有采用。综合能力考查主要体现在政治、历史、地理单学科内部——模块间的整合。

（三）精选图表类题的解读思考——图里乾坤

第一种，影像类。影像类图表题包括人物画像、场景记录与描述、文物图表等材料组成的问题。其中文物图表题比较广泛，包括历史上遗留下来的有实证价值的东西，如艺术品、遗迹、遗址、遗物、图书刊物、生产工具、历史图表、宣传标语、票据、证件等。第14题图8（1）（2）反映的就是东汉以前农业生产使用牛耕技术的场景，一人驱使耕牛头数的减少，表示了农业耕作技术的进步。

第二种，图示类。图示类题包括地图型图表、图示等。地图型图表题是近年较常采用的一种类型，主要包括战争形势图、布局图、疆域图、分布图、交通路线图等。第23题图9展示的是苏伊士运河战争形势，第38题材料三图12展示的是100元法币购买力的变化等，就属于此类题。

第三种，表格类。表格类题主要指统计数据类表格试题，主要体现为柱形、条形、折线、饼形等。第21题表5《1969—1978年与中国建交国家数据简表》就属典型的表格类题。

（四）体现热点史实的综合关注——"错时""隐身"

历史考试往往有以昔喻今的命题，反映时政热点的问题设计，一般也不会回避。如今年高考第18题，考的是一个社会热点："南澳一号"。南澳一号是2009年09月26日在中国广东汕头市南澳岛县举行水下考古抢救发掘启动仪式上宣布对此前被名为"南海Ⅱ号"的明代古沉船进行的正式更名，初步判定该沉船的年代为明万历年间，船载文物主要为明代粤东或者闽南及江西一带民间瓷窑生产的青花瓷器。今年有大批出土文物在省瓷器博物馆展览，相关媒体有较明显的报道。第23题考的是长期的热点"中东问题"。第39题考的则是政治热点"西方民主的形成、特点与发展"等。

除了这些显性的热点时政外，隐性的热点试题也不少，只是题目设计时进行了错时和隐身等处理。例如：

错时——对热点事件的乾坤大挪移。今年高考题第20题关于"孙中山言论"、第38题关于"民族资本主义发展特征及原因"，考查的实际上是明年的大热门——"辛亥革命100周年"纪念。只不过为了避开大热的时间，放在前一年考了。当然，"辛亥革命"这一热点也可以在明年设计相关的考题，只是需要设计些新情境：如考查"民族资产阶级"、"资产阶级革命理论""国民政府的发展""中华民国的发展""国共合作""大革命""维护民主，反对独裁的政治运动""民国以来风俗习惯的变化"等内容。

隐身——让显性史实隐入新情境。第19题考的是古代中央政府的民族政策，这里隐含的热点是热门的民族关系。这类题只能从自己的理解角度分析，只要认识到热点的重要性并加以适当训练即可，不需耗费大力探讨。

（五）存在历史试题的设计局限——推敲商榷

2010年浙江文综历史试题的设计，精彩不少，问题仍存。除朱老师指出的试题铺垫不足、拓展不够、表述不严外，还存在设计的科学性、严密性、必要性问题。例如：

第13题A项和C项无法在教材中找到相关信息，但都是道家主张，意思也类似（自然本来如此，不要以人心干预之），都具有"无为"这一本质含义，两者区别很小，选项及答案本身可以斟酌。

第17题考的知识点过细，必须记住必修ⅢP16中那句"他（陆九渊）批评朱熹的理学过于'支离'"后，方能判断甲方是指陆九渊，乙方是指朱熹，再结合P16中有关陆九渊的那句"'发明本心'作为自己安身立命的准则"，才能得出甲方的主要观点是B项——"发明本心"。其他几个选项在此题中实际是无用的，只是为了凑齐四个选项而已，因为记住教材相关内容中的那句话及其主张，答案就很明显了。

第23题AC两项并非战争影响，而是战争结果，本题设计不仅读图要求过高，而且表述的科学性存在歧义。

第38题答案中那句"中国人民的反帝爱国运动，国民政府采取的一些促进经济发展的措施，使民族工业在1929年后仍能坚持下去"。好像在答"中国民族工业在1929年后仍能坚持下去"的原因。如果改成"引发了中国人民的反帝爱国运动，也迫使国民政府采取了一些促进经济发展的措施，从而使民族工业在1929年后仍能坚持下去。"才更像是在答"危机对中国民族工业的影响"。其实单从答题来说，材料三对于回答第38题（3）小题是可有可无的，只要记住教材P36最后一段第2行那句"国民政府的恶性通货膨胀政策，使民族工业遭到致命打击"即可轻易作答。

第39（1）题，要在P113"自我测评"《启蒙运动时期的主要思想家及其主要思想》表中才能答出对应的主要著作"《论法的精神》"。但概括该理论思想的主要内容时不能按表格里那样概括（反对君主专制，倡导天赋人权，认为政权属于全体人民，系统地提出三权分立的原则），而必须按P111正文叙述的那样答："……政治民主及人民自由的保证是权力分立（三权分立的理由）。一个国家的权力分为立法权、行政权和司法权（三权分立的表现）。……三者互相独立而又互相监督（三权分立的关系）。"否则会扣分。笔者认为这样要求教师和学生有点过了，而且还很难说出必须这样做的原因。

二 解读 2010 年浙江文综历史试题得到的学习启示

（一）基于试题大多源于教材，因此我们必须先搞定教材，然后才能玩转教材，最后可以脱离教材

一是教学目标在知识记忆和能力培养上的预设性启示。

在基础知识的掌握上，教材犹如圣旨，我们不得违背，该做的就是想方设法先搞定它——记住教材知识，这一步最累。

如第 12 题知识记忆与思辨能力的结合，反应了我们必须在教学中注重基础知识的梳理与把握，对相关的人物、类似的主张要进行归类比对。

第 13 题告诉我们必须记住儒家、道家等各家学派主要人物的主要主张，还要对已有的和未出现的原文做些类似的分析，等等。

二是教学目标在过程操作和方法选择时的呈现性启示。

在熟知教材知识后，我们要通过课堂教学和练习，将教材知识进行重新整合，以便适应试题变化后的答题需要。此时，我们对教材应该做到的是可以轻松玩转它——灵活运用知识，这一步最难。

如第 19 题虽是基础知识，但整合性极强，除正文外还必须结合必修Ⅰ P10"资料卡片"的内容，才能认知"典客"的职能。因此除了掌握正文内容，还需了解掌握教材提供的"知识链接"、"史学争鸣"、"学习思考"、"资料卡片"内容；

如第 20 题要求掌握必修Ⅰ P50 及选修 4P59、61、62 文字外，还需要仔细研究选修 4P64 阅读材料思考题中提供的材料，因此，对于课后的"自我测评"、"材料阅读与思考"也要重视，仔细掌握。

如第 39（1）题也如此，除了要学好正文部分外，还需要仔细阅读 P113"自我测评"《启蒙运动时期的主要思想家及其主要思想》表中对应的主要著作。而且当发现正文叙述与补充材料叙述还不一致时，唯一的办法就是将两者合二为一。因此，还要学会将教材叙述矛盾的内容有机地融合起来，等等。

三是教学目标在情感态度和价值观念上的生成性启示。

当我们对教材基本知识全面、仔细地认知并可以把这些内容灵活运用之后，我们就可以抛弃它——让教材回归该待着的书架，束之高阁，这一步最爽。此时的我们已可以驾驭教材中的基本知识，在学习中已可以摘取更高的果实，进入历史学习的更高境界——形成历史的情感态度和价值观。

如全球史观的培养，在解答第12题和38题（2）时我们必须把中国史事纳入世界背景中思考，从而形成全球史观的意识和思维。

然而，实现第二、第三步的关键点或者说前提是走好第一步：尊重教材，并熟知内容。

（二）基于试题表现为对模块编写缺陷的弥补和对高考说明意图的体现，我们对教材结构、知识的重新整合，是很重要的

一是必要性：高考题及高考说明的编写，告诉我们两点：①教材属于大的专题式编写，首先要把专题内的基本知识点搞熟，使之能熟练地把小的知识点连成线，能把基本概念、基本事件的相关知识点熟练联系起来，这样可以在考试时得到基本的分值；②高考说明是按通史体例编写的，我们就要注意同一时期中国发生的政治、经济、文化、外交之间的相互联系，也要注意同一时期中国和外国之间人物、事件的联系与比较。如第12题、38（2）题等就体现了中外联系的特点。

二是必然性：现有教材的模块化编写对于高一新生的认知水平是否合适，效果是否最好，新课程理念是否体现得最充分，都是值得推敲的，其意义与影响也是争议较多的。对于高一历史教学来说，培养学生学习兴趣，了解中外历史大事应该是最基本的要求。但现实情况并非如此。教师中对于教材的异议，是经常可以听到的。很多人认为通史式编写较符合学生学习心理，希望教材能有所修改。这一愿景已经引起专家、领导的重视，不仅有了变化的可能，而且已在考试说明编写上有所体现。对教材的处理与整合，不仅体现在我们的课堂教学中，而且将会在教材编写上有所体现。至于是渐变还是巨变乃至剧变，这还有待于有关部门的观察、考证、决策。本人以为，最有可能的方式是巨变——即基于模块之上的半通史编写。修改式渐变是不能让人满意的，革命性剧变及重新按通史编写也会招致痛骂。因此，既坚持模块知识，又结合通史式叙述的巨变，可能会被专家、领导采用，也能让师生在教学过程中的不满情绪大大减少。

到了高三复习，照书逐字逐句地细解，有利于基础知识的巩固，但需要有一个整合信息、整合知识、整合素材、整合试题的过程，以期学生能在掌握教材知识的同时，提高分析思维的能力和运用知识的能力。对于基础知识比较扎实的学生而言，要想发挥优势，整合知识尤为重要。

三是学科性：鉴于政史地学科间综合的试题未见或未显见于浙江高考文综卷中，我们就应多进行本学科内知识点的综合梳理，少花时间在学科间的综合上。学科间的综合只需做些研究性探讨即可。如萧山五中吴继红老师的"抓点、串线、铺面、织网"复习法，就是一种典型的教材整合的内化过程，且他们已经坚持了好几年，效果不错。其中"点，是历史发展的支撑；线，是历史发展的轨迹；面，是历史发展的缩影；网，是历史发展的全貌。"这四句话，凝聚了这一教材内化整合复习模式的主要思想，可供大家评摩。

（三）基于图表题呈现的美观性及能力考查的全面性、展示情景的新颖性、问题设计的灵活性特征，使命题专家对这类题的进一步采用，使我们必修加大图表题的复习力度

一是设图求解。图表题一般由图表和设问两部分组成。设置图表题的目的主要是考查学生阅读材料、分析数据、关注细节并对这些信息进行综合归纳概括的能力，有利于学生运用历史原始材料分析历史现象、挖掘本质、评价成败功过等思维能力的培养。

二是读图分层。解答图表题要先读懂图表，因为图表是它的主体结构。第一步：围绕图表审读设问，把图表内容与设问要求有机结合，有目的地解答所设问题。而且，审读设问时必须咬文嚼字，努力把握时间、范围、程度和本质等指向性、限定性词语。第二步：弄清题目的要求，如图表与教材内容的联系等。要努力找准、找全图表信息，既要看图表内容，通过内容折射教材知识，又要根据设问要求，确定图表与某部分知识是否相关，从而对号入座。只有明确命题者的设问要求，答题时才具有针对性和准确性。第三步：根据类型选定解图的程序。

三是解图探知。由于图表类型不同，解答的方法也应不同。如解答地图型图表题，主要方法是抓住图中自然地理名称、政治地理名称的变化、经济和政治地理区域范围的变化等所反映的信息，判定该图所反映的历史事物或特征。解答文物图表题时，要把握其存在的时间、地点和当时的用途，对当时社会发展所起过的作用，进而从图中推断出符合实际的结论。解答人物图表题，则既要把历史人物放在特定的时代中去分析，不能脱离时代背景，又要一分为二辩证地去看待历史人物。

总之，要把题干信息、人物图表与教材知识有机结合起来，尤其是对一些古代人物的绘画图，还要能从其服饰、发式、容貌等进行全方位的判定和提取信息。至于高考例题，前面已经提及，这里不再赘述。

（四）基于热点问题的显性不多、隐性难摸的命题特征，我们不能不顾时代热点，但不要迷恋热点问题

一是既然热点不回避或无法回避，那么每一年及前后的重大事件、纪念活动，我们都要予以关注，并且要把这些事件、活动相关的教材知识点，尽可能地加以梳理、整合。

二是我们要设计和思考涉及热点的一些变式或隐性题，并进行一定的训练与分析。

但是，这类热点复习决不能占据太多的时间，成为复习的主流，更不能成为猜题押宝的依据。

三 2011年高考历史复习策略浅见
——行走在变与不变之间

（一）坚守不变之道

一是坚持对课程目标的提炼与升华。如第12题考查的内容即为课表内容"知道诸子百家"及"了解孔子……政治主张，探讨孔子在中国以及世界史学史上的地位和影响""了解古代希腊智者学派……的阐述""简述古希腊……亚里士多德的主要生平事迹，……认识其对世界思想文化的贡献"提炼的结果。

二是坚持对基础知识的记忆与归纳。通过纵向线索的横切与斜引，使教材知识点能形成相互联系的线索与体系，培养学生学习历史的整体意识。如16题要求通过对必修Ⅰ和选修4相关知识点的前后、左右的联系，确立对科举制内容、特点、发展有全面的了解与认识。又如第23题4个选项，实际是归纳了几次中东战争的结果与影响，第39题的三个问题，实际是"三权分立"制度渊源、内涵、实践及评价这一线索的考查，等等。

三是坚持对学生学习的领导与责任。我们要对学生的学习负责，引导学生进行有效学习。这样，我们不仅要注重主干知识的复习，还要仔细观察教材所有知识点，引导学生关注教材中的细节与边注知识。如第20题除了考查必修Ⅰ P50及选修4 P59、61、62主干知识外，还需要结合选修4 P64阅读材料思考题中提供的材料。因此，要让学生全面掌握教材知识，教师本人必须要精通相关内容。否则是既无法领导，也欠负责任。

四是坚持对核心内容的热析与强练。近代（现代）化、大国关系、制度创新、国家统一（社会稳定）、经济发展等，是历史教学的核心内容，对这方面知识进行浓墨重彩地分析与不厌其烦地整合、训练，符合高考命题的意识形态特性。坚持对核心内容的重点关注与锤炼是理所应当的，如前述18、19、23及38、39等题即属于核心内容。

五是坚持对学生心理的调控与唤起。我们要以开放的态度对待学生：以学生为主体，复习时多让学生思考和分析，我们着重提供方法、材料及精选过的问题。毕竟是学生考试，因此重要的是让学生会考试；我们要控制学生的情绪：让学生快乐学习，吸引学生听你的，开心地去读书、做题。如能把复习课上成讲解故事一般，既好听又高效，那可是最理想的高三复习了，是高超的教学艺术与严密的思辨技巧相结合的结果；我们要唤起学生的好奇性：鼓励学生思考与合作，进行研究性学习，有利于高考时应对新情境式试题。如18题，如果教师关注社会热点，并组织学生对"南澳一号"加以关注乃至小型的调查研究，教师再把那青花瓷花点力气宣讲一番，学生对此的印象会很深，考试时回答此题应该会容易得多。

六是坚持对学习能力的培养与提升。获取、解读信息的能力，调动、运用知识的能力，描述、阐悉史实的能力，论证、探讨问题的能力，是新课标的目标，高考中必然会加以体现。如第39题第（3）问，既强调了基础知识的记忆能力，又突出了根据材料的归纳能力，还体现了两者结合的分析能力，等等。这些"坚持"，是长时间都不会变的。

（二）熟使嬗变之术

一是教学理念的全面与分层。教学理念是发展变化的，有时是渐变，有时是剧变。高考大纲是命题的依据，课程标准是高考大纲的依据。因此，新课程标准中的新理念，必定会体现在考试试题之中。其中既有全面性的考查，体现为基础知识与基本能力的检测，又有特殊性的考查，体现为筛选性的综合分析归纳推理的检测。这就要求我们的复习组织既要照顾到全体学生的利益，又要体现出能力分层的特殊水准。

二是课程教材的反思与重建。如上所述，既然教材编写具有明显的局限，对教材进行重新整合便是必不可少的了。这方面作出探讨依据的教师很多，文章也不少。去年年底，笔者在第三届"钱江论坛"上，提交了一篇文章，面对诸多专家学者，不知深浅地对模块化编写的教材进行了一番抨击。在分析教材局限性原因及影响的同时，列举了几种重构教材体系的方法，有些是偏激的，有些是温和的，有些是综合的。结果，有参会教师的肯定赞扬，也有与会专家的反驳批评。笔者也深感困惑。但是，从现有信息来看，教材变化的可能性是大大增强了。对于已有两年学习基础的高三学生来说，在高三历史复习中打破教材编写限制，应该是可以尝试或能够适应的。

三是情景材料的设置与再生。2010年高考历史试题的设计，在创设新情景，提供新材料方面是很明显的，利用思想家言论、古诗、古画像石、表格、地图、图示、文献材料等，再现了历史场景，创新了问题思考的角度。我们要加大这方面的教学思考和训练。

四是技巧手段的呈现与多变。面对学生的更新需求及高考设计的灵活多变，复习的方法也应该随风而动、氤氲色变。传统或现代的教法与学法，独立或合作的分析与思考，死题或活题的训练与编制，都应该成为我们复习教学的备选技法，随时应对大纲要求和命题趋势的发展变化。

五是大纲信息的变化与捕捉。考试的范围（知识范围与内容组合）、方式（例题及比分）是不断变化的，作为高考指标的大纲，肯定要成为我们关注分析的目标，我们要分析哪些已考过，怎么考的，也要分析哪些与去年表述一致，哪些变了；对于考过的我们要做示范分析，如能设计些变式题，复习效果会更好；对于大纲中没变化的条目，我们要思考哪些应该成为复习的重点目标，如何实施？对于变了的条目，我们不仅要分析怎么变的，还要分析为什么会变？为什么这样变？然后在复习过程中体现我们的应对策略。

六是答案设计的拓展与超越。根据今年高考材料题答案设计的缺陷制定应对策略：让答案结合教材知识，回答的角度、程度、要点，比设问的要求要再左点，以避免知道知识点却以为不用答而导致扣分这种很冤的结果出现。

例如第38题第（3）问……参考材料三（图12 100元法币购买力图示）并结合所学知识，从国民政府政策措施的角度（答案设计范围限定词），简述导致民族工业处于这一境地的原因。答案为：国民党发动内战，使社会动荡（这点属于国民政府的政治政策）；签订《中美友好通商航海条约》，利于美国经济侵略（这点属于国民政府的外交政策）；依靠国家权力，扩张官僚资本（这点属于国民政府的经济发展特点，如改成"鼓励或听任官僚资本扩张"，则属政策）；实行恶性通货膨胀政策和繁重的税收政策（这点属于国民政府的经济政策）。这个答案的设计其实并没有理会"从国民政府政策措施的角度"这一限定语，而是综合分析了这阶段中国民族资本主义发展处于"困境"的原因。如果试题改为"参考材料三并结合这一时期国民政府政策措施，简述导致民族工业处于这一境地的原因"。则本题设计就没问题了。

总之，原来全国统考文综卷是用浅显的知识考很深的能力，所有设置的问题都从考察能力的角度出发，知识成为考察能力的载体和对象。死记硬背的知识点很少考，考得也很浅。两年浙江文综卷，却是必须掌握教材最基础的知识，然后加以整合归纳分析，能力要求相对较平。但是改卷时对答题要求较高，因此规范答题成为稳定发挥乃至获得高分的法宝。

道不变是暂时的，法在变是常态的。用灵活多变的方法，帮助学生记住知识并使之熟练运用出来是我们教育工作者的共同目标。

基于非文本信息源试题提取
有效信息的方法研究

杭州第十四中学　唐新红

提取有效信息的能力是我们历史教学的重要目标之一，是培养具有共性基础上有个性发展学生的重要维度。从历史材料中最大限度地获取有效信息，分析问题，提炼观点，或从中选取某些有效信息支持特定观点也是高考的基本要求。

提炼历史学科的有效信息和价值，离不开历史学科基本的认识论和方法论。然而，现在的中学生在提取有效历史信息方面的能力却相对较弱，这固然与学生的历史学科素养相对薄弱密切相关，同时，学生没有掌握提取有效历史信息的科学方法也是重要原因之一。于是就出现了提取信息不全面或不准确、不能剔除无效信息等问题。所以在历史教学中很有必要从方法论的角度，系统地阐明获取有效历史信息的方法。

高考试题中对历史信息的呈现方式主要分为文本信息源及非文本信息源两种。非文本信息源在近几年高考中大量使用成为高考命题的趋势，而且所占分值越来越大。本文试从方法论的角度，从非文本信息源试题的图像、图形、地图三种不同呈现方式探究提取有效信息的方法。

一　非文本信息源试题的分类与特点

了解非文本信息源试题的分类及特点是学生掌握从非文本信息源试题中提取有效信息方法的前提和基础。

回顾近几年高考历史试题，非文本信息源试题呈现方式主要有三类。第一类呈现方式是图像式试题，即从器物、人物、场面等史实角度展示的历史图片、图画、漫画等。第二类呈现方式是图形式试题，即从数据角度展示的表格、柱状图、曲线图、饼状图等。第三类呈现方式是地图式试题，即主要从空间角度展示的历史地图。

归纳这些试题，笔者发现有以下几个特点：第一，试题以教材的知识体系为依托，以考核的能力要求为指导，以试题的材料为情景组织考试的内容；第二，试题设计符合史学特点，即尊重具有代表性和典型意义又注重历史评价的探究性；第三，试题反映历史思维的特征，即对历史事物和历史现象进行具有时代意义的认识和思考。

二　从非文本信息源试题提取有效信息的实践与技能

所谓"有效信息"，是指蕴涵在材料中，对题后设问具有针对性、对解答问题具有实用性的信息。

一般而言，从非文本信息源试题中提取的有效信息主要分为两类，即表层信息和深层信息。实际教学中，要提醒学生在碰到此类试题时一定要从这两个角度思考有效信息的提取。那么，如何从这两个角度提取有效信息呢？

表层信息指的是浅层的显性信息，往往比较直观。教学中只要明确要求学生思考并回答一个问题"是什么？"或"你直观地看到什么？"就能提取表层信息。值得注意的是表层信息一般指的是外表、形状、大小、表情、颜色、工具等内容。

深层信息是指隐藏在表层信息背后的反映此阶段人类历史的时代特征、政治状况、社会经济生活、民族关系、对外交往、思想文化观念等信息。要提取深层信息的方法是在教学中让学生要思考并回答两个问题：这些表层信息意味着什么或为什么，以及还有什么？同时提醒学生深层信息一般从时代特征、政治状况、社会经济生活、民族关系、对外交往、思想文化观念等角度思考。

这只是从非文本信息中提取有效信息的一般方法，通过这种方法可以让学生在做试题中确立解题的一般思路。然而，非文本信息试题从呈现方式来看具有图像、图形、地图三种不同的方式，各种呈现方式的具体解题方法及注意事项又略有不同。学生只有掌握了这三种不同解题技能才较系统地掌握从非文本信息中提取有效信息的方法。

（一）从图像式试题中提取有效信息

1. 试题特征

图像式试题主要是从器物、人物、场面等史实，通过历史图片、图画、漫画等图像形式角度，反映某一特定历史事件（人物）等活动、发展情况，揭示历史发展规律、特点等。此类试题一般由三部分构成，即引文、图像、设问，其中图像一般由多幅图构成。

2. 考查角度

纵观从近几年图像式高考试题，考查角度主要有两个方面。第一方面是要求描述图像的表象，也就是表层信息，涉及外表、形状、大小、表情、颜色、工具等。第二方面是要求揭示内在规律，涉及反映此阶段人类历史的时代特征、政治状况、社会经济生活、民族关系、对外交往、思想文化观念等。

3. 解读方法

解读图像类高考试题，提取有效信息的方法分成两步，缺一不可。

第一步，如果试题呈现的是单幅图像，学生看到试题后首先思考并回答"是什么？"或"你直观地看到什么？"提取外表、形状、大小、表情、颜色、工具等直观的表层信息。然后由表及里要求学生思考并回答"这些表层信息意味着什么？"或"为什么？"从而挖掘隐藏在表层信息背后的反映此阶段人类历史的时代特征、政治状况、社会经济生活、民族关系、对外交往、思想文化观念等深层信息。

第二步，图像式高考试题呈现的图像不止一幅时，命题者在选择图像时一般会围绕一个中心来选择图像。因此，碰到此类试题时，学生要对每一幅图表层信息及深层信息进行拆解分析，在此基础上，还要思考并回答"还有什么？"要求学生求同析异，找到各图之间的内在联系，确定一个中心，然后联系课本及所学知识做出回答。

例如2004年的上海高考第31题。

观察下列图片：

《老建筑与它的百年邻居——上海徐家汇掠影》

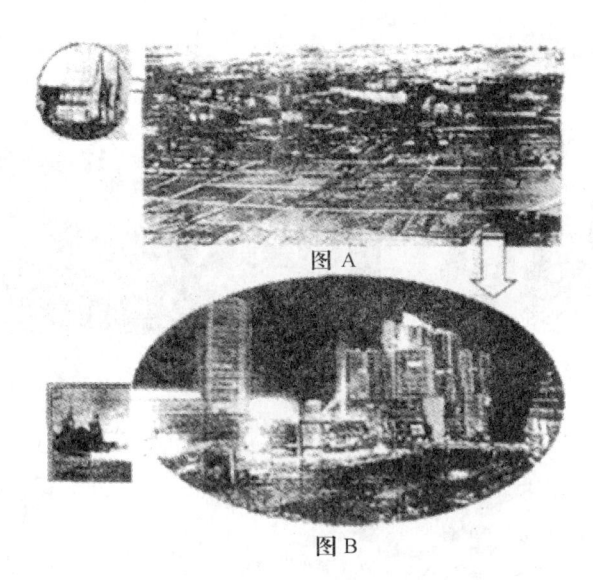

图A

图B

问题：从上面图片中可以看到和获取哪些信息？（6分）

此题属于典型的图像式试题。试题中有两幅图，题目设问只是问"可以得到和获取哪些信息"，因此，获取信息的思路应该分两步走，第一步对每幅图从表层信息及深层信息两个角度逐一展开，第二步是找到两幅图之间的联系及发展趋势。

根据这样的思路，先解读A幅图。依据"是什么"解读表层信息，从A幅图中可以看到大片的农田、小路以及西式建筑的教堂。再依据"这意味着什么或为什么"角度解读深层信息，也就是思考：大片的农田及出现西式建筑意味着什么？于是可以获取大片的农田意味着以农业为主，出现西式建筑意味着受到西方影响的深层信息。

接着解读B幅图。第一步依据"是什么"解读表层信息，从B幅图中可以看到现代化的高楼、街道、西式建筑，然后依据"这意味着什么或为什么"角度思考，可知城市呈现繁荣景象的深层信息。

第二步要从深层信息中去思考两幅图的内在联系，从第一幅图中的以农业为主，到第二幅图中城市繁荣景象，可以得出上海发生了翻天覆地的变化这一结论。

再比如去年杭州市统测第26题。

180 / "明智之学":历史教学与研究

下列五幅图是一位同学在研究性学习中搜集的材料:

图1　瓦特改良的蒸汽机模型 　　　图2　中英《南京条约》签订

图3　开埠后前来上海的外国商船 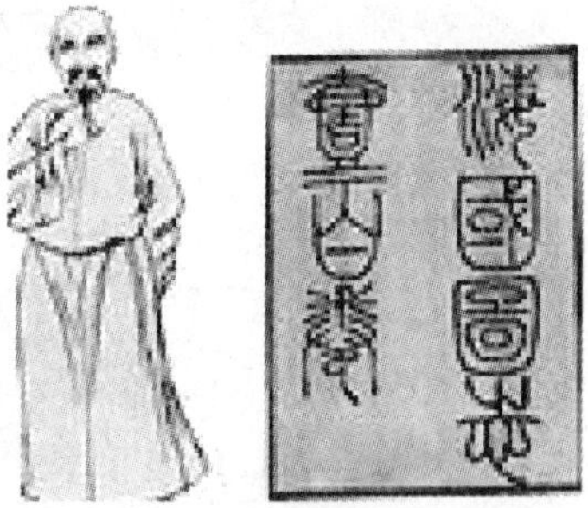　　　图4　《海国图志》

汉阳铁厂　　　开平矿务局　　　1863年上海洪盛碾米厂
图5

请回答:
①根据这五幅图,结合所学知识请你推测这位同学研究的课题应该是什么?

②结合世界史及中国史的相关内容，分析图 1 与图 2—图 5 的内在联系。

③如果你来研究这个课题，你认为还可以搜集哪些材料？说明理由。

本试题的第一个设问要求学生"根据这五幅图，结合所学知识推测这位同学研究的课题应该是什么？"实际上是要求学生确定这五幅图的一个中心。也就是从图像式试题提取有效信息的方法中的第二步的答案。因此，学生应该先从第一步入手，通读这五幅图，提取每一幅图像的表层信息及深层信息。可知：图一是瓦特改良的蒸汽机模型意味着英国工业革命；图二是鸦片战争后，英国强迫清政府签订的中英《南京条约》，意味着工业革命后英国加紧侵略中国，中国开始沦为半殖民地半封建社会；图三是鸦片战争，也就是英国工业革命后外商来华贸易的情况；图四是鸦片战争后先进的中国人向西方学习的代表，意味着先进的中国人开始学习西方；图五是 19 世纪 60、70 年代的洋务企业及民族工业代表，意味着工业革命后，在列强入侵的过程中，中国的经济开始工业化进程。接着进行第二步，思考五幅图之间的联系，可以获知从后四幅图中可以概括其共同之处是鸦片战争后中国在政治、经济、思想文化方面的变化，也就是鸦片战争给中国带来的影响。图一是所提示的是工业革命，而鸦片战争是英国工业革命后的产物，那么就比较容易得出这五幅图的中心是工业革命给中国带来的影响这一深层信息。

接着联系所学知识，由表及里，把这五幅图转换为工业革命对中国的影响，这个知识点实际学生都比较清楚，学生可以从破坏性及客观建设性两个角度来回答。

只要掌握了历史图片的解题思路，图画、漫画等试题依此类推即可。

（二）从图形式试题中提取有效信息

图形，主要是从数据角度来展示的表格、柱状图、曲线图、饼状图等。无论哪种类型都是直接或间接的数据展现，柱状图、曲线图、饼状图是表格数据转换后不同的呈现方式，所以只要掌握一种类型的解读方法，举一反三，此类试题均可依据此方法提取有效信息。

1. 试题特征

图形式试题是命题者提供表格、柱状图、曲线图、饼状图，通过文字类的直接或间接数据角度，反映某一特定历史事件（人物）等活动、发展情况，揭示历史发展规律、特点等。此类试题一般由三部分构成，即引文、图形、设问。

2. 考查角度

图形式试题的考查角度主要有两个方面，第一个角度是某一项在不同时期的比较；第二个角度是不同项在同一时期的比较。

3. 解读方法

解读图形式试题的步骤及技巧主要分为三步：

第一步，通过试题中给出的引文、首列行（如果是曲线图，则看数轴中的纵横坐标、图例）确定图示在历史知识结构中的位置。

第二步，对数据进行定量分析，根据数据变化的轨迹，从静态的数据分析动态的走向。具体方法是：先找到比较项，然后对比较项在不同时期的数据进行定量分析，在定量分析后进行定性判断。判断时的用语一般是：迅速或缓慢（增长下降）、相对稳定、占绝对优势、所占比重越来越大（小）、总体趋势向上或下降、中间略有反复，等等。解读的关键是要注意数据的三个"点"即起点、终点以及关键点或交点，尤其要注意关键点或交点，因为在某一时期不同项目的数据发生交点后，不同项目的地位从原先"量"的变化趋势转换到"质"的变化。

第三步，要注意语言表达。图形式试题的答案组织，其语言表达有规律可循，学生应按照时间（起点到终点）、项目（一般在首例行中有提示）、发展趋势的顺序组织答案。

例如 2009 年文科综合能力测试全国卷一第 37 题的第 2 问。

阅读材料并结合所学知识，回答下列问题。

根据材料并结合所学知识，说明 1950—1965 年我国农业税占农业实产量比例的变化趋势及主要原因。（10 分）

本试题属于典型的图表类试题。解读此类试题的方法，第一步看首例行：1950—1960 年中国农业税征收情况表。第二步根据设问在表格中找到农业税占农业实产量比例的数据，然后依据时间顺序从纵向进行定量分析。注意三个点，起点是 13%，然后是 11.6% 及 11.9%，终点是 7.5%，其动态走向总体呈下降趋势，但不是一直持续下降，所以可以看出"中间略有反复"。语言表达是:从1950—1965年我国农业税占农业实产量比例呈下降趋势,中间略有反复。

1950—1965年中国农业税征收情况表

(税额单位:细粮亿公斤)

时间	农业实产量	实征农业税 合计	正税	附加	农业税占实产理量% 合计	其中:正税
经济恢复时期	3806.50	494.54	443.88	50.66	13.00	11.70
"一五"时期	8017.80	933.21	847.45	85.76	11.60	10.60
"二五"时期	6983.20	833.32	745.66	87.66	11.90	10.70
1963—1965年	5004.50	374.02	333.42	40.60	7.50	6.70

——摘编自《中国统计年鉴》

在图形式试题中,从起点到终点的判断相对比较简单,学生失分不大。这一类试题的最主要失分点在于学生对关键点或焦点(交点)的视而不见。

例如2001年文科综合试卷第38题的第3问。

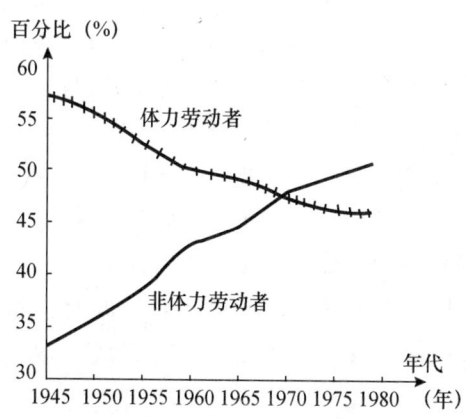

材料三

请问:第二次世界大战后美国劳动力构成发生了什么变化?

从本试题的考查结果来看，绝大部分学生都能看到体力劳动者的起点到终点是从高到低走势，呈下降趋势；非体力劳动者从起点到终点是从低到高发展，呈上升趋势。然而，却很少有学生注意到体力劳动者与非体力劳动者两条变化曲线在 1970 年左右的交点。1970 年后，非体力劳动者所占的比例超过体力劳动者。这个交点成就了本试题的绝妙之处，然而却造成了学生在本题的最主要失分点。其实，教学中学生如果掌握了解读此类试题的方法并注意到交点，那么失分肯定不会这么严重。

（三）从地图式试题中提取有效信息

1. 试题特征

地图式试题是命题者提供历史地图，从空间（位置、区域范围等）角度，反映某一特定历史事件（人物）等活动、发展情况，揭示历史发展规律、特点等。

2. 考查角度

地图式试题主要从空间角度，对学生进行时间及特定背景下历史事件（人物）等活动、发展情况的考查，要求学生提取每一幅地图背后的时代特征、政治状况、社会经济生活、民族关系、对外交往、思想文化观念等深层信息，及对其不同地图的比较，揭示历史发展规律等。

3. 解读方法

解读地图式试题的基本方法主要分为三步。第一步，给地图定格。这是解读地图式试题的关键。通过地图中的文字、区域分布或引文出处等表层信息确定历史地图确定各幅图的名称及在历史知识结构中的时间及空间位置。第一步，提醒学生思考回答"是什么？"第二步，将定格的地图与平时所学知识挂钩，去伪存真，由表及里。寻找隐藏是表层信息背后的反映此阶段人类历史的时代特征、政治状况、社会经济生活、民族关系、对外交往、思想文化观念等深层信息。要求学生思考并回答"意味着什么"或"为什么"。第三步，如果展示的地图不止一幅时，要思考"还有什么"，要求同析（找）异，找到各图之间的联系或发展趋势，确定一个主题。

例如 2004 年全国高考历史试题（江苏）卷第 29 题。

图1　　　　　　　　　　图2　　　　　　　　　　图3

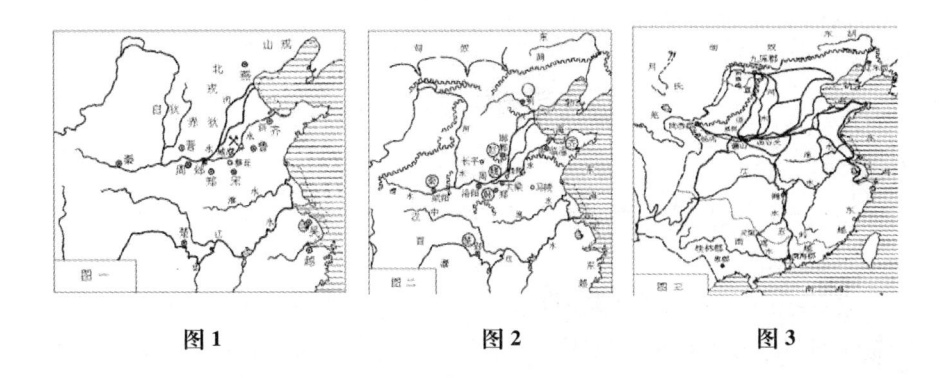

①三幅地图分别反映了哪三个时期？（3分）②这三个时期的政治特点分别是什么？（7分）③概括这三幅图（三个时期）所反映的我国历史发展趋势。（2分）

解读本试题的第一步是定格，先从表层信息入手，从图一中可以看到有"周"、"城濮之战"、吴、越、郑、山戎等。图二中有战国七雄未连接的秦赵燕长城，长平、马陵等地战役名称。图三中有从咸阳都城，连接东西的长城，南部三郡等。从这些图中反映的表层信息，然后联系到所学知识结构立即可以定格图片时间，判定图一是春秋时期，图二是战国时期，图三是秦朝。

第二步与所学知识挂钩。确定三幅图的时间及空间后，与所学知识挂钩，从政治、经济角度挖掘深层信息，联系所学知识，呈现春秋、战国、秦朝的时代特征，就能答出图一的春秋时期国家分裂，诸侯争霸，奴隶社会瓦解；图二的战国时期，国家分裂，诸侯争霸，地主阶级变法，封建制度逐步确立；图三的秦朝，建立了第一个统一的多民族的封建国家。

由于本试题呈现了三幅图，所以要进行求同析异的第三步。三幅图的共同点都是疆域图，但三幅图有着不同之处，从三幅图的发展趋势比较中可以发现：图一、图二显示国家处于分裂状态，图三显示国家处于统一状态，其发展趋势是从分裂走向统一。同时，图一反映的是奴隶社会瓦解的历史，而图二、图三反映的是封建社会的形成，故从这三幅图片中可以看出从奴隶制过渡到封建制的变化规律。

三　研究有效性的比较及反思

为了验证从非文本信息源试题中提取有效信息的方法的有效性，笔者做了以下尝试。

选取了同一老师教的高三年级 A、B 两个程度相仿的文科班。在两个行政班教学进度相同的情况下，A 班暂不进行从非文本信息源试题中提取有效信息的方法指导，而 B 班则由笔者系统讲解此方法，然后进行测试。

为了尽可能地客观反映实践的效果，题目均由笔者原创或改编，不采用陈题或原题，试题由选择题及非选择题两部分组成。测试试题全部由非文本信息源构成，涉及图像、图形、地图三种不同的呈现方式，既考查了表层信息同时也考查了深层信息。

同时笔者对测试结果进行预设。在进行了从非文本信息源试题中提取有效信息的方法研究后，学生可能提高的解题技能有三方面：第一，从图像式试题中提取有效深层信息的思路会比较清晰，会关注多幅图像之间的联系并找到一组图像的主题；第二，从图形式试题中提取有效信息时会关注交点；第三，从地图式试题中提取有效深层信息会关注地图背后反映特定背景下的时代特征、政治状况、社会经济文化等隐性内容及不同地图之间的发展趋势及规律。由于这些技能是近年高考中考生所必备的，故本次测试试题中涉及了这三方面的内容。测试试卷由其他老师批改。

测试结果如下：

	第一题	第二题	第三题	第四题	第五题	第六题	第七题	第八题	第九题	总分
满分	4	4	4	4	4	4	12	20	24	80
A 班平均分	3.8	2.9	3.3	3.8	3.9	4	6.1	11.1	14.1	53.7
B 班平均分	3.8	2.8	3.5	3.7	3.9	3.9	7.7	12.0	14.8	56.6

上表反映，高三 A、B 两个文科班选择题的得分只相差 0.1 的平均分，差距不大，非选择题 B 班的平均得分高出 A 班 3.2 分。

由于受客观条件的限制，两个班的样本比较小，但还是可以发现一些有价值的内容。从测试结果来看，A、B 两个班的得分率分别是 67.1% 和

70.7%，总体得分率偏低。失分原因主要反映在主观题方面，问题主要表现在答题不够全面，基础知识不扎实导致知识点窜位，忽视题目中的相关限制，而信口开河，造成了语言表达不清晰，以及逻辑较混乱等问题，尤其是答题不全面、基础知识不扎实造成的失分最多。因此，影响学生在非文本信息源试题中的得分率的关键是学生的历史储备及知识结构水平，也就是说要提高学生在非文本信息源试题的得分关键是教师平时的历史课堂教学的效率。文化基础愈深厚，对信息感觉愈敏锐，对信息理解愈深刻，判断愈准确。

同时，笔者发现，对 B 班进行较为系统的方法指导后，与 A 班学生明显不同的是 B 班的学生在非选择题答题方法方面有一定的提高。在图像型试题中绝大部分学生有了获取深层信息方面的答题角度，例如第 7 题属于典型的地图式试题，从答题结果发现，A 班学生只有 13% 的学生涉及深层信息，B 班则有 81% 的学生达到深层信息角度；第 9 题的答题中 B 班有 56% 的学生答到这一组图像的发展趋势，A 班只有 4% 的同学涉及；第 8 题是图形式试题，从答题结果来看 A 班有 65% 的同学记得关注关键点或交点了，而 A 班没有一个同学关注到交点，从语言表达来看，答题思路较清晰，答题也较为规范。因此，在历史教学过程中，要正确认识学法指导与学科素养之间的关系，加强学法指导可以起到画龙点睛之效，学生的历史素养越好，学法指导的效果越明显。

参考文献

1. 浙江省学科指导意见及 2009 年浙江省高考考试说明。
2. 刘军：《新课程新理念新教法——历史教学策略》，高等教育出版社 2003 年版。
3. 傅道春：《新课程中教师行为的变化》，首都师范大学出版社 2001 年版。
4. 赵亚夫：《历史课堂的有效教学》，北师大出版社 2007 年版。

对新课程理念下初中《历史与社会》学科命题的策略与思考

富阳市受降镇中学　王建妹

在新课改、新理念、新模式逐渐被大多数老师接受，成为大家共识的形势下，仍出现"课程标准是新的，教材是新的，课堂教学却涛声依旧"的现象。要改变这种现象，使社会学科课堂改革从形式到本质向深层次、高水平发展，把握考试命题方向是至关重要的，它对课堂教学改革起引领和推动作用。有人把考试比做教学的"指挥棒"，这不无道理。本文依据新课程理念，结合自己的教学实践，试对初中社会学科的命题及实际操作作一探讨。

课标将初中社会学科的课程目标分为"知识与技能"、"过程与方法"、"情感态度与价值观"三个层次，以此为参照系，我们可以确定社会学科在这三个层面的命题方向。

一　"知识与技能"层面的命题策略

研究"知识与技能"目标的相关内容，我们将之概括为四个要素，即了解自然环境与人文的密切关系；理解社会生活的内涵，重视人的发展；知道人类文明发展的过程和趋势；把握信息。涉及命题，我认为必须把握以下几个环节：

（一）命题应揭示自然环境与人文特征的关系

所谓自然环境，是指与人类社会所处的位置相联系的各种自然条件的总和。人类同所有动物一样都属于自然界,人类社会是从自然界演化而来的,自然环境是人类生活的基础。在人类社会的存在和发展中,自然界是不可短缺的物质条件。但人和动物不同,动物的本能活动仅仅是适应和利用自然界,人能够通过生产劳动,积极主动地改造自然界,从而为自己创造新的生存条件,并由此构成了环境的人文特征。对环境与人文的这种理解,可以通过命题考试加以巩固,且举一例加以分析。

材料一:大河奔流,滋养着两岸的土地和居民;大河流域,孕育着人类最古老的文明。

材料二:图片

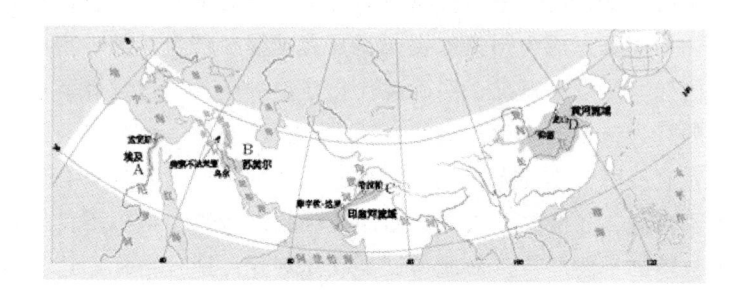

请回答:

(1)世界上最古老的四大文明古国是指哪几个国家?孕育这四个文明古国的分别是哪些著名的大河?

(2)他们的文明既具共性,又各具特色。从共性看,他们的文明都源于哪里?从特色看,各举一项这四大文明古国最杰出的文明成果。(言之有理即可)

(3)有些文明成果与该国的自然环境有密切的关系,请举两例加以说明。

人类社会的早期,生产力十分落后,人类对自然的依赖性很强。题目对文明古国共性的揭示,印证了这种依赖。而古先民因地制宜,创造了充满区域特征的文化,如古埃及的太阳历,两河流域的楔形文字等,这充分说明了民族文化与自然环境的密切关系。可见,题目是对课程目标的具体落实。

我们了解区域环境的差异及其与人文的关系，目的是引导学生学会因地制宜地改善自然环境和社会环境；学会区域间的共处和交流，取长补短，促进共同发展。

（二）命题应呈现社会生活与人的发展的关系

社会生活的内涵十分丰富，主要包括政治、经济和文化三个方面。这三个方面是相互联系、相互依存的，人类要生存和发展，首先要从事经济活动，进行物质资料的生产。从事生产，必须以一定的方式把人和物结合起来，形成社会的生产关系和各种政治制度，并进而产生文化生活。

把握人类生活的基本内涵，对当今的中学生具有十分重要的意义。只有树立正确的政治方向，懂得参与政治活动的行为准则，增强参与政治生活的能力，才能真正成为国家的主人；只有理解经济生活的丰富内涵，才能了解我国经济建设的概况，明确现代化建设的任务，自觉规范自己在经济活动中的行为，正确认识和对待生活中的经济问题，增强参与经济活动的能力，做有经济头脑的人，从而提高经济生活的质量；也只有理解文化生活的丰富内涵，才能提升人的生活品位和精神境界，抵御不良思想的影响。作为教学的重要环节，命题考试必须体现这一课程目标。让我们举例作进一步分析。

材料：进入 21 世纪后，富阳市加大了教育投资的力度，其中一项重要举措是将农村分散的中学撤并成规模较大的学校。

（1）对此，你能举两个例子吗？你认为撤并学校的条件成熟了吗？为什么？

（2）假如你是教育局长，要撤并学校，必须考虑哪些因素？（可从政治、经济、文化、环境等方面考虑）

（3）撤并学校对教育发展有何意义？请从经费的利用、教育资源的配置、教育质量等方面作简单分析。

人的全面发展，通常指人在政治、经济、文化等方面具有较强的能力和较高的素质。题目以本地时政为切口，第一问中蕴含着个人发展与国家发展的密切关系；第二问要求学生模拟行政领导，从政治、经济、文化和自然环境等不同角度思考问题，意在增强学生的参政意识和经济意识，提高学生的精神境界；第三问要求学生多角度思考现实问题，培养学生思维的全面性和深刻性。

（三）命题应倡导文明发展的主旋律

文明与"蒙昧"、"野蛮"相对立，是指人类社会的进步状态。文明发展的一般过程和基本趋势，从纵向看，必然要经历前农业社会、农业社会、工业社会和信息社会，每个阶段有相应的物质文明、精神文明和制度文明的成果；从横向看，各个国家、各个民族创造出各具特色的文明成果；如果把人类社会作为一个整体来看，可以把文明历史的发展概括为民族历史向世界历史转变的过程。文明发展的这三种过程和趋势，都展示了人类文明传承的形式，反映了人类历史发展的多样性和统一性，揭示了历史发展的客观规律。从文明演进角度看历史，已成为新课程标准的内容总纲。与之相应，关注文明历程、提升文明素养的理念，也应集中反映在考试命题之中。试举例如下：

[例一]：材料一　图片

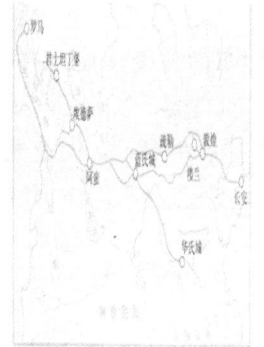

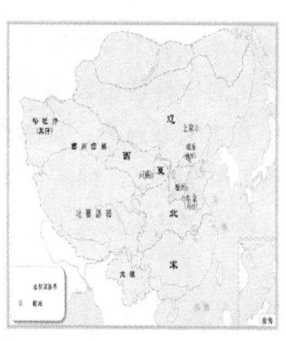

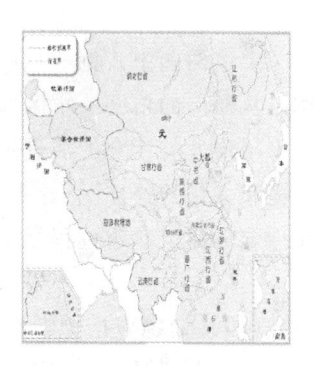

西汉丝绸之路　　辽、北宋、西夏形势图　　元疆域图

材料二　歌曲《春天的故事》中唱道："1979年，那是一个春天，有一位老人在中国的南海边画了一个圈……"

问：（1）根据所学知识，判断西汉的对外交流以____路为主，宋朝的对外交流以____路为主，元朝的对外交流是____路并举。分别分析这一特点的原因。

（2）歌词中的"1979年的那个春天"是指什么？南海边的那个"圈"在哪里？试分析其中原因。

（3）根据史实，分析对外开放的现实意义。

[例二]：材料一　佛陀的话：天下最难驾驭的人就是你自己。恶行最易做，善行最难做。恨无法被恨终止，惟有爱才可终止恨。能说服自己才能说服别人。

材料二　《圣经》的部分经文：骆驼穿过针眼，比财主进天国容易。爱人如己。凡事要存敬畏的心，顺从主人。

材料三　《古兰经》的部分经文：行善者自受其益，作恶者自受其害。你说，有知识的和无知识的相等吗？唯有理智的人能觉悟。

请回答：

（1）上述三组材料各反映了世界哪三大宗教？分别说说这三大宗教的产生时间、创始人、地点及相关的节日。

（2）宗教作为一种文化在世界范围内传播，分别说说这三种宗教传入中国的有关史实。

上述两题中，例一从纵向的角度揭示中华物质文明的建设发展过程，例二从横向的角度展示区域文化的个性特征及其传播和交流。"从纵向发展来呈现人类社会的演进过程及其基本趋势，从横向扩展来揭示不同地域环境和文化的差异"，这是《历史与社会》课程的基本理念。我们应当将此理念贯穿于命题过程之中，以真正达成课程目标。

（四）命题应指导学生把握信息

课标在把握信息方面提出了"收集、保存、处理和评价"四点要求，在此有必要作一简单的说明。

信息收集的渠道很多，既可从书籍、报刊、图册、录音、录像、光盘等已有资料中收集，也可通过听课、与人交流、调查访问和互联网等获得。信息保存的方法也很多，可用笔记录，保存有关书籍和实物，或采用现代技术手段保存。处理信息的办法主要包括信息变换、信息整理和信息甄别。信息评价是指人根据自己的需要和价值标准对于信息的识别、判断。

信息化是当代社会发展的趋势，由于信息高速、广泛传送的特点，使世界形成了一个没有边界的信息空间，使人们的生产、学习和生活方式发生着深刻的变化。通过不同渠道，使用多种方法，特别是运用现代信息技术收集、保存、处理和评价信息，是提高自主、终身学习能力和在现代社会生存、发展能力的重要手段。因此，我们应当利用学科命题考试的机会，强化对学生此方面能力的训练。如：

［例一］：如果你要探究秦灭亡的原因，你可以通过什么途径查找资料？

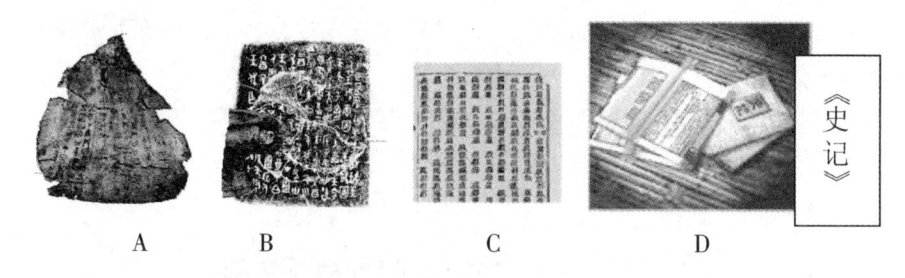

A　　　　B　　　　C　　　　D　《史记》

［例二］：（商君）集小乡邑聚为县，置令、丞，凡三十一县。为田开阡陌封疆而赋税平。平斗桶权衡丈尺……居五年，秦人富强。

——《史记·商君列传》

请回答：
（1）材料中的"商君"指的是谁？《史记·商君列传》的作者又是谁？
（2）材料主要记载了商君的什么活动？结合所学知识概述活动的主要内容。
（3）你怎么评价商君的做法？

［例三］：下列是有关隋朝大运河的两首诗：
材料一：《汴　水》　　　胡　曾
千里长河一旦开，　亡隋波浪九天来。
锦帆未落干戈起，　惆怅龙舟更不回。
材料二：《汴河怀古》　　　皮日休

尽道隋亡为此河，至今千里赖通波。若无水殿龙舟事，共禹论功不较多。

请回答：

(1) 开凿大运河的统治者是谁？

(2) 写出大运河的"三点"（中心点和南北起讫点）、"四段"（四条河段的名称）和"五河"（流经的五条主要河流）。

(3) 根据两首诗的信息，告诉我们应如何评价这条大运河？

上述三题各有侧重，第一题重在收集信息，第二题侧重于解读信息，第三题重在甄别和评价信息。如此全方位、多角度的训练，才能提高学生把握信息的能力，把我们的学生真正培养成适应社会、参与社会和改造社会的一代新人。

总之，"知识与技能"层面的命题，应在有利于"育人"的前提下，努力避免死记硬背，凸现学以致用，推动课程改革。

二 "过程与方法"层面的命题策略

我们解读课程目标"过程与方法"的四点阐述，发现有两个方面值得我们重视，一是课标把培养学生的能力作为一以贯之的目标，主要包括探究能力、创新能力、判断评价能力、参与社会能力、交往合作能力和自主学习能力等。就纸笔式命题考试而言，前四种能力具有可操作性；二是能力的获得则全仗学生自主尝试和探究。在自主尝试和探究的过程中获得方法，提升能力，这也是新课程与旧课程最根本的区别之一。课程目标为我们的考试命题提供了可靠的依据。让我们逐一举例分析。

（一）增强自主探究能力的命题

课标之所以要求学生"尝试从不同角度、综合多种知识探究社会问题"，是因为我们面临的各种社会问题，都是复杂的矛盾体。任何一个社会问题，从时间上看，都有其历史渊源和过程，因而需要运用历史知识，从历史背景、发展趋势等方面来认识；从空间上看，社会问题都发生在一定的区域，不同的区域有不同的特征，这就需要运用地理知识考察其地域特征及自然条件；从文化上看，社会问题常常与人们的思想观念相联系，探究社会问题还必须运用其他社会科学的知识考虑其人文特征、思想根源、观念变化等。因此，要认清复杂的社会问题，需要从多个维度进行探索。如：

[例一]：2008年奥运会在中国北京举行

（1）让我们穿越时光隧道，探究奥运会的故乡在哪里，说一说它的来历，并借此帮助大家认识古希腊的历史名胜。

（2）2004年雅典奥运会开幕式和2006年多哈亚运会开幕式都带有浓郁的区域色彩和民族气息，你能举例说明吗？能设想北京奥运会开幕式那精彩的一幕吗？

（3）在2008年奥运会的五个吉祥物中，寄托了中国人民怎样的心愿？

三个小题中，第一题从时间的角度追溯奥运的历史渊源，第二题从空间的角度呈现不同地区举办奥运的特色，第三题则从思想的角度揭示民族的思想和奥运的精神。充分体现了"从不同角度探究社会问题"的课程目标。

[例二]：一位宋代人描述他所经过的地方，说其地"土多林木，田宜麻、谷"，人们"依山谷而居，联木为栅，屋高数尺，无瓦，覆以木板"，气候则"盛夏如中国十月"，所以"皆以厚毛为衣，非入室不撤（解衣）"。

根据上述材料可知，他看到的是_____的生活。

A. 契丹　　　B. 女真　　　C. 大理　　　D. 西夏

本题通过"宋代"给出了历史时间范围，并对应地给出四个同时代的备选项内容。学生可以通过题干给出的地理特性（土多林木），气候特征（盛夏如中国十月）和独特的生活方式（农耕、木屋和厚皮毛衣服）作出准确判断，是一道历史思维和地理思维的综合考查题。

(二) 激发个性与创造精神的命题

所谓教学创新，是指教学活动包含有创新的特征，即通过对教学目标、教学内容、教学方法、教学手段和教学评价等课堂教学要素进行具有创新意义的改革，达到培养创新人才和实现人的全面发展的目的。由于以往的中学史地教学对个性发展倾向与创新精神不够重视，因而考试也往往回避这一目标。新课程《历史与社会》的诞生，自主探究学习模式的推出，表明教学方式的巨大转变，这大大推动了教学实践。因此，鼓励个性发展，培养创新精神已成为一项重要的教学目标。作为教学评价方式之一的命题考试应担负起这个责任。现举例如下：

[例一]：三年来，在你所学的课内外历史知识中，你最敬佩的人物是谁？你从他（她）身上学到了什么？

[例二]：我们在学习历史知识的时候，往往会遇到某件史实的"转折点"。
（1）请你举两个"历史转折点"的例子。
（2）在你的学习和生活中出现过"转折点"吗？在你发生转折的时候，历史知识起了什么作用？

这两道题开口度大，没有"标准"答案，它给学生留下了一个创新思维的空间，让学生能超越教科书谈自己学习历史的真实感受和收获。这种开放性试题，有助于优化学生的思维方式，有利于他们用发散思维和求异思维来解决问题。当然这也对教师提出了更高的要求，是对教师综合素质的考验。

(三) 提高对现实问题评判能力的命题

课标要求学生"尝试用历史的、辩证的眼光观察、评价现实问题，提高判断重大是非的能力"。所谓历史的、辩证的眼光，就是既要把问题放到其发展过程中详细考察，把它同所处的历史条件联系起来作具体分析，又要坚持用一分为二的观点和矛盾分析的方法、联系的观点和对条件作具体分析的方法观察和处理问题。

目前，我国正处于社会转型时期，社会问题纷繁多样，其成因和表现不同，人们对社会问题的看法各异。对此，人云亦云、缺乏主见不行，只见一点、不及其余不行，无视现实、盲目崇洋也不行，凭主观愿望而不从实际出发更不行。我们必须具备历史的、辩证的眼光，才能掌握和运用正确方法认识问题，提高判断重大是非的能力。举例如下：

材料一：1757年（乾隆22年），清政府关闭沿海各港口，仅限广州一口对外通商，并建立"公行制度"垄断外贸，严禁本国商人与外国商人自由贸易。

材料二：1901年9月7日，英、美、俄、德、日、法、奥、意、西、荷、比十一个国家与清政府签订《辛丑条约》。中国赔款四亿五千万两，分三十九年还清，年息四厘，本息折合九亿八千多万两。

材料三：1966年8月5日，毛泽东发表了《炮打司令部——我的一张大字报》一文，自此，长达十年的"文化大革命"开始了。其间，政府、学校、工厂瘫痪，群众组织之间大规模内战，国民经济到达崩溃的边缘。

材料四：1978年12月18日—22日，中共中央在北京举行十一届三中全会，全会果断地停止使用"以阶级斗争为纲"、"无产阶级专政下继续革命"等口号，作出把全党工作重点转移到社会主义现代化建设上来的战略决策。

（1）结合材料，分析当今中国落后的原因。
（2）你认为材料中哪些信息可以作为兴国的措施？
（3）依据材料，并结合所学知识，谈谈你对"中国还处在社会主义初级阶段"这句话的理解。

落后的现状，民族的复兴，基本的国情，这些都是当今中国的重大的现实问题。这些问题的存在有历史的原因，也有现实的因素；有外因，也有内因。题目以历史材料为依托，要求学生用历史的眼光和辩证的方法实事求是地观察分析，有助于学生正确全面地认识中国社会，树立为振兴民族而奋斗的志向。

(四) 培养参与社会实践本领的命题

培养学生参与社会实践、解决实际问题的能力，是新课程的基本理念。实践具有客观性，一般说来，我们对于社会问题的认识越清晰、正确、全面，对于有关知识掌握得越多、越准，对解决这一问题的实践就越有把握。实践还具有能动性，主要表现为人的能动参与，包括对实践对象的认识、相关知识的储备、制订行动方案、修正实践行为等。从不同角度、综合多种知识探究社会问题，分析前人和他人解决社会问题的实践过程，学习其有效方法，都会提高自己参与实践的能力。学科命题应当为学生的实践和参与提供更多的机会。例如：

材料一：忆昔开元全盛日，小邑犹藏万家室。
稻米流脂粟米白，公私仓廪俱丰实。

——杜甫《忆昔》

材料二："安史之乱"后，"东周（洛邑）之地，久陷贼中，宫室焚烧，十不存一，中间畿内（指洛阳附近），不满千户……东至郑（今郑州）、汴（今开封），达于徐方（徐州），北至覃怀（今河南沁阳一带），经于相土（相州），人烟断绝，千里萧条。"

请回答：

（1）请在材料中摘录两个重大历史现象。它们都发生在哪个朝代的哪个皇帝在位时？

（2）我们应该怎样评判这位历史人物？

（3）由此你得到了什么启发？请你对当今政府要员提几条建议或忠告。

题目从解读史料、评判前人的实践、思考得失获得经验到参政议政，由古及今，一气呵成，为学生提供了参与社会的平台。

实践是人类认识的源泉，也是发展能力的重要条件。因此，亲身参与社会实践是综合探究社会问题的基本途径。

总之，要发挥社会学科的人格塑造功能，关键是实现由学科本位到学生本位的转变，由引导学生学习和掌握知识到通过学习知识而实现自身发展的转变。要让学生在探索知识、探索自我的过程中增强自主性，以主人翁的身份面对社会，这样，社会学科的价值就充分体现出来了。

三 "情感态度与价值观"层面的命题策略

我们对课标中"情感态度与价值观"的三项内容作梳理以后，将其概括为一个愿望（终身学习的愿望）、两个树立（树立复兴民族的志向、树立建设有中国特色社会主义的共同理想）、三个关注（关注中华文明的发展历程、关注现代社会发展的需要、关注社会公益活动）和三个观念（科学观、发展观、民主法制观）。这些内容用一句话表述，就是要"增强社会责任感"。

我们要求学生学习历史、地理等学科知识，把握生活技能，倡导合作探究的学习方法，目的都在于"把全体学生培养成为有良好的人文素质和社会责任感的公民"。我们的教学只有升华到这一层面，才算是真正体现了"以育人为本"的现代教育价值取向。因此，从命题的角度而言，笔者认为应当体现如下几方面内容。

（一）命题能在历史与现实的联系中培养学生的社会责任感

我们的生活，以中国的地域为生存条件，以中华民族的发展为历史渊源，以中华文明的积累为现实内容，具有浓厚的中华民族特有的人文特征。作为一个中国人，离开了中国的时空条件就不能生存，更不能发展。因此，"爱我中华"是我国人民的一种最深厚、最强烈、最执著的情感。爱我中华要以知我中华为基础。从历史上看，我国人民在经济、政治、军事、科技、思想、文化等方面为人类做出过巨大贡献，曾长时期居于世界领先地位。由此，要增强民族自尊心、自信心和自豪感；近代中国饱受列强的侵略和掠夺，在世界文明发展的大潮中落伍了，对此，要知耻、忧患、为振兴中华而发奋。这些情感的培养，都能通过命题考试加以落实。且举两例说明：

[例一]：我国是由56个民族组成的大家庭，维护民族团结和国家统一是每个公民的神圣职责。民族融合贯穿于中华民族发展历程的始终；国家统一是中国历史发展不可抵挡的历史潮流。回答下列

问题：

（1）以汉、唐、元三代为例，列举中国古代史上有关民族融合的史实。

（2）请列举中国古代史上，结束长期分裂实现大一统的朝代。

（3）国家统一对中国古代社会产生了什么积极影响？

（4）20世纪90年代末，我国采取"一国两制"方针使国家统一进程有重大突破，请列举史实说明。

（5）但国家统一仍面临困难，请结合你所学的时政知识，说说目前阻碍我国对台湾地区统一的政治因素有哪些？但更多的有哪些有利因素推动海峡两岸统一的步伐？（至少答出三点）

[例二]：读标题"中华民族到了最危险的时候"，回答问题

（1）说出此句的出处。

（2）为什么说"中华民族到了最危险的时候"？请用史实说明。

（3）有人认为这句话已过时了，请你结合当前的国际形势，谈谈你的感想。

两题的侧重点有所不同，例一重在激发学生的爱国热情，例二则意在培养学生的民族忧患意识，树立振兴中华的志向；例一从"民族团结和国家统一"这一重大现实问题入手，由现实追溯历史，再从历史回到现实，将现实作为探究历史的切入点，又将历史作为认识现在的出发点；例二则由历史放眼现实，将历史作为现实思考的培养地。这样的试题，既能激发学生学习的兴趣，又有利于学生增强历史使命感和社会责任感。

（二）命题能在社会热点的透视中使学生学会关注社会

依据《基础教育课程改革纲要》精神，初中《历史与社会》课程内容选择的原则之一是课程内容应体现时代精神，贴近社会生活。因此，我们在命题时应倡导内容与现实的紧密结合，坚持不避热点、焦点问题，关注与国家发展、社会进步、世界趋势的变化等有关的重大时政热点，将热点问题与学生学过的知识巧妙地融在一起，使试题更加贴近学生生活，贴近社会现实，以渗透学科教育的价值，促进学生全面发展。如：

[例一]：人口、资源、环境三者是相互联系、相互影响、相互制约的。请回答：

（1）请用实例，或用图表说明三者之间的关系。

（2）协调这三者的关系，体现了什么发展战略？

（3）针对你身边的一个实际问题（可以是人口方面，也可以是资源或环境方面），提出解决问题的建议。

[例二]：19世纪，日本和中国都遭到了列强侵略，为挽救民族危亡，两国都进行了改革。

（1）19世纪两国政府进行了哪些改革？这些改革对两国分别产生了什么影响？

改革后的日本，曾两次对中国发动大规模的侵略战争，给中国带来了深重的灾难。而当前日本右翼势力却否认、歪曲甚至美化侵略历史，把侵略中国说成是"进入"中国，甚至把其制造的南京大屠杀说成是"资料上尚存疑点……"

（2）根据材料拟定一个小论文题目。

人口、资源、环境是当今人类社会面临的重大问题，中日两国如何正视历史问题是中国外交上最敏感的问题之一，这种贴近社会实际和现实生活的题目，突现了开放性、时代性和生活化，充分体现了学以致用的教学目标，既培养了学生解决实际问题的能力，又有利于正确的情感、态度、价值观的养成。

（三）命题能在探究前人的法规中增强学生的守法意识

我国的法制，是按照人民的意志建立起来的法律制度。依法治国，既是治国方略，也是制度文明的重要标志。健全的法律制度也是社会主义民主的体现和保障。树立法制观念，知法、懂法、守法、用法、护法，把法律作为自己行为选择的首要标准，依法律己，依法做事，依法维护自己的合法权益，已经成为当代人生活中不可缺少的组成部分。学习前人的法律制度，了解其发展过程和基本趋势，是正确理解我国民主和法制建设、做守法护法公民的重要举措。举例如下：

[例一]：材料一　现收藏于巴黎卢浮宫的某法典石柱上刻有这

样一些规定：奴隶主可以任意买卖、赠送和抵押奴隶；拐走奴隶和窝藏奴隶的人要被判处死刑；奴隶打了自由人的嘴巴，或者大胆地说"你不是我的主人"，就要被割去耳朵。

材料二　公元前5世纪时，雅典的民主制达到极盛。由全体男性公民参加的公民大会，每隔10天召开一次，大家都有发言权，投票决定国家的大事，是国家的最高权力机关……雅典的民主宣扬全体公民共享政治权利和义务……为了防止某些人权力过大而破坏民主制，雅典人还发明了陶片放逐法。

材料三：人类生来是自由平等的；自由、财产、安全和反抗压迫都是不可动摇的人权；法律是公共意志的表现，在法律面前人人平等。

——引自法国1789年《人权宣言》

读后请回答：

（1）根据材料一判断这部法典是哪国的用何种文字书写的哪部法典？概括指出这一法典的实质。

（2）与材料一相比，材料二体现了一种怎样的进步思想和精神？你认为应如何评价雅典的民主制？

（3）综合三则材料，你得出了一个什么结论？

（4）2004年我国首次将"人权"概念引入宪法，明确规定"国家尊重和保障人权"。你认为我国这一举措有何现实意义？

[例二]：初二（1）班在学习"百家争鸣"后，就如何遏制校园内的"损坏公物"行为进行了讨论，产生了以下三种观点：

（1）道家教育组的观点：损坏公物是无意识的行为，应靠自我觉悟。

（2）法家教育组的观点：损坏公物是故意违纪行为，应严惩不贷。

（3）儒家教育组的观点：损坏公物是一般品德行为，可以说服教育。

问：

（1）根据以上三组观点，简述三个学派的思想精华。

（2）在中国古代众多的思想体系中，哪一思想对中华民族的影响最为深刻？如今党和政府提倡的_____（举一例），也带有这种的思想印痕。

（3）听完上述三种观点后，你将对这三种观点作如何评价？

以上两题，第一题以呈现材料的方式展示了法律的历史发展过程。学生通过做题，能清晰地了解人类法律由"野蛮"走向"文明"的基本趋势，加深了对我国现有法律的理解。第二题更进一层，把学习历史知识与改造自我这两个过程有机地联系起来，并转化为自律的实际行动，真正体现了"育人"的理念，不失为情感目标层面一个极具匠心的题目。

（四）命题能在揭示科技成果中使学生形成崇尚科学的态度

科学是在对世界的探索中不断发展的，它的每一进步都是对世界认识的深化、扩展，都是对旧有局限的突破、是未知领域的新知，具有创新的鲜明特点。中国科技的发展曾在世界上长期独领风骚，中华民族曾为推动世界科技的发展、人类社会的进步做出过突出的贡献。追溯中华文明的发展史，我们为先辈们的睿智而自豪。但如今，面对落后于他人的严酷现实，我们应当继承先辈的创造精神，崇尚科学，尊重知识，尊重人才，努力学习科学文化知识，开拓创新，有敢为天下先的勇气。如：

材料一："光明来自东方！毫无疑问，我们一切最初的科学知识来自东方。"

——美国科学史家　乔治·萨顿

材料二：追求真理，哪怕远在中国。　　——穆罕默德

材料三：鲁迅在《电的利弊》中说："外国用火药制造子弹御敌，中国却用它做爆竹敬神；外国用罗盘针航海，中国却用它看风水；外国用鸦片医病，中国却拿来当饭吃。"

请回答：

（1）材料一、二的两句话对你有何启发？试举实例证明你的观点。

（2）材料三又向我们揭示了一个怎样严峻的问题？出现这种现象的原因是什么？

（3）翻开历史辉煌的一页，伴随今天"神舟六号"的顺利升空，

你认为我们身上承担着怎样的历史使命？为此，我们应如何努力？

该题第一问意在让学生了解中国古代科技在世界的领先地位，以培养学生的民族自尊心。第二问重在让学生探究为什么中国古代的科技成果没有转化为生产力而成为推动社会前进的动力，是反思，在反思中汲取教训，激发忧患意识。第三问意在前一问反思的基础上树立振兴科技的志向，增强民族责任感。

新课程强调情感、态度、价值观三个要素，情感不仅指学习兴趣、学习热情、学习动机，更是指内心体验和心灵世界的丰富。态度不仅指学习态度、学习责任，更是指乐观的生活态度，求实的科学态度、宽容的人生态度。价值观不仅强调个人的价值，更强调个人价值与社会价值、自然价值的统一。追求情感、态度、价值观的完美，是社会学科教育的终极目的，自然也是学科命题的重中之重。

四　几点启发

课程改革后，教学理念上的全新之处之一表现在用"课程观"取代"教材观"，这种观念的改变势必要求在命题技术上也应以"课程本位"取代"教材本位"。综合上文所述，笔者得到了以下几点启发：

第一，教学观和命题观应基本一致。新课改下，教科书仅仅是教学的重要资源而不是唯一资源，初中社会学科的命题改革也要顺应这种"大课程"教学的思路，不完全拘泥或局限于某种教材来命题。

第二，应拓宽知识视野。教改中，我们鼓励学生主动汲取课外知识，因此命题出现个别"超本"的题目是理所当然的，这更有利于中考时选拔出优秀的考生。

第三，进一步发挥材料题应有的功能。材料题是最具社会学科特色的一种题型，笔者认为，材料题的命制不应该过多地考虑教材的因素，而应该更多地挖掘材料题自身的检测功能，如辨别材料的真伪、提取材料中的有效信息、利用教材中的证据来论述问题等。

第四，探索与专题教学相对应的命题方法。初中社会学科的教学内容是以专题的形式来呈现的，因此命题也可以专题化，它有诸多优点，如有利于挖掘题目的深度,有利于题目设计的开放性,有利于学生明确考试的方向性等。这也是以后命题研究的方向之一。

总之,考试命题研究是一个持续发展的课题,只要是教学改革在发展,考试命题的研究脚步也就不会停息。否则,试题的僵化,只会带来学生思维的僵化。因此,我们在探索课堂教学改革发展的理念和规律时,也应探索与之相辅相成的考试命题理念和方法,从而实现真正意义上的新课改。

新史观在高考复习中的渗透

——以《洋务运动》的复习为例

江苏省常州高级中学　龙胜春

一　问题的提出

　　历史研究的动态每年都在高考试题中有所展现，新课程的理念也逐渐渗透到高考试题中，从最近几年高考的情况看，文明史观、全球史观、现代化史观渗透到试题的各个方面。如何让学生更好地理解这些具有浓郁学术味的史学概念是亟待解决的问题，对高考复习来说更具有重要的现实意义。

　　笔者曾经把这些概念按照学术的"标准答案"向学生逐字分析，可是面对灵活多变的题目，学生仍然是茫然与困惑，笔者也感受到教学的失败。于是笔者放弃了单纯从概念到概念的解释，希望能在具体的教学中渗透这些具有浓郁学术味的概念，同时提升对知识的理解。

二　复习策略的展开

　　《洋务运动》复习时笔者尝试着融入这些概念，希望借此使学生在深入理解概念的同时还能深入理解洋务运动本身。在阶级斗争史观下，洋务运动显得微不足道。相关研究内容和篇幅都很少，最终得出的结论也是封建地主阶级为了维护自身统治所做的挣扎。然而随着新史观的兴起，史学界以更宽广的视野审视这段历史，最终在中学教科书中出现了"迈出了近代化历程的第一步"（这里姑且不去讨论近代化和现代化的概念问题，笔者就把它当做相同概念使用）的结论。

在学生自主复习梳理基本史实基础上笔者设计如下几个问题：

（1）洋务运动时期（19世纪60—90年代）东西方的主要国家情况如何？

（2）奕䜣、李鸿章、张之洞等人作为传统封建地主阶级的代表，为何选择洋务运动？

（3）洋务运动对于中国经济结构具有怎样的影响？

（4）为什么以前的历史研究对洋务运动的研究难以引起重视？

针对第一个问题，通过基础知识的回顾，学生大致回答：19世纪中期英国完成了工业革命，成为世界工厂，以英国为中心的世界市场基本建立起来，同时为了取得掠夺原料和获取销售市场，积极对外扩张。其他西方资本主义国家工业革命也在积极开展。从世界范围来看，资本主义创造了强大的生产力。曾经先进的东方文明在封闭的等级社会之下没有实现突破性发展，先后沦为殖民地或者半殖民地。

在学生回答之后笔者提供如下材料：

19世纪60—90年代：

英国完成工业革命

美国南北战争

俄国亚历山大二世改革

日本明治维新

中国：经过两次鸦片战争

传统"经世致用"的思想进一步发展，"师夷长技"的思想不断传播。

西方大量商品涌入，自然经济逐渐解体。

科举考试仍然是提升身份的有效手段和途径，但是没有背景的人往往失意而归。

在展示这段材料之后笔者设计一个小问题：你还有哪些资料可以补充？学生经过讨论又补充了达尔文进化论等相关资料。通过这样的回顾和对话，学生的知识已经突破空间的局限，能够从全球的角度审视19世纪中后期的中国。

对于第二、三两个问题，学生给出了两种答案：一是洋务派为了维护自身的统治，借用西方的科学技术，采取"中体西用"的策略；二是认为洋务运动是世界形势发展的被动反应，顺应世界潮流的不二选择。第一种回答传递出学生对课本主体知识的熟练掌握，第二种回答彰显了部分同学已经能够站在文明史和现代化史观的角度思考问题，但是还有部分同学理解不太深入。基于此笔者追问大家一个问题：洋务派为什么也要采用近代工业的形式？如果不这样做会怎么样？随着问题的深入，学生的思维被充分激活，各抒己见。通过讨论，最终得出结论：机器生产在当时是最先进的生产方式，产生了远远大于传统农耕生产的生产力；以英国为首的资本主义国家在两次鸦片战争中的船坚炮利为洋务派提供了很好的蓝本；虽然传统小农经济是封建统治的经济基础，但是面对外来冲击，自身从应变的角度出发，选择工业化生产也是历史的必然。面对假设性的问题，有位同学表达："虽然历史不能假设，但是我也想谈谈假设后的看法。即使洋务运动的开展不能挽救中国民族危机日益加深的现实，但毕竟努力了，如果没有洋务运动这样的努力，我们是否会在甲午海战中连"战"的机会都没有呢？"听了学生的发言。笔者总结："是否从农业文明走向工业文明是中国近代必然的选择？我想答案已经很清楚了。我想从文明史观和现代化史观来看，洋务运动在中国近代史上书写了浓墨重彩的一笔。"

由此我们引入最后关于史学界对洋务运动研究的态度变化。"很长一段时间，我们站在无产阶级的立场上给洋务运动贴上地主阶级的标签，同地主阶级的斗争惯性影响到我们对历史作出真实的客观判断，往往采取单纯的否定或者严重怀疑的态度看待洋务运动，这种戴着有色眼镜的研究制约了我们研究的视野和高度，于是把社会历史的发展放在简单的阶级理论斗争当中，得出了部分偏颇的结论。"当笔者讲出这段话的时候，学生已经基本能够明白史学研究的动态和发展变化的原因。

为了让学生对史观本身有全面的认识，笔者设计了一个问题：阶级斗争史观是否应该完全退出历史的舞台？经过简短的思考，有同学就起来回答："阶级斗争史观还是有用的，老师不是经常还提到地主阶级、农民阶级等一些词语吗？"听了学生朴实的回答，笔者明白教育的目的已经达到了。笔者总结道："对各种史观的看法就像我们对待洋务运动的看法一样，也要站在全局的、动态的角度去认识和运用，决不能从一个极端走向另外一个极端，这样我们就真正学会了辩证地看待问题。"

三　一点感悟

　　随着新课程的展开，高考试题也越来越灵活多变，高考的"学术味"也前所未有的浓厚，虽然有部分专家或者教师对此提出了异议，但是多角度考查学生的综合素养，提高学生解读历史资料，独立处理问题的能力只会愈加强化，那么一些新的史学方法和动态，甚至一些史学成果都会进入命题者的视野，例如最近几年关于社会生活史方面的婚姻、服饰等进入高考题目，2010年北京卷、江苏卷从茶叶的角度考察经济、政治、文化等，这些都体现了命题角度的新变化。

从小处着手　微观看宏观
——新课程背景下"浙江地方史"复习初探

浙江省建德市新安江中学　蒋杰贤

现代教育正以前所未有的态势，实现着培养符合社会期望的高素质人才，提高国民整体素质的伟大使命。随着新课程改革的不断深入实施，历史作为一门培养和提高学生的历史意识、文化素质和人文素养的基础课程，其地位愈加重要。近几年以来，历史学的视野不断地扩大，全球史、文明史、社会史、城市史、家庭史、地方史等许多史学领域不断开拓，提高了对高中历史老师和文科生的史学知识、史学观念、史学范式的要求，同时也为我们在教学过程中寻求更为宽阔和独特的复习视角提供了更多选择。笔者从地方史的视角出发，小处着手，以亲身实践为依托，探讨地方史的复习，从而更有针对性地面对新课程下的高考，提高高三历史复习的实效。

一　开展地方史专题复习的必要性

（一）从地位角度来看

地方史，也称区域史，是指在某个特定区域的历史记录，是现代史学的重要分支之一，是祖国历史大河的支流，属于专门史范畴。地方史的知识是多方面、多学科的，研究与学习地方史，可以从经济、政治、思想文化、社会生活等专题角度去把握，提高学生对地方历史的认识与了解，通过浙江历史看中国大历史，以小见大，以局部看全局，以微观入宏观，深化学生对中国大历史的阶段特征，提高学生学习历史的能力。

充分挖掘地方乡土历史，顺应了当前新课程改革的大背景需求。《高中历史新课程标准》中指出，在内容的选择上，应坚持基础性、时代性，应密切与现实生活和社会发展的联系，关注学生生活，关注学生全面发展。作为学生实际生活的区域乡土历史，即能贴近学生生活，密切学生与现实的联系，又能拉近历史学习与学生之间的距离。

（二）从高考角度来看

随着新课程的推行，各省自主命题成为普遍现象，各省自主命题推动了高考试题地方化的发展趋势，以本省历史为背景的高考试题所占比重日益增加。在近几年的各省自主命题高考试卷中，各省份的地方历史与乡土风情，已经直接或间接地反映在卷面中。如2007年天津文综第39题（原题略）是以天津为中心的环渤海经济区的相关地理、历史、政治知识的综合与运用题。2007年山东文综卷第29题（原题略）也是从历史、地理、政治角度进行设问，其中第（1）问考查考生对山东在先秦时期历史的了解情况。第（2）问考查学生对知识迁移能力——近代新式学堂对历史发展的作用。2009年江苏历史单科卷第10题以江苏常熟白茆乡的一首山歌考查农村所有制的变化。2009福建文综卷第14题以福建的古语"闽人以海为田"考查福建人在古代的生存方式。2010年涉及地方史知识的考题有6个选择题，分别是安徽文综第12题、福建文综第15题、北京文综第12题、四川文综第15题、重庆文综第16题、天津文综第7题，另有江苏选修模块《世界文化遗产荟萃》的题目。近几年来其他省份的地方史题目还有很多，笔者就不一一引举。

由此可以得出结论的是，面对新课程新高考，地方史的学习与复习是不可被忽视的。从目前来看地方史也正逐渐得到许多地区中学师生的认可与重视。虽然近两年浙江省自主命题中没有出现地方史知识的考题，但随着各省高考试题地方化趋势的加强，今后浙江省高考地方化历史试题一定会呈现。

（三）从情感教育角度来看

地方史是非常具有地方特色的历史知识，一个人只有热爱自己的家乡，才能增进对祖国的热爱，故有"爱国主义是以热爱家乡为基础"的观点与认识。通过对地方史的复习，学生清晰地知道家乡辉煌的过去、灿烂的文化，充分引起对历史复习的兴趣；又能唤起热爱家乡、热爱自然、保护本土文化遗产等方面的积极性,增强学生对家乡优秀传统的自豪感、认同感。进一步培育学生热爱家乡与关爱社会的道德素养,使学生的知识学习、能力发展与人格健全达到和谐统一,因而可以说地方史的复习,是培养学生爱国情怀的一个有效途径与方法。

二 地方史复习课的实践过程

浙江不仅是"文化之邦",历史悠久,宋明以来,名人辈出,又是经济重省,经济发展水平名列全国前列,可以说浙江地方史的史实非常丰富。但由于受教材的局限,地方史的知识分散于各教材细节中,要进行专题式的复习,需要进行充分筹划。

(一) 课前预习整理

地方史的复习安排在二轮复习向三轮复习过渡的时候进行,是基于学生在完成一轮教材专题史和二轮通史的复习,对高考考点基础知识有了全局的掌握与宏观的把握的基础上。在整理地方史知识时,用宏观的历史来把握地方历史的发展,以微观的角度来看待整体历史的进程,整体与局部有机结合,融会贯通,提升学生的历史思维与历史能力。由于地方史的知识分散在各本教材上,内容非常零乱,加上学生高三复习的实际情况,笔者把整理与预习工作按通史顺序,分为古代浙江、近代浙江、现代浙江三个小组,要求学生对浙江在这三个历史阶段的史实进行归类与整体,并要求从专题史的政治、经济、思想文化、社会生活等四个层面去把握。

(二) 课堂实践过程

地方史的专题复习用一节课的时间。分三步完成。

首先,通过实物投影仪,展示各小组整理的成果,各组派一名成员对整理过程和成果进行解说。

其次,由各组之间展开讨论,对其他组的整理成果进行补充。通过这个环节能了解学生对地方历史掌握的情况。在这个过程中,许多同学充分展示其深厚的历史底蕴和广博的知识面。比如在讲到近代的浙江历史时,教材上对资产阶级革命派在浙江的革命活动没有提到,有学生就举出章太炎宣传资产阶级革命思想、鉴湖女侠秋瑾的革命故事。在讲到现代改革大潮中的浙江企业时，学生更是如数家珍，举出万向集团、娃哈哈集团、阿里巴巴集团、青春宝集团，等等。

最后，老师再根据学生的整理与补充，作总结性的归纳与概括。具体整理出表1、2、3。

表1

古代浙江

阶段	政治	经济	思想	文化
原始社会	旧石器时代：原始人类"建德人"活动； 新石器时代：萧山跨湖桥文化、余姚河姆渡文化、余杭良渚文化。	河姆渡发现最早种植水稻遗址之一。		
奴隶社会	春秋吴越之争	刀耕火种		
封建社会	秦朝在浙江设会稽郡； 三国时孙权建立吴国； 隋、唐大运河； 北宋设路； 南宋都城设临安（现杭州）； 元朝设江浙行中书省； 明朝浙江名称开始，省界基本定型； 清康熙改名浙江。	汉代时期南方大部分运用铁犁牛耕方式； 三国两晋南朝时江南经济初步发展开始赶上北方； 唐越窑青瓷；唐后期杭州、湖州商业发达； 浙江龙泉窑（北宋五大名窑之一）； 两宋江南经济逐渐成为全国经济中心；临安大都会，商业发达 明朝中后期资本主义萌芽产生。明政府"海禁"政策；清朝实行闭关锁国政策； 明清商帮：湖商、宁波帮等。	朱熹南宋理学集大成者； 明朝王守仁"陆王心学"集大成者； 明末清初"中国思想启蒙之父"黄宗羲。	南唐后主李煜，著名词人诗人； 元代书法家赵孟頫。

表 2

近代浙江

阶段	政治	经济	思想	
旧民主主义革命时期	1840—1841 年鸦片战争；1842 年《南京条约》开放宁波为通商口岸；1895 年《马关条约》开放杭州；辛亥革命（秋瑾等人）；1915 年新文化运动（鲁迅、蔡元培）。	19 世纪 70 年代前后，民族资本主义产生；民族资本主义经济初步发展；"一战"期间民族资本主义"短暂春天"。	资产阶级革命派民主共和思想；新文化运动的民主与科学思想，鲁迅提倡新文学思想；蔡元培主持北大新文化运动"兼容并包"思想。	
新民主主义革命时期	1921 年中共一大（嘉兴南湖）；1927—1936 年国共十年对峙闽浙赣革命根据地建设（方志敏）1937—1945 年全面抗战阶段浙江人民的抗日斗争；1946—1949 年解放战争。	1927—1936 年民族工业的短暂发展；抗日战争期间民族工业遭受沉重打击；民族企业在解放战争期间的萎缩。		

表 3

现代浙江

阶段	政治	经济	文化科技	
1949—1952 年	三大基本政治制度建设	恢复国民经济	钱学森：建国初期尖端科技领域和薄弱空白学科奠基人之一。	

续表

现代浙江

阶段	政治	经济	文化科技	
1953—1956年	过渡时期总路线	"一五"计划开始；实现对农业、手工业、资本主义工商业三大改造，基本建立社会主义制度。		
1956—1965年	十年社会主义探索	成就（新安江水电站）为主，失误次要。		
1966—1976年	十年文革动乱时期	经济遭受严重破坏		
1978年以后	十一届三中全会	改革开放的决策 1984年开放沿海14个港口城市（宁波、温州）1985年开放沿海经济开发区（长三角地区）改革开放30多年来，浙江重点市场实现从传统市场向现代化市场的转型；浙江利用外资方式和形式多样化。"以商引资"、民营"嫁接"和外资并购成为亮点。"以民引外"已成为浙江省利用外资的一大特色和新的突破点。		

利用表格来构建知识网络是基于新教材在内容上是按专题进行编排，所以在历史知识的前后联系方面有时显得不连贯，不利于学生对知识的掌握。因此要求我们教师在复习时对历史知识点按一定的逻辑关系进行整理，通过表格帮助学生理清基本线索，构建知识网络是非常必要的。

课堂中学生通过对三张表格知识网络的掌握与理解，不仅地方史的基本史实了然于心，而且能分别从三张表格中概括出浙江历史发展三个阶段的特征。其中有学生概括得非常好，如古代浙江：政局的相对稳定推动经济的发展；政治中心的转移，带动了经济重心的南移。近代：最早遭受西方的入侵，政治上反侵略反封建斗争中求独立、求民主，经济上发展近代民族资本主义经济求发展、求富强。现代浙江：新中国经济建设中的弄潮儿，改革开放潮流中的急先锋。

笔者在高三的复习过程中，特别注重知识网络的构建，通过实践也证明，表格式的知识网络是学生深刻领会教材内容，牢固掌握基础知识，提高历史思维能力的重要前提和有效途径之一。

为了避免课堂过于单一，讲解知识点与归纳阶段特征时，可以穿插一些有特色、有代表性的图片，图文并茂，直观地、形象地反映浙江历史发展的历程，能达到调节课堂的气氛，增强学生学习兴趣的目的。举例如下：

古代浙江部分：

【乌龟洞"建德人"遗址】　　　　【三国孙权故乡"龙六古镇"】

【南宋临安（今杭州）城遗址】

近代浙江部分：

英军侵占宁波

【秋瑾】 　　　　【鲁迅】 　　　　【蔡元培】

【中共一大会址之一：南湖红船】

现代浙江部分：

【中国人自主设计的第一座水电站——新安江水电站
（1956—1965 年十年探索时期）】

【"大跃进"时期大炼钢铁】　"文化大革命"时期杭州搪瓷厂口杯图案】

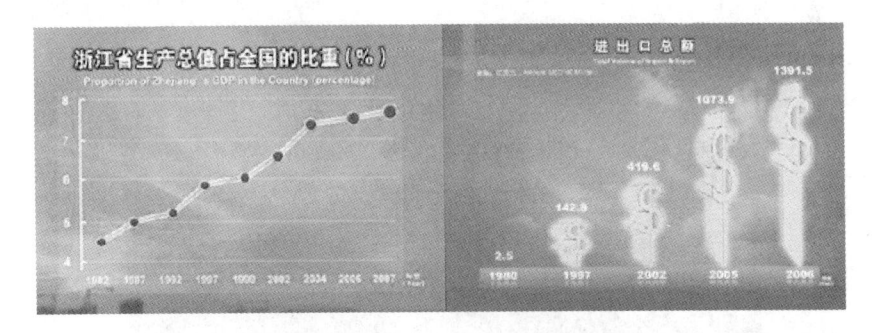

【左图为浙江省生产总值占全国比重变化。
右图为1980—2007年浙江省进出口总额变化。】

【左图为浙江省改革开放30年以来进出口状况。
右图为全国小商品中心义乌洽谈国际合作项目。】

【1984年10月浙江省设立第一个开发区——宁波经济技术开发区】

【浙江省"以民引资"对外交流方式】

【万向集团与鲁冠球】

【阿里巴巴集团与马云】

【娃哈哈集团与宗庆后】

3. 课后作业巩固

　　课后作业的布置，是教学过程中重要的一个环节，作业不仅是对课堂所学的知识的巩固，更是提升学生能力的过程。作业的内容要精心设计与组织，体现内容的针对性、难度的层次性、时间的合理性。由于没有专门的教材体系安排，地方史练习的编写，需要老师在教学中注意试题的积累与整理，针对性地设计课后练习，同时练习需跟高考的新题型相结合，也就是要提供相关地方的政治、历史、地理的材料，设计新情境式的问题，以提高学生解读材料、调动知识、解决问题的能力。应值得注意的是，试题的地方特色不等同于对地方史的考查，应该用整体的视角来考查地方，试题以地方历史为切入点，进而反映整体历史的发展和考查学生对整体历史发展的了解情况。

三 地方史复习的反思

地方专题史是本地区的宝贵资源，是祖国悠久历史、灿烂文化、民族灵魂的一个缩影。通过地方专题史的复习，学生能很好地反思与巩固复习过的历史基础知识，提高与强化对专题史知识的整理归纳能力，有效地运用与解答涉及地方史知识的综合性试题。当然是对学生进行爱国主义教育的生动具体的材料，对培养学生爱家乡、爱祖国的情感是十分有效的。

反思地方史的复习，需要注意的几点：

其一，复习内容要合乎教材的规范性。

新课程背景下，高三的历史复习时间紧、内容多、知识杂，安排地方史的专题复习，要从高考复习任务全局来考虑，不能增加复习的难度，不能加重学生的复习负担。地方史复习的内容，必须要与教材教学大纲、高考要求相一致，当涉及地方史人物评价、事件结论、民族风俗、文化传统、经济政策、政治内涵等重大问题，必须与教材的提法相一致。复习的知识点不能与教材相脱离，更不能喧宾夺主，随意夸大地区性历史而缩小全国性历史。

其二，复习过程能调动学生的主体性。

多年以来，历史学科普遍不被学生重视和喜爱，究其原因之一是学生认为学习历史没有多大用处，课本所学习的历史事件、历史内容、历史人物脱离现实生活太远，因而学生在学习过程中尤其是高三复习过程中会感到枯燥无味，为应试而学习，为得分而应付。作为拉近学生与历史之间距离的地方史知识，在复习的过程中，切忌老师一讲到底，而是需要充分调动学生参与的积极性。笔者在实践过程中，分小组归纳整理，是发挥学生参与过程的一种方式，但在复习过程中发现，学生对地方史知识的了解非常有限，就单一整理其中一个历史阶段的史实，都相当的困难。因此这就要求教师在复习过程中，运用多种复习的方式，以便更充分地调动学生的主动学习能力，比如组织学生对当地的历史文物、历史古迹、纪念碑、博物馆等进行实地参观考察；或者通过对历史学家、地方历史研究人员、博物馆工作人员、有历史生活经历的老人进行记者采访；亦或者以地方某一名人故居或者历史遗迹为中心作课题式研究，等等，然后综合地对地方历史进行整理复习。

其三，复习指导应发挥教师主导性。

开展地方史的复习，存在着一定的难度，其一由于客观因素的制约，收集资料，整理基本史实，都不太容易；其二由于高三复习的时间紧、任务重，许多学校在完成一轮与二轮复习后，已经没有多少时间展开三轮复习，也就没有时间来专门复习地方史；其三课程标准和考试大纲对地方史内容没有固定的规范，因而难以提高复习的效果。这都要求教师在指导地方史复习时，要发挥教师的主导作用。如苏霍姆林斯基所说过的"要用一生来准备一节课"，要求教师要做一个"有心人"，对专题的史实整理、课堂的组织、作业的设计都要多想办法，精心准备；同时也要教师博览群书、关注学术前沿成果、夯实学术基础、关注地方发展的现状，用发展的眼光去提高自身的知识与业务水平，只有这样，才能提高地方史复习的实效。

通过对地方史进行专题式的复习，能使学生更贴近现实生活，拉近历史与学生之间的时空距离，正符合新课程进一步凸显历史教育"大众化"、"生活化"的理念。地方史的专题复习，以地方史角度微观看中国大历史阶段特征，以中国大历史角度来宏观把握地方历史发展过程，融会贯通，举一反三，提高学生对历史知识的迁移能力、转换能力、运用能力，也适应当前高考各省自主命题的新趋势。

美国教育家帕尔墨说："教学就是要开创一个实践真理的共同体空间，在这个共同体中，我们与志同道合的朋友一起追求真理。"高三的复习"任重而道远"，笔者愿以更宽广的视阈和更坚定的信心走进历史专业理论学习和学科复习的探悉之路，与更多的高中老师一起，为探索历史教学的真理而继续努力。

参考文献

1. 林正秋等编：《浙江地方史》，浙江人民出版社2004年版。
2. 郝时远：《中国地方史 区域史 民族史研究》选自张海鹏主编《中国历史学30年（1978—2008）》，中国社科出版社2008年版。
3. 杭州市普通教育研究室：《杭州——人文与社会》第2册，浙江科技出版社

2009 年版。

4. 罗国干：《中学历史教育：乡土史教学方法之我见》，《中学历史教学参考》2008 年第 6 期。

5. 刘春明、李付堂：《从地方的角度看整体，从整体的角度看地方——高考历史命题的地方特色分析与应对策略》，《中学历史教学参考》2008 年 4 月。

6. 王涛：《"乡土资源"：连接历史知识与学生经验的金桥》，《中学历史教学参考》2009 年 12 月。

7. 中华人民共和国教育部制订：《高中历史新课程标准》，北京师范大学出版社。

附地方史练习题：

××中学地方史专题练习（总分 100 分）

一、选择题（12 题，4 分/题，共计 48 分。）

（　　）1.（2010 浙江台州二模）"汉承秦制"，汉时实行郡县两级行政制度。两汉后期，在今天浙江省台州市椒江区一带设立了回浦县，隶属于会稽郡（治所在吴县，今江苏苏州市）。下列说法正确的是①当时会稽郡郡守的职位由中央任命，不可以世袭②会稽郡郡守是台州最高的行政长官③会稽郡郡守有权任免回浦县县令④苏州是会稽郡郡守的封地

　　A. ①②③④　　　B. ②③④　　　C. ①②　　　D. ①④

（　　）2.（2009 浙江金华、丽水、衢州）浙江省在古代中国一度属于江浙行省管辖。"江浙行省"的行政设置最早出现在

　　A. 唐朝　　　B. 南宋　　　C. 元朝　　　D. 明朝

（　　）3.（2010 浙江新安江中学、寿昌中学、严州中学）被称为"茶圣"的唐朝人陆羽在他写的《茶经》中说："若邢瓷类银，越瓷类玉，邢不如越，一也。若邢瓷类雪，则越瓷类冰，邢不如越，二也。邢瓷白而茶色丹，越瓷青而茶色绿，邢不如越，三也。"据此，下列判断不正确的是

　　A. 唐朝时瓷器已经形成青、白两大系列　B. 陆羽推崇越州青瓷做茶具
　　C. 瓷制茶具成为茶道的重要组成部分　　D. 唐朝时期白瓷开始出现

（　　）4.（2009 浙江嘉兴 3 月）有学者认为宋代正处于从特权文化向大众文化过渡的初始阶段。下列描述南宋临安社会生活的各项史实中，

不能说明这一结论的是

　　A. 夜市直至三更结束，五更又开晓市

　　B. 白话小说中的主人公多为中下层市民

　　C. 街头讲史艺人有进士等知识分子称谓

　　D. 民间所创服饰在上流社会流行开来

（　　）5.（2009 福建福州）宋明理学家倡导的"存理去欲"或"存心去欲"的修养论、"格物"或"格心"的认识论、成贤成圣的境界论、由齐家而平天下的功能论，均以

　　A. 研究天人关系为核心内容　　　B. 伦理道德为核心内容

　　C. 认识自然发展规律为导向　　　D. 关心社会进步为前提

（　　）6.（2010 浙江宁波十校联考）浙江历史悠久，文化灿烂，是中国古代文明的发祥地之一。下列在浙江所作或出土的作品有

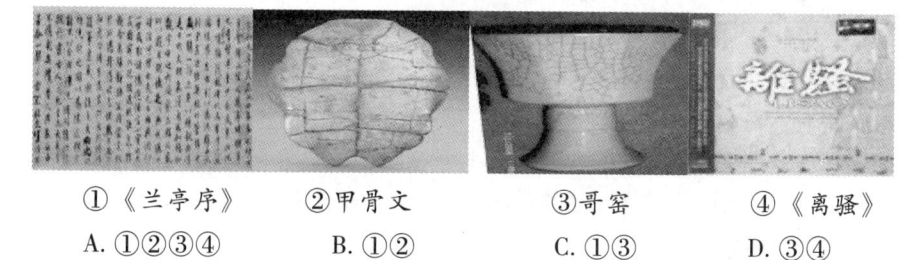

①《兰亭序》　　②甲骨文　　③哥窑　　④《离骚》

　　A. ①②③④　　B. ①②　　C. ①③　　D. ③④

（　　）7.（2009 浙江金华3月）鲁迅的《阿Q正传》中有这样一个情节：城里闹革命了！许多乡里人由于害怕被剪掉辫子而不敢到城里去。但到了后来，他们发现知县老爷还是原官，只不过换了个名称。未庄里的"假洋鬼子"等却不许百姓革命，最后在赵秀才的告密下，把曾经喊过几句"造反了"的阿Q充做劫匪抓去枪毙示众，而这却没有赢得民众的同情。这段内容　①反映的是太平天国运动　②体现了农民思想的落后性和革命的可能性　③封建势力善于投机革命　④反映了辛亥革命失败的根源是没有广泛发动民众

　　A. ①②③　　B. ②③④　　C. ①②④　　D. ①②③④

（　　）8.（2010 浙江省宁波市高三考试）下表为某生编制的《中国对外开放格局的形成表》。表格出现残损，你认为其中三格已标明数字序号②的内容应该是

措施	典型代表	意义
建立经济特区	深圳特区、珠海、厦门 ①	成为中国对外开放的窗口和经济体制改革的试验田
开放沿海口城市	② 浙江省	有力地增强了中国改革开放和国民经济的活力
开辟经济③	长三角洲、珠江三角洲、闽东南地区和环渤海	加快了对外开放的步伐，有力地推动了改革开放和社会主义现代化建设

A. 上海、宁波　　　　　　　B. 杭州、宁波
C. 温州、杭州　　　　　　　D. 宁波、温州

(　　) 9. （自创题）农村里的变迁见证了中国历史的发展，残留在墙上的标语、口号，反映了不同时期的历史特征。下列标语、口号出现的顺序是 ①"将无产阶级文化大革命进行到底" ②"人有多大胆，地有多大产" ③"改革开放是强国之路" ④"只有社会主义才能救中国"

A. ①②③④　　B. ②①③④　　C. ②④①③　　D. ①④②③

(　　) 10. （自创题）浙江某村村长说："现在做村官太累了，担子重、压力大。过去村委会主任是上面指派，只要把乡镇的任务完成就行了，现在不同了，这个职务是老百姓给的，除了让上面满意，你更得对百姓负责。"以上村官任务的变化与哪一制度的实行有关

A. 人民代表大会制度
B. 中国共产党领导的多党合作制度
C. 民族区域自治制度
D. 基层民主选举制度

(　　) 11. （2010浙江杭州七校联考）鲁迅先生写道："中国社会上的状态，简直将几个世纪缩在一时：自油松片以至电灯，自独轮车以至飞机，自标枪以至机关炮……都摩肩挨背地存在。"对此理解不正确的是：

A. 反映了近代中国社会生活的丰富性
B. 反映了近代中国向西方学习的渐进性
C. 反映了中国近代文化发展的多层性
D. 反映了中国传统文明受到西方舶来工业文明的影响

(　　) 12. （2009浙江台州4月）浙江某地因施工发现一个古墓，其出土文物种类相当丰富，经考古人员整理，向社会公开展示的有以下物品，请判断此古墓的大致年代

①唐三彩　　　②青铜镜　　　③烟叶残渣　　　④活字印刷品

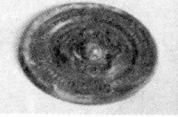

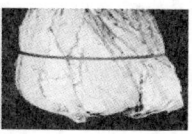

A. 唐朝　　　　B. 北宋　　　　C. 南宋　　　　D. 明朝

二、非选择题

13. (25分)"宁波帮"形成于明朝，崛起于鸦片战争后的上海，至辛亥革命后达到鼎盛。近代中国工商业的风风雨雨，留下了"宁波帮"浓墨重彩的一笔。1916年孙中山先生曾对"宁波帮"企业家作过高度评价：凡"吾国各埠，莫不有甬人事业，即欧洲各国，亦多甬商足迹"，可见其影响与能力之大，阅读材料回答问题：

材料一　在中国历史上出现过的诸多商帮中，不仅有"山西帮"的晋商，也有"安徽帮"的徽商，他们经商的共同特点是注重与官府的关系，依仗特许权从事垄断性经营，成就发财之梦想，而后起之秀的"宁波帮"则摒弃了前两者结托官府、单靠商业的缺陷，引进西方工商理念走上了开拓创新的实业之路，从而迅速崛起并闻名于世。

材料二　鸦片战争后，宁波崇商敬贾的社会风气愈益浓烈。清末民初人士张原炜指出："海禁弛而互市起，商业更为世重。大商豪贾，俨然与操国柄者相息消，势位骤隆，才者益以起。"宁波以商起家者衡宇相望，甚至出现了"满路皆商贾，穷愁独缙绅"的世情。

材料三　(通久源纱厂) 纺纱机器现经安妥，开工在即，外洋机器厂派洋人二名来甬 (宁波)，已为该局雇佣。……宁波道台已批示慈溪县的仁干及其他华商商号，准其建立一个火柴厂制造火柴。他们准备暂时雇佣日本工匠……这是一个新创举，可使中国在这种一向被外国入口货独占的行业中，今后也可分得一分利润。这工厂将设于偏僻的处所，不至于使城市中人觉得讨厌或影响健康。

——摘自《中国近代工业史资料》

材料四　1897年4月，湖广总督张之洞上奏，在概述数年以来中国新式工业兴办情况后，接着指出："洋商见我工商用新法，深中其忌，百计阻抑，勒价停市。上年江浙湖北等省缫丝纺纱各厂，无不亏折，有歇业者，有推押与洋商者。以后华商有束手之危，洋商成独揽之势。"张之洞此奏是对全国情况的综论，具有普遍性，文中又点浙江，可见问题较为突出。

——摘自《浙江通史》

回答:

(1) 根据材料一简要概括"宁波帮"与"晋商"、"徽商"在经营理念上的差异之处。(4分)

(2) 近代以来,宁波曾两度对外开放。请列出宁波两度对外开放的具体史实。(4分)

(3) 根据材料四、五,分析近代中国民族工业发展的最大障碍是什么?除此之外还有哪些阻力?(4分)

(4) 从材料可以看出,近代浙江的民族工业主要分布在哪些领域?在全国具有普遍性吗?为什么?民族工业要健康发展根本出路在哪?(7分)

(5) 联系上述材料,结合所学知识分析近代"宁波帮""崛起于五口通商后,至辛亥革命后达到鼎盛"的具体原因是什么?(6分)

参考答案:(1) 晋商和徽商:注重与官府的关系,依仗特许权从事垄断性经营;"宁波帮":引进西方工商理念走上了开拓创新的实业之路。(4分)

(2) 1842年,《南京条约》签订,宁波作为五个通商口岸之一被迫对外开放。1984年宁波作为十四个沿海开放城市之一对外开放。(4分)

(3) 西方列强经济侵略,对技术和市场的垄断;本国封建势力和一些陋习也在一定程度上对民族工业起阻碍作用。(4分)

(4) 主要在纺织、火柴等轻工业领域。这是中国近代民族工业发展的普遍现象。(2分)

在半殖民地半封建的中国,民族工业资金少,规模小,技术落后,受到外国资本主义和本国封建势力的压榨,因此只有在轻工业领域有所发展,重工业为外国资本所垄断。(3分)

必须取得民族独立。(2分)

(5) "宁波帮"善于学习国外工商理念;对外开放较早,受到西方工商思想的影响;"宁波帮"敢为天下先,敢于开拓创新的创业精神;宁波地方崇商敬贾的社会风气和商业传统;受到民族危机的刺激和"实业救国"思潮的影响;辛亥革命后颁布一系列发展实业的政策,激发了民族资产阶级投资的热情等。(写出三点即可,6分)

14. (27分) 阅读下列材料,结合所学知识回答问题

材料一 （浙江自古为"文化之邦"，宋明以后更是人才辈出，学派林立，文化繁荣，形成了中国文化史上著名的"浙东学派"）浙东学派的发展可以分为四个阶段。第一阶段是北宋时期，这是浙东学术的草昧时期。主要代表有"明州杨杜五子"和"永嘉九先生"。第二阶段是南宋时期，这时形成了浙东诸学派。主要有：以吕祖谦为代表的金华学派，以叶适为代表的永嘉学派，以陈亮为代表的永康学派，还有以"甬上四先生"（杨简、袁燮、舒璘、沈焕）为代表的四明学派。第三阶段是明代，这个时期主要是以阳明心学的兴起为主要内容。第四阶段是清代的浙东学派。这个时期是浙东学术的全盛时期，主要代表有黄宗羲、万斯同、全祖望、章学诚、邵晋涵。

——张刚雁《浙东学派概述》

材料二 "（三代）皆以国家之力扶持商贾，流通货币。""夫四民交致其用后治化兴，抑末厚本，非正论也。使其果出于厚本而抑末，虽偏，尚有义。若后世但夺之以自利，则何名为抑？""其要欲使四民世为之，其理固当然，而四民古今未有不以事。至于丞进髦士，则古人盖曰无类，虽工商不敢绝也。"

——（宋）叶适《习学记言序目》

材料三 "学贵得之心。求之于心而非也，虽其言之出于孔子，不敢以为是也……求之于心而是也，虽其言之出于庸常，不敢以为非也。""士以修治，农以具养，工以利器，商以通货，各就其资之所近，力之所及者而业焉……故曰，四民异业而同道。""大人者，以天地万物为一体者也，其视天下犹一家、中国犹一人焉。"

——《王阳明文集》

材料四 国务院总理温家宝同志在读到新版《黄宗羲全集》时感言："我喜读黄宗羲著作，在于这位学问家的许多思想有着朴素的科学性和民主性。身为天下人，当思天下事。而天下之大事莫过于'万民之忧乐'了……"

回答：

（1）根据材料一并结合所学知识，分析浙东学派形成与发展的历史背景、社会条件。（8分）

（2）根据材料二并结合所学知识，概括宋人叶适在经济方面的主张。（4分）

（3）有的学者认为王阳明是中国早期启蒙思想家之一。根据材料三并结合所学知识，概括王阳明"启蒙思想"的主要主张，分析其产生"启蒙思想"的根源。（6分）

（4）根据材料四并结合所学知识，分析概括黄宗羲的思想主张。（6分）

（5）根据材料并结合所学知识，概述浙东学派留给我们主要的精神文化遗产。（3分）

参考答案：（1）浙江商品经济发达，明代以来，资本主义萌芽产生并缓慢发展；优越的地理位置，对外贸易发达（宁波是重要的对外贸易窗口）；悠久的历史传统和深厚的文化底蕴；宋室南迁至今杭州，浙江成为当时的政治中心；宋元明清时期民族矛盾激化，阶级矛盾尖锐，社会危机严重，许多思想家忧国忧民。（写出4点即可，8分）

（2）反对重农抑商，重视工商业的发展；否定不许工商子弟为官的旧规，主张工商业者参政议事。（4分）

（3）充分肯定人的主体性，认为人是天地之心，反对外在权威；具有进步的平等观，认为"四民"（士、农、工、商）的差别仅仅在于职业，提倡"四民"平等；博大宽广的仁爱思想（即博爱思想）。（写出2点即可，4分）

根源：明朝中期后，商品经济的繁荣与资本主义萌芽的出现。（2分）

（4）黄宗羲猛烈批判君主专制；呼吁建立"天下之法"；倡导君民平等；提出限制君权；认为工商皆本。（写出3点即可，6分）

（5）顺应商品经济发展潮流，提倡发展工商业；破除传统观念的束缚，推动思想解放；倡导民主平等，具有初步启蒙意识。（3分）

巧用动态生成 绽放作业精彩

——以"辛亥革命"一课为例尝试动态生成式习题的设计与实践

杭州市萧山区第九高级中学 方长富

一 本课题的研究起因

（一）当前历史教学中作业设计存在的问题

1. 普遍性的题海战术

当前历史教学中最常见的问题是搞题海战术，特别是过量地讲练那些模式化的解题过程。在没有让学生充分参与认知过程的基础上，盲目地"抓紧时间"进行习题讲练，学生对历史的学习只是进行没有太大实际意义的演绎或推导。这不仅会导致学生学不到真正的历史，也很难应付千变万化的历史习题。这样做与其说是让学生在实战中吸取经验教训，加深对知识的理解，不如说在不断碰壁中摧毁学生的自信心和求知欲。

2. 笃信式的本本主义

当前，很多学生在学习历史科目时，往往依赖于一本厚度不小的参考资料。这一本参考资料可了不得，它就是学生复习历史的教材。这本"教材"有专题，有例题，有课堂训练，更有课后作业，甚至还有附录和有活页作业。所以，这一本资料不仅包办了教师上课的"教"，还包办了学生上课的"练"，更是包办了学生下课后的"做"。如此一来，教师省心省力、高枕无忧，学生亦步亦趋、按部就班。但殊不知，这种"笃信"

就成了一剂麻醉药，麻醉了学生，更麻醉了教师。在这种师生"同醉"的情形下，课堂成了禁锢思维的监牢，作业成了扼杀能力的凶手。

3. 程序化的就题论题

学生要做题，那么教师就要进行反馈矫正，就要讲题。讲题的最大通病就是就题论题，浅尝辄止。从时间分配角度看，每题都讲，且所用教学时间接近均分，讲评没有重点、难点，每题都不讲透；从讲评内容看，没有归纳总结与分类，讲解题目涉及的知识面狭窄，没有相应的拓展和迁移，且讲解不到位。这种讲评，目标不明确，重点不突出，思路不拓展。必然使课堂气氛沉闷，学生参与意识薄弱。这样的讲评，到处开花而到处不结果，上不了天又下不了地，学生知识技能得不到巩固，思维方法得不到训练，就会陷入"一讲而错，一错再错"的窘境。

（二）尝试动态生成式作业的意义

1. 有利于拓宽教学空间

新课程改革强调了历史教学的开放性，但课堂教学受时空限制，其开放的"度"必然是有限的。很多历史学内容，因课堂受时空限制而无法"变活"。但是如果我们把这些教学内容巧妙地与动态生成式作业融为一体，充分利用动态生成式作业广阔的时间和空间，就能把那些受"限"的教学内容延伸至开放的作业之中，从而大大拓宽历史课堂教学的空间，为历史课堂教学注入新的活力和魅力。

2. 有利于开发学习资源

新课程改革强调了课程资源的开发与利用，但是我们历史教师也很清楚，多数历史学习资源是存在于学生的生活之中，因而依靠一个时间和空间都无法伸缩的课堂以及传统的历史习题，去开发丰富多彩的历史学习资源，这是不现实的。但如果我们把学习资源的开发与动态生成式作业的开发有机地结合起来，就完全可以解决这一两难问题，因为"动态生成式作业"，其时空性要比历史课堂和传统的历史习题要灵活得多。因此笔者认为，许多历史学习资源更多地要通过我们设计的动态生成式习题这一途径而加以开发。

3. 有利于转变学习方式

新课程改革强调，历史课程的设计与实施要有利于学生学习方式的转变，倡导学生主动学习，在多样化、开放式的学习环境中，充分发挥学生的主动性、积极性与参与性，培养探究历史问题的能力，提高创新意识和实践能力。根据新课程的要求，我们传统的历史课堂教学模式和传统的习题模式改革势在必行，因为仅仅依靠只有40分钟的课堂和统一的习题模式，要转变学生的学习方式，要培养学生的探究能力，难度是相当大的。探究过程实际上也就是一个研究过程，而研究过程对时空的要求绝不仅仅是课堂和静态的传统作业就能满足的。所以我们要转变学生的学习方式，就必须把视野延伸到课堂以外，要充分地利用动态式生成习题这一平台。

4. 有利于激发学习兴趣

动态生成式作业不仅形式新颖多样，容易引起学生的学习兴趣，而且一般都具有一定的难度，答案常常不确定；同时开放性题目由于没有固定的解答和范围，客观上有利于"标新立异"，使学生有较大的思维广度，有助于他们以问题为出发点，从不同的方向、不同的角度灵活地思考历史问题。正因为如此，才会在教材内容和学生求知心理之间制造一种"不协调"，易于激发学生的好奇与思考。教师可以利用"不协调—探究—深思—发现—解决问题"的模式，将学生的学习活动一步步引向深入，这也是设计开放性题目的重要意图。所以，从这个角度来讲，开发了动态生成式历史作业就是激发学习兴趣。

二 概念界定

根据《现代汉语词典》和《牛津英汉词典》的解释，"动态"（dynamic developments）的意思是"（事情）变化发展的情况"，就是运动的、不断变化的状态；"生成"（build \ make）即"形成，产生，制造"，就是产生新的东西。"动态生成"就是在不断地变化中产生新的东西。华东师大叶澜教授在她的"新基础教育"理论中，也提出了课堂动态生成的观点："教师只要思想上真正顾及了学生多方面成长、顾及了生命活动的多面性和师生共同活动中多种组合及发展方式的可能性，就能发现课堂教学具有生成性的特征。"所谓"动态生成式习题教学"，是指教师精心选择母题，并对母题做一定的预设拓展，但同时不机械地按原先确定的某种思路进行习题教学，而根据学生学习和做题的情况，由教师灵活地调整，生成新的超出原计划的教学流程，使学生的"做题"和教师的"讲题"

处在动态和不断生成的过程中，题目随着学生的掌握程度、学生的思维开放程度的变化而变化，以满足学生自主学习的要求，满足学生发展能力的要求。总体设计如图1。

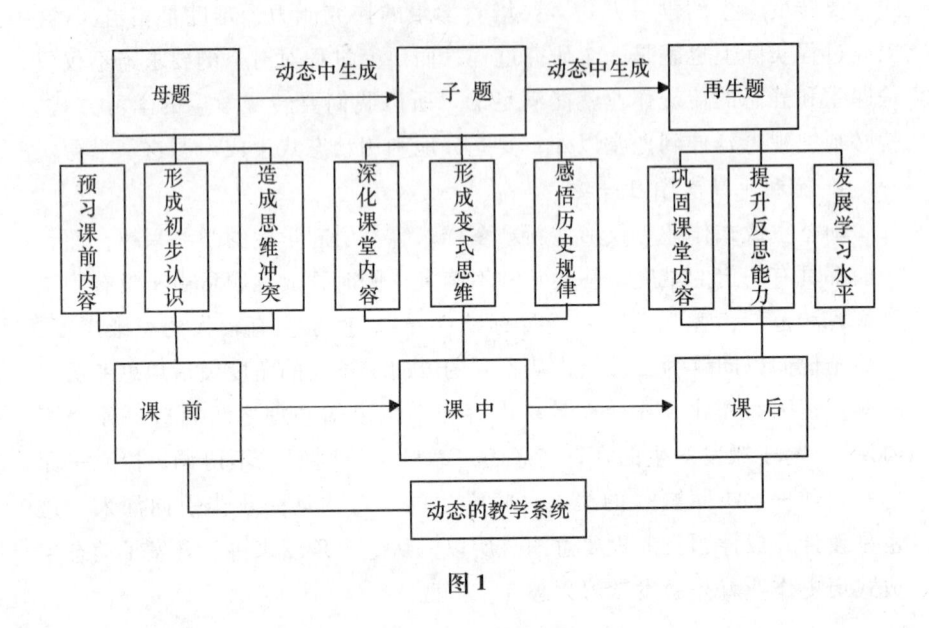

```
         动态中生成         动态中生成
  母题 ─────────→ 子题 ─────────→ 再生题
  ┌─┬─┐           ┌─┬─┐          ┌─┬─┐
预习 形成 造成    深化 形成 感悟   巩固 提升 发展
课前 初步 思维    课堂 变式 历史   课堂 反思 学习
内容 认识 冲突    内容 思维 规律   内容 能力 水平
  │                 │                │
 课前 ───────────→ 课中 ──────────→ 课后
  │                                   │
  └──────→ 动态的教学系统 ←──────────┘
```

图 1

三 操作策略

（一）课前——欲"动"先"生"

课前预习是学习过程的重要环节之一。在这一环节上，我们必须设计、用好母题，使母题成为生成知识和问题的原点，为课堂学习埋下伏笔。

1. 找题

（1）找题的依据之一——"题"出问路

作为母题，要具备课前预习的功能。能够让学生明白下节课知识的重点、难点，找到自己的困惑，自己独立地由已知向未知进军，有效地启动学生进一步求知的内因，从而使学生在以后的学习过程中，学得更积极、更主动、更有效，真正发挥学生的主体作用，这对培养学生的自学能力无疑有着决定性的意义。

(2) 找题的依据之二——"题"藏玄机

作为母题，要具有貌似简单、实则藏有"陷阱"的特点。这里所指的"陷阱"，并不是指学生容易做错的或者不会做的、或者在能力要求上尚未达到的那些历史教学内容和题目，而是指那些看上去并不难，做起来也感觉容易，但是在知道答案后却后悔不迭的题目。当然，设计"陷阱"的目的不是仅仅为了让学生误入其中，而是要充分调动学生的学习积极性，使学生在事后能够自觉反思，加深印象，深化对相关知识的理解，并达到培养学生能力、促进学生思维发展的目的。

(3) 找题的依据之三——"题"包万象

作为母题，要具备一定的开放性。"题"包万象就是使母题成为多个知识点的汇聚处或多种思维方法的集合点。这样的题具备知识容量大、解题方法多、突显历史思想方法的运用以及要求考生具有一定的创新意识和创新能力等特点。学生在做题后往往可以巩固和领悟各部分的知识及规律，提高分析和解决问题的能力。

2. 设题

根据找题的原则，搜索、改编、设计好母题。

案例：《写颁奖词》

孙中山先生是20世纪初的中国政坛风云人物，假如他被评为1912年感动中国十大人物之一，让你拟写颁奖词，你如何写？

母题设计分析：

(1) 此题玄机之一：利用撰写颁奖词这一新的作业形式，激发学生通过预习课文来概括孙中山先生对中国民主革命所作的贡献，既能引导学生预习课文重点内容，又能激发学生学习兴趣，可谓一举两得。

(2) 此题玄机之二：撰写颁奖词是学生之前很少接触的，因此抛出此题也就抛给了学生两大陷阱：一是学生在把握人物的评价时，往往会偏重一面（或事迹、或品质），容易造成学生犯顾此失彼的错误；其二，写颁奖词与评价历史人物是有一定区别的，其主要以正面为主，而学生往往会从正反两面去写，犯常识性错误。这些问题的出现为课堂教学的深入打下了基础。其三，就是时间限制。

(3) 此题玄机之三：开放性强，包容性大，没有固定的标准答案，为学生提供了一个可以从各个不同角度解决问题的机会和空间。

3. 做题

将设计好的母题以作业的形式布置给学生,要求学生写出详细的解题过程和规范的解题步骤,规定学生安排一定的时间完成,并由课代表收齐后上交。

学生作品一:

他40年如一日,几死者十余次,其精神、毅力、功绩,较华氏有过之而无不及……

学生作品二:

他倡导革命,首创中华民国,更新政体,永奠邦基,开创国共合作,谋世界之大国,求国际之平等,光被四表,功高万世……

---

4. 析题

学生作业上交后,教师针对学生的答题状态进行批改分析。分析时应关注:①学生存在的问题有哪些?②将存在问题归类。③共性问题有吗?是什么?④这些不同类别的问题的根结在哪里?为了详细全面地了解这些情况,教师也可以挑选班中历史水平能力不同的几个学生进行面批,细致全面地了解学生由此母题暴露出的知识水平能力方面的漏洞和缺憾。

析题举隅:

学生作品一:能从孙中山的人格、品质去撰写颁奖词,这是难能可贵的,但却忽视了孙中山先生一生的重大事迹,所以是不完整的。

学生作品二:能用最精炼的语言概括孙中山先生的丰功伟绩,这说明该学生不仅熟悉教材知识,而且有扎实的语言组织能力,但也存在审题不清的问题。比如题中要求时间为1912年,但该学生的颁奖词中却出现了孙中山1912年以后的事,这是错误的。

(二)课中——边"动"边"生"

课堂,是学生动态生成新知识、新问题的主战场,通过点题、变题、磨题和引题四个环节,把动态生成式习题教学推向高潮,见图2。

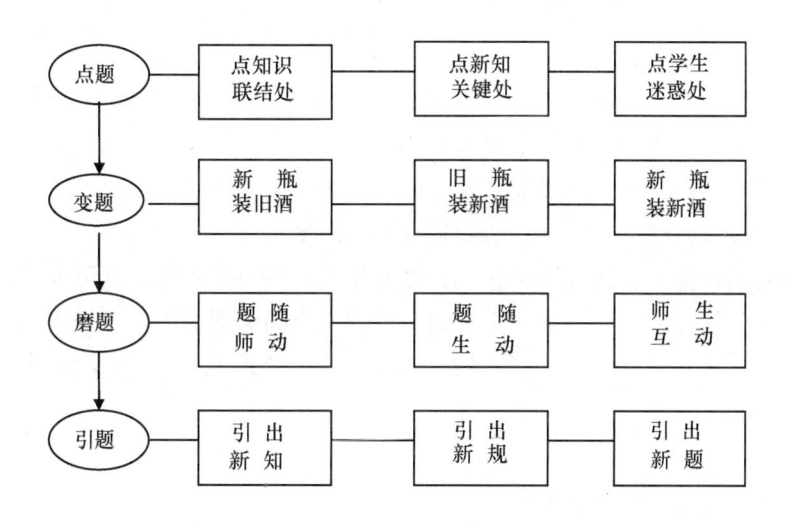

```
点题 ──→ 点知识联结处 ──→ 点新知关键处 ──→ 点学生迷惑处
  ↓
变题 ──→ 新瓶装旧酒 ──→ 旧瓶装新酒 ──→ 新瓶装新酒
  ↓
磨题 ──→ 题随师动 ──→ 题随生动 ──→ 师生互动
  ↓
引题 ──→ 引出新知 ──→ 引出新规 ──→ 引出新题
```

图 2

1. 点题

由于老师掌握了丰富翔实的反馈信息,在课堂上就可以针对学生现状进行"点题",对学生的学习行为进行有效的"干预",帮助学生恍然大悟,掌握规律、启迪思维。那么,"点题"点什么呢?

(1) 点新旧知识联结之处

一道题的成功求解可能要运用多个知识点和规律,每个新的知识点或新的规律必然有与它相关的旧知识、旧规律。联结处就是新与旧的结合处,在新旧结合处点拨,便于引导学生由旧到新的过渡,促进知识的迁移。

(2) 点新知关键之处

知识内容的关键处是学生学习、理解、掌握知识的最重要之处,是教材内容的重点、难点。在这些关键处适时进行点拨,有益于重点、难点问题的突破,使学生对所学知识理解得深,理解得透,掌握得牢。

(3) 点学生疑惑之处

在分析问题、解决问题的过程中,学生的思维有时会"拐弯",有时会"分岔",有时会"堵塞",从而感到疑惑不解,厌倦困顿,这时就要求教师进行点拨引导，设计合适的坡度，架设过渡的桥梁，帮助学生寻找思维的突破口，排除疑难，解决困惑。

点题举隅：

首先，学生作品此题出错主因：审题不清，对于题中出现的限定词（如1912年）关注度不够，导致犯错。

其次，此题的基本方法：通过教材全面了解孙中山一生的主要事迹，并分时段进行归纳、整理；然后根据题意删繁就简。

最后，此题反思有二：其一，是要注意评价历史人物与撰写颁奖词不同，评价历史人物往往是从正反面去评价，而颁奖词则主要是描述他的丰功伟绩。其二，注意语言的精练，用词要符合颁奖词这一文体的基本格式。

2. 变题

对母题进行变式，依据有三。

（1）新瓶装旧酒——提高思维层次

经过"点题"，原来茫然无措的学生会有所感觉，原来不知甚解的学生会感叹"原来如此"，原来学生有所感觉但却"误入歧途"，现在也终于"迷途知返"。但是，多数学生此时充其量还是处于"听懂"的程度，只是初步领会了题中所含的思维方法。如果就此省略了让学生继续思考和运用的过程，那么学生很容易陷入"上课一听就懂，下课一做就错"的怪圈。所以，要让学生既听懂、又学会，就必须为学生创造和安排学以致用的机会，趁热打铁设计一些思维方法不变，而若干条件情景有异的变式题。这样就把主动权交给学生，使学生在分析问题、解决问题的探索过程中，回顾所学的方法，并作出相应的选择判断，进一步打开思路，从而轻松愉快地复习知识，提高能力，提高思维层次。

变式子题一

《补写挽联》：请你补写完整以下三幅"追思伟人孙中山"的挽联，并说明你的理由。

挽联一：上联：_____之父

下联：四万万人之母

补写理由:

挽联二: 上联: 与____性命相依, 讨贼成功身速死。
　　　　下联: 失吾党创造先觉, 枕戈待旦泪频挥。

补写理由:

挽联三: 上联: 精神不死
　　　　下联: ____常存

补写理由:

(2) 旧瓶装新酒——拓宽思维宽度

为了锻炼学生的发散思维能力,让学生知道"路的旁边还是路",可以将母题设计情景做一些变动,将一些新的知识点和新思路融入其中,创造一种新的知识接收途径和气氛,打破学生的固定思维方式。这样可以一次复习多种知识规律,而且有利于学生在同一问题背景下纵横类比这些知识,通过推理,了解掌握各种知识的同与不同,思路的变与不变,从而拓宽学生的思维宽度。

变式子题二

《你来审判》: 请你通过查阅相关资料,完成以下题目:
中华民国南京临时政府死亡案
死亡时间: 1912 年 3 月 10 日
嫌疑犯: 孙中山、袁世凯、立宪派、旧官僚、帝国主义

	主犯	有罪	无罪	无意见
孙中山				
袁世凯				
立宪派、旧官僚两兄弟				
帝国主义				

你的宣判词：

学生作业选隅

本法庭今日受理一不满周岁婴儿——"中华民国南京临时政府"惨死案，经陪审团讨论，判决如下：

被告孙中山，作为未成年死者的亲生父亲，在其出生后，未能完全尽到一个父亲应尽的"护子"责任，在多种势力的威胁、恐吓、欺骗和压迫下，未能奋起反抗，最终坐视其子身亡。但考虑到被告当时正值身体虚弱之时，有心护子却无力反抗，本法庭判其道义上有罪，而法律上无罪。

被告袁世凯，依靠其手中掌握的武装势力，通过勾结各种反动势力，采取威胁、恐吓、欺骗等卑劣之手段，迫使死者父亲让出其子监护权，并最终趁机杀害死者，对死者的死亡负有直接责任，本法庭判其为主犯。

被告立宪派、旧官僚两兄弟，为了一己私利，出卖死者父亲，不断从内部向死者父亲施压，导致死者父亲精神崩溃，放弃努力，拱手让出其子，对死者的死亡负间接责任。本法庭判其有罪。

被告帝国主义，在死者生前多次对其进行肉体和精神的打击，截获死者生存所必需的各种物资，最终导致死者在饥寒交迫中身患重病，对死者的死亡负一定责任。本法庭判其有罪。

本法庭判决宣读完毕。

因被告都已作古,不追究刑事责任。

审判长:王佳

(3) 新瓶装新酒——开掘思维深度

继续设计新颖别致的情景进行启发提问,有利于多角度、多层次地突出主题,强化效果,进而开掘学生思维深度。

变式子题三

小组活动:调查委员会各部门的主要任务,见表1。

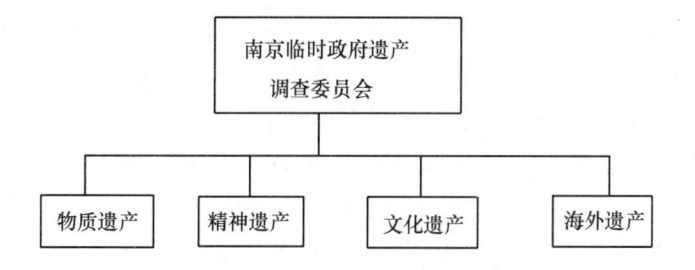

```
           南京临时政府遗产
              调查委员会
    ┌──────────┬──────────┬──────────┐
 物质遗产   精神遗产   文化遗产   海外遗产
```

表1

调查小组	主要任务
物质遗产调查小组	负责调查评估中华民国南京临时政府给中国后世留下了哪些物质方面的遗产,主要是经济方面的动产和不动产。
精神遗产调查小组	负责调查评估中华民国南京临时政府给中国留下了哪些精神层面的影响,包括政治影响。
文化遗产调查小组	负责调查评估中华民国南京临时政府对中国文化方面作了哪些重要改革,留下了哪些文化遗产。
海外遗产调查小组	负责调查中华民国南京临时政府在国外产生了哪些影响。

3. 磨题

"好题多磨"意味有三。

(1) 题随"师"动

"变题"是否变到位,主要是看教师的调控力,所以老师要敏锐地调动自身的专业素质和经验,设计好"变题"。老师首先要揣摩学生的解题思路，重新审视问题给予的情境是否充分，问题提出的角度是否自然，有无歧义；其次要准确地估计习题难度。影响习题难度的因素很多，比如解答问题路径的复杂程度、回答问题需要的表达水平、以往解题经验等。磨题时还要再三地读题，反复推敲问题情境是否交代清楚，表达是否简练、通俗易懂，是否符合学生的阅读水平。要推敲习题有没有对素材的研究数据或研究过程断章取义而导致试题情境有歧义甚至出现科学性错误。

(2) 题随"生"动

"变题"是否变到位，还要看学生的认同度。课堂活动是一个动态生成的过程，学生在做题的过程中会有许多老师预设不了的"节外生枝"、"不速之客"生成，此时，"题"必须随着学生解题实况的变动而变动。当学生产生疑难"山重水复疑无路"时，教师应将题肢解，设置梯度，细化为几个"扶手"式的小问题；当学生思路狭窄"见山是山见水是水"时，教师应将题拓展，链接类似情景，设计一些可以让学生将感性认识上升到理性思考的问题。这样的"磨题"，使题顺着学生的思路"再生新枝"。有了生成的疑难问题，有了生成的独特想法，有了生成的新鲜见解，老师或表扬鼓励，或组织讨论、或点拨引导，学生或批驳、或吸收、或完美。这样的课堂，风生水起，鸟语花香。

磨题举隅：

如在变式子题一：

  挽联三：上联：精神不死

     下联：＿＿＿常存

补写理由：

学生在补写此对联时，由于很多同学觉得难以下手，于是根据这一情况，把要求能力高的填空题改造为能力相对要求低的选择题。如下：

上联：精神不死

下联：＿＿常存（A. 真理　B. 主义　C. 民国）

（3）师生互动

"变题"是否变到位，三是要看师生的共鸣度。在对子题的解答中，师生双方形成了共同的观点，成为子题进一步延伸的原点。

4. 引题

通过"点题"、"变题"、"磨题"，通过不断的互动和生成，学生的认识不断提高，体验不断加深，情感也不断升华。此时，教师要因势利导，引出新的问题，引出有一定的思维难度和转折度的问题，让学生"耳目一新"而又"跃跃欲试"，激发学生研究和探索的欲望，也激发学生"翻身作主"自编子题的欲望，为课后的"生题"打下铺垫。

引题举隅：

（1）活动的课题：假如走入时光隧道，来到辛亥革命后的1912年，我们将怎样生活？

（2）活动目标：学生模拟角色，探究过去。你可以是平民、原清朝官员、革命党人、教师、警察等，也可以是一个酒鬼、无赖、绅士等。就服饰、饮食、住房、商店、日常用品或者从建筑、交通、娱乐、工作、休闲和文化等方面，深入地想象当时人们的日常生活。

（3）活动要求：①这是一份"探究过去，模拟角色"的历史书作业，它不同于心得、感想报告，也不是凭空想象、任意杜撰的写作。②因为你是透过历史的思考来模拟，体验当时的生活情形，所以，你要自行搜集一份历史材料（文字、图片或影视），并以它为证据，应用在你的历史作业中。

（4）作业类型：①自白几句生活片段，或记录一则日记，或编写一个故事，或叙写一段对话，或书写一封仿古书信；②上例作业在类型上任选一种，字数不限，参考数据请注明名称、来源；A4纸规格，手写、计算机打印均可。

（5）成果展示：①书面报告；②班级传阅、交流欣赏；③班级观摩。

（6）作业反馈：设计活动问卷，分析问卷结果，反思成效与不足。

（三）课后——"动"而后"生"

1. 生题

有了课堂上老师变魔术般地将母题生子题，子题又生子题的示范，有了学生在解决这些子题时的从似懂非懂的迷茫到豁然开朗的欣喜的亲身体验，学生自我"生题"的时间已成熟。老师布置课后作业，给学生足够的时间和空间，让学生根据母题，自己设计题目，自己寻找规律，促使学生不断"回首"和"内化"课堂所掌握和领悟的知识。通过这种"生题"的训练，让学生在编题内容的迁移中培养对知识的联想能力和综合应用的能力。老师要对学生进行"生题"方法指导，鼓励学生通过以下几个方面生题。

（1）减。按解题过程将母题进行拆解，将综合性题目还原为一般问题。

（2）加。增加母题中主体所处的环境的复杂性，从而使问题更综合，同时也对母题注入新的知识和规律及解题思路与方法。

案例

学生设计的题目——《关于武昌起义——新闻报道》

请以当时外国记者的身份写一篇有关武昌起义的新闻报道。（要求：注意自己的角色定位；所写的新闻报道要包括起因、导火线、经过、各方反应、结果等基本内容；字数300字左右）

学生设计的作品举隅：

《马德里时报》武昌1911年10月11日（记者纳达尔·拉斐尔）

10月10日晚，驻武昌新军工程第八营的革命党人突然哗变，夺取位于中和门附近的楚望台军械所，接着守武昌城外的辎重队、炮兵营、工程队的革命党人亦以举火为号，向楚望台齐集。尔后，武昌城内外各标营的革命党人也纷纷率众起义，并赶向楚望台。据估计参与兵变的人数多达3000多人。10点30分，起义军分三路进攻总督署和旁边的第八镇司令部，经过激战，今晨，总督署和镇司令部被革命党人攻占。至上午11时，武昌城头已到处悬挂着九角十八星革命军旗帜，武昌已完全被起义军所掌控。

《泰晤士报》伦敦1911年11月15日（记者马卡）

武昌兵变至今已两个多月，中国的政局似乎变得越来越糟糕，短短一个多月，中国已有湖南、广东等14个省先后宣告"光复"和独立，清政府似乎已无力掌控中国日益混乱的局面。清政府内部开始出现分化，很多身居要职的立宪派纷纷表示赞成革命，新军士兵、会党群众、知识分子、工人、农民、城市贫民、华人华侨、激进士绅潮水般似的加入到反政府的队伍当中去……这一系列危险信号说明了一个问题：清政府已失去了他们的子民，中国人正在觉醒，我们政府必须尽快采取断然措施寻找扶持新的在华势力，以维护我们国家在这一国度的合法利益。

2. 评题

"生题"看似简单，但如果学生没有很好地把握所学的知识，则很难"生"出好的习题。但反过来，通过"生题"，学生的创新思维和探索精神都被激发出来，也会"生"出一些令人赞赏令人反思的好题。所以，要对学生的"成题"进行评定，要坚持评题的正确性，评题的严密性，评题的创新性，评题的反思性。评的方式可以是以下几种。

（1）学生自评。自评指解答自己出的题，同时说明出题的原因和依据，所用到的知识和方法。通过对自我作业的评价，激发学生的反思能力。

（2）学生互评。让学生相互评价作业，着重评题的正确性和出题者解题思路的正确性，使学生相互学习，取长补短，共同进步。

（3）教师质评。教师要针对不同学生的不同情况作出有意义的评价，如对学生的解题步骤进行细致化评价，找出题目设计的漏洞，对有创意、反思性强的好题要赞赏和肯定。

3. 展题

"展题"指的是将评定的好题用墙贴、用幻灯等方式展示出来。这些好题是一个非常好的学习资源，这个学习资源为学生量身订制而又风格各异。而展示就可让学生共享好题，还能激发学生的自信心，促进学生学习历史的热情和兴趣。

4. 思题

建立"好题集"，将母题，老师"生"的子题，自己"生"的子题，同学"生"的子题整理在册。参考别人的精彩思路，领略多题一解，异形同解的妙趣，在欣赏的同时，启发自己的思维，借他山之石攻己之玉。

(1) 对理解题意的反思

首先是指读懂题目的言内之意，审清题意，弄清楚题目所要回答的是什么问题，在什么范围、方向、角度或条件下回答这一问题。其次是指关注题目的言外之意，即关注一些具体体现题意的关键性字词或句子，这样的字词句往往是"题眼"。

(2) 对命题意图的反思

要明确这道题考查的是哪一部分的知识点，考查了哪些解题方法，考查了哪些历史能力，将反思所得进行小结，这样下次再遇到类似的题目或同一类型的题目就能迅速地找到解题思路。

(3) 反思有无其他方法

"横看成岭侧成峰"，同一道题，从不同的角度去分析研究，可能会得到不同的启示，从而引出不同的解法。这样做的目的是通过不同的研究侧面，使思维的触角伸向不同的方向，不同的层次。在找到不同的解法时，也要对这些解法进行总结，看看其他什么题型也能这样做，做到"一题多解"的同时也要"多题一解"。

(4) 反思结论在解其他题中的作用

有些题目本身可能很简单，但是它的结论却有很广泛的应用，如果仅仅只满足于解题本身，而忽视对结论的思考和探索，那就可能会"捡了芝麻，丢了西瓜"。所以通过这道题把题目所蕴涵的方法结论提炼出来，以便于以后解题直接利用。

(5) 反思题目能否再变换引申

改变题目的条件，会导出什么新结论；保留条件而改变题目的设问角度，又能导出什么新结论；将条件作类似变换，结论能否扩大到一般。像这样富有创造性的"变式"反思，不仅是对"动态生成"课堂的一种自然而然的延续，更是学生给自己的学习不断注入新的能量和动力的过程。

四 收获与启示

（一）从"各自为政"到"相互交错"——生成一种和谐的生态教学系统

教学活动系统是一个具有生命活力的生态系统，教学的生态性是教学的内在特质；教学的生态特征主要体现在整体相关与动态平衡的统一、多元共存与和谐共生的统一、开放性与交互性的统一、有限性与无限性的统一、差异性与标准性的统一；教学生态特征是通过教学的生态功能得以表现和发挥出来的，教学的生态功能主要表现在三个方面，即可持续的育人功能、系统规范功能和动力促进功能。教学的这些生态功能使教学活动井然有序、持续发展。

动态生成式作业让原本各自为政的"课前"、"课堂"、"课后"三个教学环节有机地整合成一个完整的系统，作业就像是这个系统的"食物链"，让彼此之间产生了相互关联的、相互交错的关系。

当然，作为生态的教学系统也是一个开放系统，为了维系自身的稳定，生态系统需要不断输入能量，否则就有崩溃的危险；而动态生成式作业不断开发的学习资源，不断生成的知识和问题，就像是不断为这一系统输入能量，使系统保持着强大的活力。

（二）从"自我缠绕"到"角色嬗变"——生成一种交互的动态师生角色

在对师生角色关系的研究中，"主体性"概念着实给我们带来了诸多方便，但这种不成熟的主客观念又使预设的师生角色陷入了无法挣脱的自我缠绕之中，致使师生角色游离于教育教学过程之外。重新指认师生角色，生成一种交互的动态师生角色，有助于消解师生的角色距离与角色对立，明晰主客观念下传统师生角色的异化现象，对教育教学活动中师生角色关系的和谐有一定意义。

在动态生成的习题教学中，教师不能仅仅停留在传授知识上，要转向扮演教学中的指导者、帮助者、促进者、组织者和合作者等多重角色。教师角色的这一转向，能有利地改善学生在学习中的弱势地位，使学生在教师指导、帮助、促进、引导下，能力由弱至强，经验由少至多，学业得以发展，人格得以完善。

同时动态生成式教学把学生从知识容器的畸形地位中解放出来，赋予学生知识探索者的角色；把学生从纯粹的被灌输对象中解放出来，赋予其教学活动中的合作者和学业任务承担者的正确定位；把学生从"被动学"、"机械学"中解放出来，激发和促进其学习潜能的发挥；把学生从单纯接受知识中解放出来，赋予其知识认知加工者的角色。学生在学习中的经验、基础、潜能、积极性和主动性成了师生合作的可靠起点，学生在教师面前积累发表自己见解的勇气和技能，展现其学习才干和障碍，而把弥补学生的欠缺、不足和所要达到的发展目标作为合作的果实。

（三）从"千变万化"到"变为不变"——生成一种科学的思维训练模式

一题多变是新形势下考试命题的新潮流，一题多解，连通一片。各种各样的变式转化，要求我们必须加强对基础知识的掌握。要引导学生建立知识系统，防止学生把知识杂乱无章地放在脑海中。要做到书越读越"薄"，同时对课本知识的理解要达到比课本知识更丰富、更充实，将知识具体化和系统化。

动态生成式习题教学启示我们要注意探索多种题型转变的一般规律，揭示其本质特征，掌握同类题型的基本解题思路，以不变的办法应付多变的题型。变是为了不变，变的是题的情形、题的形式、题的条件、题的内容，不变的是解题的基本方法、解题的基本思维、解题的基本规律。

动态生成式习题教学从研究习题本体出发，为师生的"教与学"生成了一种科学的思维训练模式，使学生从"题海战术"的牢笼里解放出来。

当然学生的思维活动过程是一种隐蔽性的活动，看不见摸不着，学生思维的深度又使每个学生有着能力上的差异，所以思维的训练并不是一朝一夕能解决的，需要我们反复研究，反复实践，这也是笔者不断追求和努力的方向。

参考文献

1. 叶澜：《让课堂教学焕发生命的活力》，《教育研究》1997年第9期。
2. 周成平编：《新课程名师教学100条建议》，中国教学技术出版社2005年版。
3. 顾鑫盈：《从预设式教学到动态生成式教学》，《天津教育》2004年第2期。

教学实践与思考

利用乡土资源优化历史教学的实践研究

淳安第二中学　王建华

一　问题的提出

（一）新课程实施的要求

2006学年浙江省根据《普通高中历史课程标准（实验）》、《基础教育课程改革纲要（试行）》、《普通高中课程方案（实验）》等文件在高中一年级试行新课程教学的实验，新课程标准提出了"课程资源"、"校本课程"、"综合实践活动课"等概念。课程资源是指形成课程的要素来源以及实施课程的必要而直接的条件。课程实施的范围和水平，一方面取决于课程资源的丰富程度，另一方面更取决于课程资源的开发和运用水平。教师要善于开发和利用各种课程资源，讲求各种教学资源的多样性、灵活性和地域性。新课程实施离不开课程资源，《普通高中历史课程标准（实验）》关于课程资源的开发与利用提出了如下建议：

凡是对实现课程目标有利的因素都是课程资源。历史课程资源既包括教材、教学设备、图书馆、博物馆、互联网以及历史遗址、遗迹和文物等物质资源，也包括教师、学生、家长及社会各界人士等人力资源。课程资源的利用与开发水平同教学质量的高低密切相关。充分利用和开发历史课程资源，有利于历史课程目标的实现。

比如历史遗存。历史遗存包括历史遗址、遗迹、文物以及蕴涵历史内容的人文景观和自然景观等。利用历史遗存，能够增强学生直观的历史感受。

鼓励和提倡不同地区和学校结合自己的实际情况，因地制宜地利用和开发历史课程资源。

《浙江省普通高中新课程实验学科实施意见》历史部分关于"课程资源开发与利用"指出：重视校外课程资源的开发与利用。应根据教学实际情况和学生发展的具体需要，因地制宜地开发和利用校外各种丰富的历史课程资源，让学生了解身边的历史，增强他们的历史感。尽可能地利用好各类历史遗存：浙江省各地分布着大量的历史遗址、遗迹、文物以及蕴涵历史内容的人文景观和自然景观等，这些都是历史教学的辅助资源，能够给学生直观的历史感受。可结合本地的历史遗存，组织社会调查、参观、考察等探究性的实践活动，提高学生动手、动脑和参与社会实践的能力。

积极开发社区历史课程资源：在学生身边的社区历史课程资源包括图书馆、博物馆、纪念馆、文化宫、兄弟学校与单位的人力资源、历史学专家、阅历丰富的长者等。要善于合理发掘和有效地整合社区内的历史课程资源，通过广泛的合作，建立相应的经验交流和合作探讨机制，实现资源共享。

利用好家庭中的历史资源：可指导学生通过家谱、藏书、不同时代的照片、实物以及长辈对往事的回忆与记录等，了解家庭与社会的历史变迁。充分动员学生家庭的力量，利用好蕴藏于家庭中的历史资源，可以增强学生对历史的真实体验和感悟。

（二）高中历史教学改革的挑战

随着高中新课程的实施，高中历史教学的改革也已全面展开。由于新课程是新生事物，高中的历史教师又大多是使用老教材已比较习惯了的老教师，所以很容易出现拿着新教材上老课的现象。其实旧的普通高中历史课程确实"存在着许多不适应社会发展要求、不利于学生全面发展的问题"，如在课程的目标上，存在着教条化、成人化倾向，只重视知识的传授和灌输，忽视了学生对历史学习的体验和感悟，"忽视对学生社会责任感、道德品质、个性发展的培养"；"在课程的内容上，仍存在着'难、繁、偏、旧'现象，留给教学活动的余地过小"等。根据现代心理学的研究，高中阶段的学生的心理已基本趋于成熟，他们的自我意识和自我评价意识是极其强烈的，注意关注自己的个性发展与人生设计，他们不再把自己的思维束缚在教材中，也不再唯老师是从，他们开始有意识地关注国家社会的前途命运与自己的人生价值相结合，他们的自控能力逐步增强，他们的抽象思维能力和批判性也明显增强。高中历史旧课程的教学要求刚好压抑了高中学生这些增长的因素，因此，旧的高中历史课程是直接导致学生厌学历史的重要因素之一，也是使历史的教育功能大打折扣的重要原因之一；在课程的实施上，旧课程仍是以教师、课本为中心，学生的主体地位仍未得到充分体现。这些都不利于学生全面发展。所以，改革势在必行。

高中历史新课程改革注重学生自主性学习能力的培养，着力培养学生的创新能力和实践能力，特别强调对学生情感态度价值观的教育，以人为本，变"教书"为"铸魂"，注重人文素养和科学精神的培养，把历史教育的社会教育功能与人的发展教育功能结合起来，目标更明确，且更具有实际操作性。

在新课程历史教学中，应以人为本，关注学生身心的成长、人格的提升，服务于人的全面健康发展，这是教学的要求，也是社会的需要。本文的研究可以很好地达到这个要求。如在学到唐诗宋词以及历代著名建筑、雕刻、绘画艺术时，可以结合课本，要求学生整理淳安的名人诗词、淳安的乡土艺术资源，帮助学生自觉地形成正确的审美意识和健康的审美情趣；在学到古代河道的治理、近代的工业革命时，可结合千岛湖的环保问题，帮助学生形成环保意识、公民意识和道德意识；在学到抗日战争时，可结合淳安革命史培养学生的爱国主义情感和社会责任感。总之，利用乡土资源进行历史教学可以让学生认识身边的历史，生活中的历史，让学生历史地认识生活。从"知识本位"转向"育人为本"，通过创造性地实施新课程，在知识的传授过程中培养学生的情感态度价值观，实现育人的功效。

（三）淳安乡土资源的开发利用和高中乡土史教育现状的要求

淳安县目前已开发了部分乡土资源，如已编写了《淳安县志》、《淳安乡土史》等乡土资源书籍，在开发千岛湖旅游资源时注重历史资源的利用，如海瑞祠、方腊洞、石峡书院等，在义务教育阶段也注重淳安乡土资源知识的教育。但目前在高中教育这一块还没有乡土资源的教育，更不用说通过充分发挥学生的自主收集相关的乡土资源的积极性来达到优化历史教学的目的。造成这种状况的原因，除了应试教育的影响之外，对依据高中生的特点来开发和利用地方资源的研究不足也是重要原因。

二　概念界定

乡土资源：这里特指淳安乡土资源，是指发生在淳安或与淳安有关的具有较高的教育价值的人文、地理及经济社会发展资源，包括红色革命、文物古迹、地名沿革、历史变迁、社会经济发展、地域特色、自然景观、民间艺术、民俗风情、名人逸事、特色文化、典籍资料以及家族史、姓氏史等。

利用：是指利用已有的和师生共同开发的乡土资源辅助高中新课程历史教学。

优化历史教学：是指通过开发、利用乡土资源充分发挥教师的指导作用和学生的主体参与作用，使学生在实践过程中自觉形成学习历史的兴趣，提高收集、整理、运用身边的历史知识的能力，从而提高学生的创新意识和综合实践能力，在历史教学和教育活动中充分利用乡土资源，从而达到新课标提倡的以人为本的教育方式的优化。

三　实践操作

（一）淳安乡土资源的开发

遵循教育性、价值性、真实性、实践性、体验性原则，采用以学生自主性、探究性开发为基础，以个人或小组活动为形式，大社会实践与小课题研究相结合，过程与结果相结合的策略。通过小课题研究、大社会实践、乡土文化考察，开发有利于历史教学的乡土资源，为历史新课程教学提供素材，在开发过程中也增长了学生学习历史的兴趣和体验历史的能力。

案例1："名人就在我们身边——关于淳安的名人逸事"小课题研究方案

课题名称：名人就在我们身边——关于淳安的名人逸事
研究小组：名人逸事组
指导教师：李晓伟
研究时间：2007.1—2007.3
研究方法：行动研究法和文献研究法相结合
研究目标：

（1）了解淳安历史上的名人逸事，研发校本课程。

（2）鼓励学生实地考察，增强学生参加课外实践的能力。通过同学之间相互合作，增强学生的合作意识。

（3）通过对淳安名人逸事的学习，让学生们为自己身边的名人而骄傲，激发他们对自己家乡的热爱之情。

研究步骤：

（1）研究组开会，划分布置研究小课题：商辂组、朱熹组、海瑞组、陈硕真组、方腊组。

（2）收集资料，开展研究。

（3）撰写研究报告。

（4）研究成果交流。

研究成果：

主要收集了陈硕真、方腊、商辂、海瑞、朱熹等淳安或曾在淳安生活过的名人的事迹。

评析：通过研究组的小课题研究，学生通过自己亲身努力，去寻找自己所需要的材料，并通过与同伴合作的方式完成调查报告，不仅丰富了他们的课外知识，更提高了学生们动手、动脑的能力，自主学习、合作探究的能力得到了加强，也增强了他们的合作意识，激发了他们对家乡的热爱之情。

（二）淳安乡土资源的利用

1. 汇集资料

通过小课题研究、大社会实践和乡土文化考察，我们挖掘开发了一批现有资料鲜有提及的新的乡土资源，收集了大量可能有助于我们高中历史教学活动的乡土资源。师生收集的各种资料达1956件，如通过考察乡土文化，在走访乡村时不但收集了已逐渐在淳安重新焕发光彩的睦剧、竹马艺术以及正在重新开发的汾口草龙、唐村麻绣等，更可喜的是还挖掘了现有资料少有提及的如石拱桥、石板路、水碓、石磨、蓑衣、土法榨油等即将失传的特色文化。这些乡土资源在家乡人眼中可以说是熟视无睹甚至被认为是落后的象征而正在被破坏。这次挖掘将有助于淳安特色文化的保护，同时也为我们的新课程历史教学提供了最亲切的教学素材。如学习"赵州桥"时，就可以让我们学生说说我们家乡的石拱桥，学生的学习兴趣即刻就提起来了；学习"物质生活的变迁"时，可以让学生看看"蓑衣"等的图片，在与现代生活的对比中自然就能感觉到物质生活的巨大变化了。

2. 整理筛选

通过研究小组的小课题研究、假期社会实践以及文化考察活动，挖掘、收集了大量的乡土资源，虽然在开发过程中有一定的针对性，但收集上来的资料的价值性还是参差不齐，因而我们在收集资料的同时，再依据教育性、价值性、真实性和有利于优化历史教学的原则进行筛选整理。

根据以上原则和历史课程标准的要求，我们把挖掘、收集上来的乡土资源分为八大类，筛选整理情况如表1。

3. 淳安乡土资源的利用方式

根据历史课程标准所规定的历史课的性质及课程目标，对经过筛选整理的有关淳安乡土资源的资料与高中历史教学进行了有机的整合和利用，从而达到历史教育教学方式的改革。

（1）与历史小课堂相结合

新课程高中历史教学时，可采用课堂渗透、课堂迁移、课堂交流等方式进行。

①课堂渗透。课堂渗透是指在高中历史教材教学的基础上，在完成课堂教学的前提下，有机地渗透乡土资源的内容，以此来加深学生对教材内容的理解，而不是刻意地进行教学内容的展开，以免出现喧宾夺主的情况。

从课堂教学的结构来看，淳安乡土资源的内容在课前导入、课中穿插、课后延伸都能有效地运用。

表1　　　　　　　　　　淳安乡土资源筛选整理情况

类　别	原始收集资源	筛选整理后的内容	教育、文化、历史、社会价值
淳安的历史沿革、淳安大事记	建制沿革、大事记	建制沿革、大事记	了解淳安的由来
淳安革命史	陈硕真、方腊起义、明代矿工斗争、太平天国运动、王文典的故事、方志敏与淳安、周恩来与淳安、淳安的解放等	陈硕真、方腊起义、太平天国运动、王文典的故事、方志敏与淳安、周恩来与淳安、淳安的解放	学习革命史实和革命精神
千岛湖的形成及主要景点历史	千岛湖的形成、淳安大移民、龙山岛、密山岛、神龙岛等岛屿的由来和传说	千岛湖的形成、淳安大移民、龙山岛、密山岛等岛屿的由来	增强千岛湖的历史底蕴，促进旅游文化和经济的发展
淳安民间故事	八大王抗倭寇、海瑞背纤、朱元璋封木块、方腊取剑等162个民间故事	八大王抗倭寇、海瑞背纤、方腊取剑等20个民间故事	增强淳安的文化底蕴和学生学习历史的兴趣
主要姓氏由来	王、何、方、徐、汪、胡、郑、洪、吴、童、叶、章、张、姜等50余姓氏的由来	王、方、徐、汪、胡、郑、洪、吴、童、叶、章、张、姜等10余姓氏的由来	使学生从自己的姓氏着手研究，成为历史学习的参与者，促进淳安氏史的研究
名人逸事和名人录	贺齐、商辂、海瑞、朱熹、方腊、陈硕真、王文典等120余名人的故事	贺齐、商辂、海瑞、朱熹、方腊、陈硕真、王文典等历史名人	增强淳安的人文底蕴，促进淳安旅游经济的发展
淳安教育发展史	淳安教育文化发展	淳安教育文化发展	有助于淳安教育史的研究
淳安特色文化	睦剧、竹马、方言文、蚕桑以及石拱桥、石板路、水碓、石磨、蓑衣、土法榨油等20余项	睦剧、竹马、石拱桥、水碓、石磨、蓑衣、土法榨油7项	有助于淳安特色文化的挖掘和利用

课前导入：一般课前用故事、图片导入等。淳安乡土资源内容丰富，

学生熟悉而又有亲切感。如果开头即引入，作为导入新课的引子，能给学生以贴近现实、突出主题的感受，从而产生良好的导入效果。

案例2：上《宋明理学》时，可以以瀛山书院的图片和朱熹的著名诗句"问渠哪得清如许，为有源头活水来"导入，学生感到原来朱熹和我们有这样的渊源，课堂学习的兴趣马上就提起来了。

课中穿插：教学内容中某一点、某一事与某一乡土资源相关，即予以穿插教学。

案例3：上太平天国课程内容时就可穿插淳安太平天国的相关内容等，可使学生感到家乡也是历史长河中的一朵浪花，历史也在家乡的发展之中。

课后探究：课后留下思考性的话题，可以激发学生探究欲望。

案例4：上科举制度课程时，我们就可联系淳安的三元宰相——商辂，并联系我们千岛湖的两个景点——状元桥和宰相岛。状元桥还在，而宰相岛却已改为奇石岛，可让学生去探究一个小课题："你认为状元桥连着的岛屿叫奇石岛还是宰相岛更能体现淳安的人文特色？如果让你针对此问题为旅游局献一建议，你从历史的角度会提一个什么方案呢？"让学生课后自发组织进行相应的探究活动，从而激发学生学习历史的兴趣。

为了能在历史课堂教学中更好地渗透乡土资源，根据新课程历史教材内容和淳安乡土资源的开发情况，我们列了高中历史新教材教学过程中具体渗透乡土史教学内容参考表，具体如表2。

②课堂迁移。根据迁移的教学理论，课堂迁移是指教学中呈现的信息与迁移任务要完成的信息之间有许多交复重叠之处的情境。通过此种方式的运用，达到帮助学生掌握解决问题与提高思维能力等高层次技能的目的。

表2　　高中历史新教材教学过程中具体渗透乡土史教学内容参考表

模　块	专　题	课　别	教材内容	相关乡土资源
必修Ⅰ	一、古代中国的政治制度	第一课	中国早期政治制度的特点	淳安的建制沿革
	二、近代中国维护国家主权的斗争	第二课	中国军民维护国家主权的斗争	八大王抗倭寇
		第三课	伟大的抗日战争	周恩来来淳安
	三、近代中国的民主革命	第一课	太平天国运动	淳安的太平军活动
		第二课	辛亥革命	王文典的革命故事
		第三课	新民主主义革命	方志敏在淳安的战斗
	四、现代中国的政治建设与祖国统一	第一课	新中国初期的政治建设	淳安的解放和解放运动的发展
必修Ⅱ	一、古代中国的经济结构与特点	第一课	古代中国的农业经济	淳安古代农业的发展
		第二课	古代中国的手工经济	淳安古代手工业的发展
		第三课	古代中国的商业经济	淳安古代商业的发展
	三、中国社会主义建设道路的探索	第二课	伟大的历史性转折	改革开放后淳安经济社会发展
	四、中国近现代社会生活的变迁	第一课	物质生活和社会习俗的变迁	淳安民俗
		第二课	交通和通信工具的进步	淳安交通的发展

续表

模　块	专　题	课　别	教材内容	相关乡土资源
必修Ⅲ	一、中国传统文化主流思想的演变	第三课	宋明理学	朱熹与瀛山书院
	二、古代中国的科学技术与文化	第三课	中国古典文学的时代特色	李白醉酒还淳
	四、20世纪以来中国重大思想理论成果	第一课	孙中山的三民主义	孙中山与王文典
	五、现代中国的文化与科技	第二课	人民教育事业的发展	淳安教育发展
选修4	一、古代中国的政治家	第一课	古代中国政治家	淳安历史名人

在具体的课堂教学过程中，我们的做法是：在依据高中历史教材教学的基础上，在教材的部分内容上进行淳安乡土资源的"迁移"（相似情境的介绍）。这种"迁移"一般是并列的，具有极强的相似性。通过这种"迁移"的方式，在学生理解教材内容的基础上，完成课堂教学的基本内容以后，补充学生熟悉的乡土知识内容（有目的、有针对性地介绍）。这一方面使学生了解淳安乡土资源的内容；另一方面，相似的情景，熟悉的内容介绍，能更进一步加深学生的理解。因此，在并列的基础上能够展开淳安乡土资源内容的教学，使相似的知识情景出现了"重复"，由教材的内容迁移到现实中的、学生身边的一些乡土知识，使学生的知识理解上出现由此及彼、"深入浅出"的效果。即保留了教材的核心内容，通过"迁移"的方式，重组新的教学资源。

在课堂教学的过程中，要注意以下几点。

一是迁移的相关理论构建：迁移不是漫无目的，更不是简单的串线整理，只有根据教材的需要，从乡土史料、史实中总结出一般性的规律并为现实的课堂教学任务服务，才是我们的构建目的。

二是迁移的目标的完成：一般要确定迁移的类型，分析迁移任务的性质、特征，然后选择相应的教学措施，设计与运用增强理解的各种方法。

案例5：在上《交通和通信工具的进步》内容时，可同时学习新中国成立以后淳安交通的发展，并进行对比，使学生明白交通的发展过程和对交通发展与经济社会发展的切身感受。

三是课堂交流。师生通过小课题研究、大社会实践和乡土文化考察获得了大量的乡土资源，这些资源的获得过程使师生得到了锻炼，同时也凝聚了师生大量的心血，这些资料也为我们高中阶段乡土史的教学提供了资源。在历史课堂教学中，除了课堂渗透和迁移外，我们还可以采用整堂课的课堂交流形式来展示师生乡土史的研究成果。以下是我们课堂交流的一个案例。

案例6：浓浓淳安乡土文化风情

【教学目标】

交流家乡的文化艺术，认识具有家乡特色的地域文化艺术，感受家乡的可爱，激发热爱家乡之情。

【活动准备】

1. 教师准备电子课件

(1) 各地区不同民族风情的画面

(2) 具有家乡特色的地域文化

2. 教师准备MTV：《至善如歌》、《美丽的千岛湖》、《三伯访友》、《南山种麦》

3. 学生准备关于家乡淳安的小课题研究资料（文字、图片、音像）

【课堂交流】

1. 师生互动，引入话题

师：同学们，我们在宋明理学中经常讲到一个名人，这个名人与淳安有点联系，同学们知道吗？

生：朱熹（学生在实践调查活动中了解）

师：是的，朱熹自1171年起曾被邀请到淳安的一个书院讲学，同学们知道吗？他还写了一首诗？

生：瀛山书院，"半亩方塘一鉴开，天光云影共徘徊。问渠哪得清如许，为有源头活水来。"

师：同学们，我们都是淳安人，喝着千岛湖的水长大，在群山的怀抱中生活。这山之城、水之都养育着一代又一代的淳安人，并形成了独具特色的风俗习惯，还创造出了独具特色的淳安文化艺术。今天，我们就一起来了解自己家乡的乡土文化艺术。

2. 书院派文化艺术交流

师：我们掌声有请文化教育研究小组的同学代表给我们讲讲书院史。

生：在淳安的历史文化发展中，出现了很多书院，为淳安培养了大批优秀人才。淳安最早的书院开设在五代时期，由淳安隐士方昊讲学授业。宋代时期有8所，其中石峡书院、瀛山书院名声最大。明代时期有12所，仙居书院最为出名，商辂曾在此讲学。还有五狮书院。

瀛山书院遗址位于郭村乡上郭村东北1公里，是一处始建于北宋年间的读书、讲学的古书院遗址。

宋淳熙年间著名理学家朱熹访詹仪之，往来论学于此。今存半亩方塘，得源亭和大观亭（均系后人重修），以及诗碑（清代）等文物。属县级重点文物保护单位。

朱熹于瀛山书院讲学期间所赋《方塘诗》"半亩方塘一鉴开，天光云影共徘徊。问渠哪得清如许？为有源头活水来"的名篇，清新活泼，富有哲理，至今脍炙人口（注：今存清代诗碑为《方塘诗》，《千家诗》及《宋诗词选》载为《观书有感》）。朱熹等人所探讨的"理气关系"、"格物致和"、"知行合一"等，提出了相当深刻的辩证法观点，对我国理论思维的发展有过积极的影响，在人类认知史上有着重要的意义。为此，淳安县人民政府于1982年3月16日正式行文，将瀛山书院列为县级重点文物保护单位。（教师对于文化教育研究小组的科学的研究态度、敢于实践的精神给予肯定和鼓励）

1. 家乡戏曲交流

（1）特色文化研究小组同学代表介绍

睦剧，原名三脚戏，因淳安古属严州府，严州古称睦州，故新中国成立后将淳安三脚戏定名为睦剧。睦剧是全国三百多个地方剧种之一，是淳安这块文化沃土孕育起来的一枝艺术花。它凝聚了淳安人民百余年的生活智慧和审美情趣，是淳安人民在一定历史时期的文化结晶，是一笔珍贵的民族精神财富。

睦剧迄今已有百余年的历史。自明末清初始，三脚戏便在浙江开化、遂安、淳安一带流传，后又以淳安为中心扎根发展兴旺起来。睦剧贴近生活，具有浓郁的乡土气息，且曲调优美动听，淳安县城乡人民群众至今流传这样一句俗语："看了三脚班，房门忘了关。"可见睦剧深得人民群众的喜爱。

睦剧传统剧目分大戏和小戏两类。大戏有所谓的"二十四本"之称，如《马房逼女》、《金莲送茶》、《拷打红梅》、《李仕卖妻》、《安安送米》、《山伯访友》等。小戏则有"十八出"，如《南山种麦》、《三矮子牧牛》、《看花灯》、《下南京》、《看相》、《偷笋》、《补被单》、《补缸》、《卖花线》等。

睦剧的音乐唱腔，大戏通用唱腔为湖广调，小戏则有专戏专用的各种平板和小曲。睦剧的乐队伴奏早期只有三人，伴奏乐器以锣鼓为主，无管弦乐器。睦剧音乐中的锣鼓已经有"湖广头锣鼓"、"回龙锣鼓"、"长程""短程""急板锣"、"九记锣"等。新中国成立后，睦剧音乐工作者发展了许多新腔新调，并在乐队中增加了弦乐伴奏，丰富了睦剧音乐的表现力。

（2）教师播放睦剧片段

师：刚才我听到同学们的赞叹声起伏不断，为什么赞叹？（学生自由发言）

补充：睦剧的发展情况

上世纪30年代，淳安三脚戏班最多时有90多个，有三脚戏从艺人员300人。新中国成立后，睦剧得到了党和政府的关心和支持，有了很大发展。1951年淳安三脚戏正式定名为睦剧。传统睦剧剧目有《南山种麦》、《牧牛》、《补背褡》等。1954年，睦剧《南山种麦》、《牧牛》曾和安徽的黄梅戏一起参加了华东地区戏曲观摩演出大会，获得了多个奖项，得到了专家的好评和鼓励。上世纪70年代，淳安睦剧团还被《人民日报》赞誉为"一根扁担两条腿，走遍浙西山和水"的"扁担剧团"。为了保护、传承祖国的传统艺术，淳安县做了大量的工作。1989年7月，成立了淳安县睦剧艺社，专事睦剧艺术的抢救和保护工作。艺社经过多年的努力，整理出版了20万字的《睦剧发展史》、《淳安睦剧唱腔精选》，录制了《淳安睦剧民歌精曲》卡拉OK带，拍制了淳安睦剧MTV。文化部门搜集整理了睦剧老艺人的声像资料、珍贵唱腔以及部分传统小戏剧本；搜集了一些原睦剧团演出剧目的声像资料；坚持开展一年一度的睦剧演唱会、戏迷演唱会，使睦剧节目经常出现在戏剧舞台上；还致力于睦剧新人的培训和培养，曾在几所中小学开办过睦剧演唱班，在社区办班，吸引戏曲爱好者学唱睦剧；努力开展睦剧创作活动，创作编排了《月圆曲》、《鸳鸯马》、《盼儿记》、《赤膊女婿》等睦剧小戏参加浙江省和杭州市各类相关的比赛和活动，获得了多个奖项，引起了各级媒体的广泛关注，扩大了睦剧的社会影响力，有力地促进了睦剧的保护。2005年，睦剧被列入浙江省非物质文化遗产保护项目。

4. 革命史交流

红色革命研究小组介绍淳安近代革命史研究情况。

白马，位于淳安县的西南山区，是方志敏先遣部队活动的地方，也是红军北上抗日途中较为闻名的"白马之战"的所在地。1934年11月24日，红军十军团十九师在这里与国民党清剿部队的两个团进行了激战，歼敌100余人，取得了胜利。新中国成立初期，这里有20多位参加过红军的老战士。如今，还有5位为红军做过工作的老人。在乡政府的带领下，我们来到了82岁的王桂仙家里。不巧，老人早上扭伤了腰。还有一位老人，15岁那年，村里来了红军，她就帮着打水烧饭，参加了秘密的革命活动。一谈起当时的情况，老人就回忆起那些在战争中出生入死的同志。

如今的白马乡，还保留着当年红军留下的标语墙，略微遗憾的是现在的标语是1982年的。因为这座墙壁快要坍塌时进行了维修，人们将原文拓下来后，重新描了上去，所以看起来好像缺少了一点什么。1984年，为了纪念革命烈士，在村后的山坡上修建了一座"红军北上抗日先遣队烈士纪念碑"，成了县里的革命教育基地。

抗日战争期间，淳安（含遂安）是全省7个未沦陷敌手的县之一。当与县境毗邻的兰溪、建德、寿昌、桐庐、衢州、分水先后被日军占领后，淳安就成为抗击日寇的前沿阵地。军队云集，战略地位十分突出。日本侵略者为了迫使淳安人民俯首投降，在军事上施加压力，一次次地派遣飞机对淳安城镇进行狂轰滥炸，淳安城镇几次陷于火海，蒙难群众血肉横飞，财产毁于一旦。淳安人民对蒙受的深重灾难，至今忆起来仍切齿痛恨。"前事不忘，后事之师"。重温这一段灾难岁月的历史，有助于我们提高爱国主义觉悟，热爱今天的幸福生活。

5. 交流体会，升华情感

师：今天，通过学习交流，我们看到了勤劳朴实的家乡人，他们乐观向上，辛勤耕耘，有丰富多彩的家乡文化艺术，让我们赞叹，让我们佩服。我想，你们一定有许多的想法，有许多的问题，有许多的感受。现在，我们一起来聊一聊吧！（师生交流，谈感受）

6. 全课总结

师：今天我们在这里交流我们的研究成果，是我们前一阶段的研究所得，不同小组和参与社会实践活动的研究成果得以共享。从交流中我们能深切地体会到淳安有着深厚的历史文化底蕴。我们的同学在获得这些资源的同时，也锻炼了自己搜集第一手历史资料的能力。这也是我们今后学习、研究和生活需要具备的能力。

评析：通过课堂交流，学生的研究成果得以展示，在交流过程中又可以进一步完善研究成果。学生在一种成就感中进一步提高了历史学习的兴趣，也从同学那儿学到了关于家乡的新知识。历史学习的亲切感油然而生，历史教学的育人目的也在学生的自我教育中生成。

（2）与社会大课堂相结合

社会大课堂教学指走出课堂，深入社会（与学科教学内容相关场所）进行现场教学，使学生身临其境，亲身体验、感悟、学习淳安的乡土资源。

①主题设计。走进社会现场教学的主题设计是个关键点，它既应是书本知识的"活生生"的课堂的延伸，同时还必须符合淳安乡土资源的相关内容，具有相当大的可操作性与宝贵的实践意义。两者的联系点促使由课堂的教学方式转变为走出课堂，深入社会的方式；教学的内容由教材上的学生不一定熟知的内容转变为学生较熟知的淳安乡土资源的相关内容；教学的方法也由传统的课堂教学方式转变为师生走入社会共同进行现场的学习与感悟知识的方式。通过对淳安乡土资源的相关内容的主题确定，实施教学活动，更有利于建立一种新型的师生学习方式。我们在研究中设计了如下的现场教学的主题，其中有的已经进行了教学实践。表3是我们课题组为社会大课堂设计的主题（部分）。

表3　　　　　　　　社会大课堂教学活动主题设计（部分）

研究主题	研究小组	研究要求	研究成果
海瑞祠	名人逸事组1	游海瑞祠，明海瑞事，感海瑞理	为海瑞祠写一篇能反映海瑞一生事迹的文章
朱熹和瀛山书院	名人逸事组2	游书院，思古人，想对策	为瀛山书院的开发写一份可行性报告
三元宰相——商辂	名人逸事组3	查古籍、访故人，激励自己	讲商辂的故事，向世人介绍商辂
方志敏革命路线探询	红色革命组1	重走革命路线，收集革命事迹，学习革命精神	编写方志敏革命路线图和事迹简介
陈硕真起义	红色革命组2	探第一女皇帝之原因，感第一女皇帝之气概	讲第一女皇帝之故事
方腊起义	红色革命组3	游方腊洞，知方腊事，究古人起义之原由	为方腊洞的开发出谋划策
睦剧文化	特色文化组	了解睦剧历史	学一出睦剧节目

②活动渗透。利用学校春游等活动进行乡土资源利用的进一步探究。

案例7：2007年春游，我们在方案中设置了这样的主题："品千岛山水美景，悟淳安人文典故"，要求学生在畅游千岛湖的同时，根据已有的乡土历史知识将淳安的历史名人如方腊等人的事迹进一步进行挖掘。2008年春游，我们结合淳安建县1800周年，千岛湖成湖50周年和改革开放30周年纪念活动，又设计了主题为"忆千年淳安，叹今日成就"的征文活动，要求学生在老师的指导下从淳安的千年历史中找寻今日迅速发展的历史原因，使学生在游历千岛湖的同时进一步感受淳安历史底蕴的深厚和50年千岛湖的变迁，从而体会改革开放30年来的发展成就和今天幸福生活的来之不易，使师生的乡土情结又有了一次升华。

评析：社会大课堂是一个师生能够直接亲近社会和自然的大舞台，历史课堂教学中当老师把古今中外的历史与我们家乡的历史相结合时我们就有了一种亲切感,当我们身临其境地站在历史面前时,这种感觉就可想而知了。

(3)与利用读本相结合

校本课程简易读本《淳安县乡土简史》是经过师生共同开发整合乡土资源而形成的,它不是教材,是新课程历史教学的课程资源。在读本使用过程中我们主要强调学生通过读本了解淳安的有关乡土历史知识后进行进一步的考证和探究,并对淳安的经济社会建设提出自己的建设性建议,做到学以致用。为此,我们设计了一些有一定探究意义的小问题。

①你还了解淳安的历史沿革中的哪些大事?你知道你所在的村庄或社区的由来吗?

②淳安是革命老区,以上革命故事有发生在你村里或邻村的吗?你还了解你的家乡有哪些革命故事或革命的历史遗址?革命者身上的哪些革命精神将激励着你不断地进步?

③千岛湖是国家4A级风景旅游区,游客来千岛湖都会被一湖秀水所吸引,请你为千岛湖的秀水保护出三个金点子。

④淳安建县至今已有近1800年的历史,有很深厚的历史和人文底蕴。请你从挖掘淳安历史和人文底蕴的角度为千岛湖旅游业的发展提一点建设性意见。

⑤今天,淳安已是省级教育强县,教育条件大为改善,请你借鉴古今中外教育发展促进经济社会发展的成功经验谈谈你对淳安教育发展的认识。

⑥生于淳安或曾在淳安生活工作过的历史名人颇多,试结合我们身边的一位具体历史人物谈谈他对你今后学习生活的影响。

⑦请你通过自己查找资料向你的同学介绍你的姓氏的由来。

⑧淳安历史悠久,有许多民间传说故事,除本文所写的这些故事之外,你还知道哪些发生在你家乡的传说故事?(请你给大家讲一个精彩的民间故事)

⑨有特色的东西就有生命力,我们的身边还有哪些特色文化?请你结合你的家乡做一个有心人悉心去挖掘、整理一件有特色的东西介绍给大家,以使其发扬光大。

读本在今后的使用过程中我们还将不断完善,探究的问题也将不断推陈出新。

四　研究成效

(一) 优化了高中历史教学方式

新课程特别强调课程资源在学科中的开发与利用。如何有效地开发与利用课程资源，如何教、怎样教才是最合适与恰如其分的，是一直困扰教师们的一大难题。在现实中也一直有个别的教师在尝试，但并未对学科教学的推进、学科教学问题的解决起到应有的作用。在本文的研究过程中，学生参与了学习的整个过程，与教师一起积极地开发淳安的乡土资源，使历史学科教学中如何对淳安乡土资源的开发和利用得到了有益的探讨，并形成了"自主—合作—探究"的方式、方法，为本县高中历史学科的新课改的推动起到了重要的作用，为其他学科乃至其他区域开发与利用乡土资源提供了借鉴。

随着研究的深入，我们逐渐将以小课题研究组为基础的师生"自主—合作—探究"的教学方式应用于具体的新课程历史教学中。以下是淳安第二中学历史教研组长钱爱平老师指导全组教师在新课程历史教学中采用小组"自主—合作—探究"教学方式改革的操作实践和认识的一个案例。

案例8：新课程背景下高中历史小组"自主—合作—探究"教学方式改革的实践与认识

一、我们的初步认识

在本文研究中，我们采用了研究小组小课题研究的方式，在大实践活动中也倡导同村同社区的学生合作进行，在研究过程中学生的"自主—合作—探究"的意识和能力在老师的指导下很好地得以实现和提高，而这正是我们新课程历史教学应有的教学方式。这正如美国著名评论家埃利斯所说的："合作学习如果不是当代最大的教育改革的话，那么它至少也是其中最大的之一。"《基础教育课程改革纲要（试行）》中明确提出，新课程下的教育必须"以学生发展为本，要改变学生的学习方式，积极倡导新的学习方式，即自主学习、合作学习和探究学习的学习方式"。通过新课标的学习，我们越来越认识到"自主—合作—探究"是新课程的必然要求，是学生成长的必然要求，是学习本质规律的必然要求。为此我们在教学中积极实践。

二、我们的实践操作

（一）激发学生的合作意识

学生在主观意愿下开展合作学习才能发挥实效，所以让学生接受合作学习，认识到合作学习的价值和意义是推动学生开展好合作学习的前提条件。历史教师可以利用历史教材中新鲜、生动的事实向学生讲清合作的重要性，培养学生与他人的合作意识。翻开历史教材，合作走向成功，不合作走向失败的例子很多，如刘邦，他乃秦朝一个小小亭长，既无将帅之才，又无显赫地位，何以能立大汉四百年基业？正是凭借他能与众多贤士猛将友好相处，与其他诸侯团结协作，让他们心甘情愿为己用，才打败项羽。反观项羽，一身盖世武功，可他不善于同他人合作，难信忠言，难容诤臣，最后落得孤家寡人、自刎乌江的下场。

（二）加强组织建设

任何活动的开展都必须有组织保障。首先，分组要科学，对性别、成绩、特长、家庭状况（城镇和农村、是否装宽带、是否走读）等情况尽可能要考虑得充分些，进行合理搭配，创造相对公平的竞争基础。小组成为课内外活动的基本单位。为了更好地开展小组活动，课堂上应按小组模块安排座位。其次，加强小组长队伍建设，培养合作学习的组织者、带头人。在合作学习开展之初，选择的小组长要有较强的组织能力、表达能力和互助合作精神。教师对新上任的小组长要充分地关怀和肯定，帮助小组长确立在小组中的威信。再次，建立小组档案，配备小组活动记载本，加强小组管理。

（三）提升学生合作技能

合作技能是决定合作学习能否顺利开展的关键，在历史学科开展合作学习之前及在合作学习开展之中都应注重对学生合作技能的指导和培养。重点培养小组长的组织能力，如让学生学会表达、学会倾听、学会赞美、学会批评、学会理解。

（四）开展历史学科合作学习的方式方法

合作学习的内容和方法是多种多样的，有课内问题讨论、观点争鸣、知识抢答、阅读建构知识结构、考后小组分析；课外可以进行学法交流、社会调查、课题研究、编历史小报等。下面就观点争鸣这种合作学习方式在历史学科的开展以案例的方式加以说明。

这里以《秦走向大一统的秦汉政治》一课中对秦始皇的功过评价为例。首先确定"秦始皇在中国历史上功大于过，他是英雄"，还是"秦始皇在中国历史上曾实行过暴政，他是暴君"这一辩论主题。对高一的学生来说，该辩论主题比较容易让学生掌握和驾驭，而且辩论正反双方的观点都能通过史实得到证明。史实来源于课堂上获得的知识，教师还可以为每组正反两方各准备一个资料袋，分别放入正方或反方的相关史料，以供学生在后面的辩论中参考运用。

其次，指导学生收集资料。寻找支持自己论点的依据和有关资料，可以通过教材、课堂笔记以及教师提供的资料袋中的历史史料。小组成员通过研究和讨论自己搜集的相关历史信息，并且准备好一系列有说服力的依据、理由等能够支撑己方观点的论点。在活动中要养成"史由证来，论从史出"的历史研究的方法。当然还可寻找支持反方的相关事实材料，做到知己知彼，为后面的辩论作准备。教师如果课前布置这一活动，可以建议学生去图书馆、互联网等途径丰富自己的材料。小组成员间要积极配合、共同研究，并保证每人都掌握己方的所有史料。

再次，组织自由辩论。学生借助各自的观点、材料进行辩论。如正方认为："秦始皇功大于过，秦灭六国，统一全国，结束了春秋战国以来割据纷争的局面，符合历史发展的趋势；统一文字、货币、度量衡，有利于国家的巩固发展，促进了各地区各民族之间的经济文化交流，对后世产生了深远影响。他通过统一战争，扩大了疆域，使秦朝成为我国历史上第一个统一的中央集权的封建国家。"反方认为："秦始皇残暴，是个昏君，他下令销毁《诗》、《书》等诸子百家的著作，并将以古非今的方士儒生460多人全部坑杀，就是历史上讲的焚书坑儒。""秦始皇过大于功，他广建宫殿陵墓，浪费了大量人力、物力、财力，影响了人民正常的生产生活;他还制定了残酷的刑法;他焚书坑儒,钳制了思想,摧残了文化。"双方在阐述时,不要进行辩论。在介绍时要尽可能地使自己的论述具有说服力,并认真仔细地倾听对方的发言,听时要注意记好笔记,对自己有疑义或不明白的地方要记录下来。

最后,撰写小组报告。舍弃自己原来的一家之言,通过探讨尽量达成一致的见解,形成对秦始皇的正确评价。在报告中不以辩论中的任何一方为主,而应该是综合双方的论点、论据,从双方都能接受和认可的角度进行分析和探讨,得出结论。当然,对一些开放性问题,观点也可以不求一致。

三、我们的再认识

合作学习的各类活动的设计确实突破了我们以往的教学框架,给人以全新的视角。许多学生感慨:"原来历史课还可以这样上!"学习主动性被大大激发,活动能力、探究能力、学习能力得到了培养。当然,历史学科合作学习过程中存在许多问题,如课堂气氛难以控制;个别或部分学生包揽一切合作学习事项;部分学生合作意识不强、缺乏合作能力;合作资源的深层次开发不足等,需要在以后的实践中不断完善。这对教师驾驭课堂的能力和学科功底提出了更高的要求,因为在新课程中学生在开展合作学习时,主体性得到了发挥,在合作中,不断碰撞,观点发散,超出了教师的想象。这要求教师不断"充电",丰富自己的知识储备,在教学中还要不断进行自我反思,认真分析每一次合作学习的得失,在实践中不断提高自己驾驭课堂的能力。

评析:新课程在浙江已推行了将近两年,我们的各种层次的新课程培训也经常进行,我们学校在这方面也大力支持教师参加各类培训以提高新课程的教学能力。但是由于现在的教师基本上都是带过多年旧教材体制下高三历史教学的老教师,因而思想观念的更新需要一个过程。在 2006 学年第一学期县教育局教研室对我校新课程的实施进行调研后指出,"有许多教师是拿着新教材上旧课",为此,我们将当时正在进行的小课题研究组的方式,运用到每个班的具体历史教学中,从小组的组建到合作学习的方式方法等方面进行尝试,经常性地开设主题教研课,提出了"宁可是失败的课，不可是没有创新的课"的口号。经过一年多的实践，2007年县教育局教研室的调研对我们历史组给予了高度评价，特别难能可贵的是我们的课还得到了来淳安支教的省特级教师何凡老师的肯定和鼓励。我们今后在这方面将一如既往地进行实践和探索。

（二）促进了学生成长

1. 培育了学生的乡土情结

身边的历史往往是最容易被我们忽视的，但是它的教育意义又是最直接、最感性的，也是学生最容易接受的。英雄人物就在家乡，榜样就在眼前，具体生动，具有极强的感染力。随着课题研究的深入，学生越来越感觉到家乡不仅美丽、可爱，而且很可敬。通过乡土资源的开发和利用，促进了学生乡土意识的产生，也使学生受到了生动的革命传统教育。培养学生爱家乡、爱祖国，弘扬民族优秀文化，加强民族团结，还增强了学生保护本地文物、利用开发本地历史资源的意识。

学生感言：高一（11）班学生方玉婷在交流活动成果和活动感受时说："首先我向爷爷询问了村的来历。爷爷问，为啥突然问起这个问题，懂事了，开始关心家乡的历史了。当爷爷知道我参加了家乡历史小课题研究小组后比我还积极，要求我把本村的小组成员一起叫来，带着我们一起去走访村里的其他老人，还带我们找来了两本我们从来没见过的村谱。在这次活动中，至少让我有这样几点感受：第一，让我感受到了先人的伟大。他们来到这个小村庄时，还是一片大山和溪水，他们不畏艰辛，开垦荒地，才有了我们今天这个村。第二，对于常年在外面读书的我们来说，家乡似乎有点陌生，但这次活动让我亲近了自己的村庄、我们的祖先。以前听别人或文学作品说自己的家乡怎么怎么好，我却没有任何感觉。现在我终于懂得了自己家乡的可爱。"其实大多数学生，甚至我们教师，随着课题研究的深入，乡土情结无不越来越浓厚。

2. 激发了学生的学习兴趣

对于如何学习并获得好效果，一般认为应讲究学习的策略及个人的用功程度，但实际上也不能否定学习兴趣的作用。正如有的学者所指出的:"只有学生对所学课程感兴趣并感到愉快时,他才能把所有的心理活动指向于学习,使人的智力潜能处于最活跃的状态,才能使学习兴趣成为推动学习的强大动力,才能达到'发奋忘食'、'乐而忘忧'以至'欲罢不能'的境界,才能学好所学的课程。"兴趣是学习的调节器,只有对学习产生了兴趣,才能谈学习的效果。历史学科是一门逻辑思维很强的学科,具有过去性、一度性等特点,因而造成了教学内容的陌生、枯燥,难以引起学生的兴趣,给教学带来了一定的困难。因此,如何激发学生的学习兴趣是历史教师首要的任务。研究教育的人基本上都同意最有效、最方便的学习进程是从具体到抽象,从亲切到陌生,所以历史教学的原则应该由近及远,从自己的家族、乡里认识起步,然后扩展到国家、世界,从现代逐渐推到远古。

乡土资源都是来自学生的家乡,有的历史人物、历史事件、历史遗址就在学生所在的村庄、乡镇,或者在学生学习、生活附近的地方,学生对此多少略有所闻,只是没有引起注意罢了,或者想不到与自己所学的历史教材内容有何关系。教师在课堂上适当引入一些与教学内容有关的乡土史料,恰当巧妙地联系本区域的人文历史说明课本内容,利用学生熟悉的身边历史形象来印证他们陌生的历史形象,使历史化为有声有色的历史,更贴近生活与现实,引发学生浓厚的兴趣,使学生产生亲切感和好奇心,从而调动学生学习历史的积极性,促进通史教材的学习。

学校每学期的期中和期末都在学生中进行抽样调查,其中就有这样的问题"你最感兴趣的学科是什么学科?感兴趣的原因是什么?你最不感兴趣的学科是什么学科?不感兴趣的原因是什么?"表4是2006学年学校在高一学生中的调查反馈情况。

(1)高一年级总学生数720人,小课题研究组共8个小组,每小组20人,共160人。(2)学科共有语、数、外、政、史、地、理、化、通用技术、信息技术、体育、综合实践活动12科,最感兴趣的学科只能选一门。(3)第一学期期中调查,研究组成员和非研究组成员最感兴趣,选历史学科的学生共110人,排所有学科第六位,前五位为信息技术、体育、化学、数学。第二学期期中调查,对历史最感兴趣的学生有265人,占总人数36.8%,列所有学科第二位,排第一位的为信息技术。

表 4　　　　　　　　2006 学年高一年级学科调查反馈情况

时间	学生	对历史学科感兴趣程度				
^	^	最感兴趣		一般	最不感兴趣	
^	^	人数	主要原因	（人数）	人数	主要原因
第一学期期中	研究组成员	67	1. 从小就喜欢看历史方面的书籍； 2. 小课题研究贴近生活，特有意思； 3. 对历史的某些领域比较感兴趣； 4. 历史学能给自己很多启发。	93	/	/
^	非研究组成员	43	1. 历史老师讲课有意思； 2. 从小就比较偏爱历史方面的知识； 3. 对古代的生活比较感兴趣，历史课上了解的比较多。	421	139	1. 历史课枯燥乏味，从小就不喜欢； 2. 最怕记历史年代； 3. 喜欢理科思维
第二学期期中	研究组成员	146	1. 喜欢小组合作研究的感觉； 2. 研究成果交流过程中很有成就感。	14	/	/
^	非研究组成员	119	历史越学越有意思，能让自己学到很多有意义的知识，并且能拓宽自己的视野，丰富自己的人生观。	428	13	对历史课说不出的感觉

3. 提高了学生的学业成绩

浙江普通高中新课程实施已实行将近两年，省市县教育主管部门和教研室也采取各种形式对教师进行培训，教师对新课程教学的理念也进一步理解，在教学方式上也出现了许多新的模式。随着新高考方案的出台，教学评价机制也发生了较大的变化。但不管评价机制怎么变，学生的学习成绩还是衡量、评价学生学业的重要依据。高中学习面临升学的压力，可以说时间很紧张，一开始我们在组织研究小组时许多班主任不理解，学生也不是特别响应。但半个学期下来，研究组成员期中考试的历史课成绩明显高于非研究组成员，见表5。随着研究组活动的深入，对历史感兴趣的学生增多，我们学校的历史成绩也由期中三校联考的第三名跃居第一名，见表6。而且这种局面一直延续，使我们历史教研组也成为学校领导和家长最放心的一个组。随着成绩的提升，学生学习历史的兴趣和积极性也进一步被激发起来，在参与乡土资源的开发和利用中也扮演起了主人翁的角色。

表5　　　　　研究组成员与非研究组成员历史成绩对照表

时间		成绩					
		研究组成员			非研究组成员		
		平均分	优秀率	及格率	平均分	优秀率	及格率
第一学期	期中	67.3	16.5%	90.3%	62.7	8.91%	65.4%
	期末	78.6	28.7%	100%	65.5	14.2%	71.1%
第二学期	期中	83.9	39.4%	100%	73.7	18.7%	76.8%
	期末	参加省会考，没有统计。					

表6　　　　　2006学年高一年级三校联考历史成绩对照表

单位：分，人

学校	时间	实考人数	平均分	100—90	89—80	79—70	69—60	59—50	49—40	39分以下
本校	第一学期	720	64.30	0	36	224	288	82	88	2
	第二学期	720	72.60	3	66	252	280	74	45	0
参照学校1	第一学期	802	65.21	0	42	275	336	112	37	0
	第二学期	802	68.9	1	34	251	291	149	75	1
参照学校2	第一学期	514	66.75	0	38	163	207	84	22	0
	第二学期	514	69.20	1	33	170	216	73	21	0

从表5可见，随着课题研究的深入，无论是研究组成员还是非研究组成员的历史成绩均有比较大的进步，尤其是研究组成员的优秀率有较大幅度提高，非研究组成员的优秀率和及格率也有较大的提高。从表6可见，成绩的提高也表现在三校联考的对比中。从第一学期的平均分排第三到第

二学期的平均分排第一，尤其是 80—100 分这两档学生几乎居参照学校两校之和。学生历史成绩的突出原因很多，如学校校风的严谨和教师的教学得法，但其中不能忽视的一个重要原因就是随着本课题研究的深入，学生学习历史的兴趣日益浓厚，学习历史的主动性很强，学习历史的方法也在不断地改进，历史成绩的提高也就在情理之中了。高二、高三的历史成绩同样也居同类学校之首。

4. 锻炼了学生的多种能力

利用乡土资源优化历史教学的实践研究是从学生的亲身实践与体验出发，密切知识与生活的联系。在利用乡土资源时，有的学生本来很胆怯，见了生人不敢讲话，但在老师的指导、同学的鼓励下，随着研究的进行，准备越来越充分，谈话越来越流利，收集的资料自然也越来越多。有的学生不知从何处入手，在老师耐心的指导下，掌握了最基本的研究方法。利用乡土资源进行的历史教学具有浓郁的地方特色和乡土气息，教学中许多都是学生所熟悉的环境和事物，是当地的历史和社会发展概况。乡土资源的开发过程中通过组织学生进行实地考察、社会调查和参观访问等方式促使学生把课本知识与实际结合起来，激发兴趣，开阔眼界，增长才干，提高观察问题、分析问题的能力。乡土资源的利用过程中通过采用写作调查报告、课堂交流、成果展示、演讲比赛等，培养和发展了学生的语言表达能力、动手操作能力和解决问题的能力。小课题研究组的研究方式对于学生间的团队协作能力的提高也有相当的作用。以下是两则学生在老师的指导下通过社会调查撰写的调查报告。

案例 9：学生调查报告举例

主题：调查家族史，村庄史，主要姓氏的由来

人员：王景，妈妈

指导教师：吕红英

方法：走访村中老人，查阅家谱，上网调查资料

时间：2008 年 2 月 5 日

主要内容：

我的老家在环境幽雅的鸠坑乡青苗村。

鸠坑乡位于淳安县西部，距县城 35 公里。东北濒千岛湖，西南与梓桐镇、南赋乡接壤。

明代属梓桐乡,民国初期属鸠川乡,后鸠坑源、赋置源、南村源合并为三源乡。新中国成立后名鸠坑乡。1958年与南赋、里桐、外桐、中桐4乡合并,成立东风公社,后为梓桐公社鸠坑管理区,1961年分出,设立了鸠坑公社,1984年改为鸠坑乡。

村里的姓氏主要由王姓组成。大约在400年前,从本县威坪镇横双乡青目村迁至本村。

当时不叫青苗村,而叫桂山村。由姓江的人居住。二十一世祖文震公打猎到桂山村,看到此处风景秀丽,后就居住此村。文震公领导的那一年,大丰收,因而改为青苗村。大概在太平天国年间,姓江的大量迁移至龙游,后村里基本姓王。到上个世纪60年代最后一家姓江的也迁至江西景德镇。解放后,其他姓氏渐渐多了起来,如姓叶、洪、方、余、徐……我们家族由婺沅武口(今江西)一世祖希翔公至六世祖元万公期间,在徒居吾淳西洪旗(现方宅乡洪旗村),又至十六世祖文政公由洪旗徒居环水(现横双乡青目村)至二十一世祖文震公由环水徒居鸠坑桂山村(现青苗村)。这就是我们家族、村庄主要姓氏的由来了。

以上资料由家中我的一位爷爷和姑父提供。纯属事实。

评析:学生在指导教师的事先指导下掌握了开展社会调查的一般方法,利用假期通过亲身经历了解了自己姓氏、村庄的由来,了解了家乡的特色文化,增长了知识,尤其是学生的参与社会实践、收集资料、口头表达、整理资料、形成文稿等方面的能力都得到了显着的锻炼和提高。这样的活动我们将创造条件经常性地进行。

(三) 促进了教师发展

高中历史新课程标准对历史教师这一资源的阐述是,"历史教师是最重要的人力课程资源,教师的素质状况决定了课程资源开发与利用的范围和程度。"过去,中小学课程内容单一,教师的作用就是进行知识的传递,基本上完全依靠教科书和教学参考书,影响了教师创造性的发挥。在本文的研究过程中,教师必须对如何开发整合利用淳安乡土资源有宏观的认识和微观的研究,有明确的目标和细致的计划,教师不但要掌握课程资源,更重要的是有把它转化为学生的学习资源的能力;新课程强调改变原有单一、被动的学习方式，建立和形成发挥以学生主体性的多样化的学习方式，促进学生在教师指导下主动地富有个性地学习。学生学习方式的多样性，自然对教师教学方式提出了新的要求。有人说，学生学习方式的改变是对未来教师最大的挑战；过去，教师职业的一个很大特点，是单兵作战。在日常教学活动中，教师大多是靠一个人的力量解决课堂里面的所有问题，而在本课题实施乡土资源开发整合利用的研究过程中，教师需要与更多的人接触，在更大的空间、用更加合作的方式从事工作。这些，无疑对教师的综合素质提出了更高的要求，两耳不闻窗外事的与世隔膜的生活状态将被打破。正如美国实用主义教育家杜威所说："走出教室一步，就意味着对学科的超越；选择了一种教育，就选择了一种生活。"通过研究，我们历史教师明显感觉自身的专业素质得到了提升，也进一步激发了我们对教师职业的兴趣，培养生活于社会的多种能力。

五　结束语

本文是在浙江省新课程实施的大背景下进行的，是根据目前农村高中有着丰厚的乡土资源的实情进行的。师生亲身参与收集历史资料的实践过程、众多资料的筛选过程，尤其是研究如何把淳安乡土资源与高中历史教学进行有机整合和在高中历史教学中如何更有效地利用乡土资源优化历史教学，增长了师生的乡土资源知识，锻炼了师生收集第一手资料、整理和开发新的课程资源的实践能力，优化了历史教学方式，有利于师生塑造健全的人格，及培养爱家乡、爱祖国的情感和正确的价值观、人生观。这样的研究也正是新课改历史教学所追求的。

参考文献

1. 《普通高中历史课程标准（实验）》，人民教育出版社2003年版，第4页。
2. 《基础教育课程改革纲要（试行）》，浙江教育出版社2006年版。
3. 《普通高中课程方案（实验）》，浙江教育出版社2006年版。
4. 施良方：《教学理论：课堂教学的原理、策略与研究》，华东师范大学出版社1998年版。
5. 姚锦祥：《乡土史教学规范问》，《历史教学》2003年第9期。

6. 朱可：《行走在历史与现实之间：中学历史教学论》，浙江教育出版社 2005 年版。

7. 王洁：《综合课程开发与案例》，文汇出版社 2002 年版。

8. 况晨光：《如何搞好校本研究》，《天津教育》2004 年第 9 期。

9. 朱煜：《走进高中新课改——历史教师必读》，南京师范大学出版社 2005 年版。

10. 刘丽群：《论课程改革中的教师角色期待》，《全球教育展望》2003 年第 1 期。

11. 郑金洲：《新课程背景下的校本研究》，《江苏教育》2005 年第 6 期。

12. 毛新勇：《建构主义学习理论在教学中的应用》，上海教育出版社 2004 年版。

13. 《淳安县志》，汉语大词典出版社 1990 年版。

论教材资源在历史课堂设问中的运用

绍兴市职业教育中心　朱文龙

新一轮课程改革以来，高中历史教材较之以往有了很大的变化，现在的栏目更多样、内容更丰富，更贴近学生学习、教师教学的实际。故如何充分利用教材资源是教师的重要职责所在。课堂是师生交流的空间，师生之间的问答在这个空间里占有最重要的分量，有效的课堂设问对激发学生学习兴趣、调节课堂气氛、促进学生课堂参与、提高课堂教学效率有积极的意义。本人结合教学实践，谈一谈教材资源在课堂设问中运用的一些做法，不当之处，请同仁批评指正。

一　利用导入语资源创设问题

（一）利用单元导入语创设问题情境

问题情境的创设是培养学生主动学习的关键。新教材在课前的导语部分，都精心设计，提出了在本单元或本课学习中要求学生必须探究和解决的主要问题。人民版教材在每一单元的导语部分设计了"学习建议"栏目，提出学生应探究的问题。如必修一专题三的学习建议中，教材设计了这样的问题：太平天国运动、辛亥革命和新民主主义革命究竟有何联系与区别？为什么说没有共产党就没有新中国？在教授这一专题的开始，这样的问题设置有助于提高学生学习探究的兴趣，从而理解和把握近代中国民主革命发展的规律和趋势，体会历史思维的乐趣。

（二）利用课文导入语创设问题情境

"1929—1933年资本主义经济危机"一课，人教版教材在课文导言部分引用了美国总统柯立芝1928年的国情咨文。20世纪20年代美国经济进入黄金时代，正因为如此，柯立芝对美国经济充满了自信和乐观，但是仅仅一年后，当美国人民重温这段话语时，却恍如隔世，完全没有了这种"美妙"的感觉。导入新课时教师可根据该内容创设这样的问题情境：为什么美国人会有这种从天堂到地狱般的感受呢？这次经济危机为什么会爆发？是怎样爆发的呢？这样，一开始上课就激发了学生的学习兴趣，使学生在学习新课之前就进入带着问题的学习状态，将学习建立在对新的、未知知识的认知需要上，从而在教学伊始就营造了问题意识，这样有助于激发学生学习和探究的兴趣，培养创新精神。

二 利用课文正文资源创设问题

（一）利用新旧知识的联系创设问题情境

教师应引导学生"带着问号"学习。那么，如何使学生"产生问号"呢？笔者认为最直接的办法就是教学生学会比较。因为"问题"产生于"疑问"，"疑问"产生于"差异"，"差异"产生于"比较"。只有通过比较，才能在事物的众多属性中找出本质的属性和非本质的属性，从而确定属于同类事物的本质属性是什么。例如，在教授必修三"孙中山的三民主义"这一节的第二部分"新三民主义的提出"一目时，教师可以进行如下提问：新三民主义和旧三民主义有什么异同？新三民主义和中国共产党民主革命纲领有什么异同？新三民主义和孙中山的三大政策之间是什么关系？这样的设问容易引发学生对新旧三民主义以及国共两党纲领之间进行对比，从而提高历史学习的思维能力。

（二）根据教材史实创设矛盾——争论型问题情境

利用学生对某一问题的不同看法所引起的矛盾冲突创设问题情境引导学生进行讨论。由于在讨论过程中学生希望被认可的愿望非常强烈，教师在鼓励学生发表意见的同时，要引导他们正确分析，从不同侧面去认识问题。在完成必修一专题三"辛亥革命"这一节教学后，我提出了这样的问题：有史学家认为这场革命是胜利的革命，又有史学家认为这场革命是失败的，请结合所学的知识，阐述你的看法。学生们议论纷纷，从不同的角度对辛亥革命的影响进行了论述。通过学习，学生既掌握了知识、锻炼了能力，又进行了一次深刻的情感体验，比纯粹的说教要好得多。

（三）根据知识的逻辑性和联系性创设阶梯形问题情境

教师在创设问题情境时，应考虑知识的内在联系，尽可能设置科学的、有梯度的、有层次性的问题链，设置彼此之间存在着逻辑关系的和难易程度上有层次关系的问题，作好问题之间的衔接和过渡，用组合或阶梯等方式提高问题情境的整体效果。通过这样的提问和探究，就会把学生的认识逐步引向深入，使学生的历史思维能力得到提高。在讲"中国民族资本主义的产生"这一节时，如果直接提问"有人说'中国民族资本主义是欧风美雨的产物'，你认为这种说法对吗？为什么？"这个思考题，学生可能一时难以回答。这时我把问题分解成几个方面引导学生思考：①中国资本主义萌芽出现在什么情况下？发展态势怎样？②鸦片战争以后，资本主义国家侵略中国有什么特点？对中国产生了哪些影响？③洋务运动的目的是什么？其结果说明了什么问题？④中国资本主义兴起于何时？情况如何？⑤如何看待外国资本主义对中国民族资本主义发展的影响？通过一系列有层次、有深度的问题，引导学生深入思考，让学生独立判断"中国民族资本主义是否是欧风美雨的产物"这一问题。

（四）引导学生通过对比分析发现矛盾从而产生问题情境

在讲授"民主政治的摇篮——古代希腊"一节时，我提出了这样的问题：古代希腊和中国，一个采取的是民主制，一个采取的是集权专制。为什么同时期东西方国家会采取不同的政治制度呢？我引导学生从经济基础、地理环境、民族个性等各个方面进行分析，在比较中学生提升了学习的能力，增强了学习的兴趣。

（五）引导学生通过提出假设、检验假设、激发矛盾来产生问题情境

在讲五四运动时，教师可以提问："假如没有巴黎和会上中国外交的失败，五四运动还会爆发吗？"通过对这个问题的分析论证，使学生明白"一战"的发生是资本主义政治、经济发展不平衡加剧的产物，也是帝国主义两大军事侵略集团疯狂扩充军备的结果。五四运动则是无产阶级队伍壮大、北洋军阀黑暗统治、新文化运动的发展、十月革命的推动等诸因素作用下的必然之举，进而使学生弄清历史发展必然性与偶然性因素之间的辩证关系。

三 利用教材插入语资源创设问题

插入语是课文辅助部分。这些材料概括起来可分为文字材料、表格材料和图片材料三大类。教科书中的很多材料都是经过编者处理的，因为材料的读者不是历史学者，只是普通的中学生，所以有的材料是对原始史料的摘录，有的材料是对原始史料的改写，目的是在不改变史料本质的前提下让学生更好地理解材料的意义。

（一）充分利用教材中的文字材料资源

文字材料包括从经典著作、历史文献、名人名言、碑文、报刊、文字作品中所选取的材料。这些材料或属于对正文文本的补充、说明，或属于对正文文本的扩展和分析。教师可以创造性地通过对阅读文字中有效信息的提取解读使其为正文观点服务，变"讲阅读文字"为"用阅读文字教"，从而提高对阅读文字文本的利用价值。这样既免去了搜寻材料之苦，又强化了学生对史料有效信息的解读和对单个知识点的多角度理解。

以必修一专题三第一节"太平天国运动"为例。笔者运用论文学习思考的资料，让学生来分析太平天国失败的原因。史载，太平天国定都天京后下令："凡一切孔孟诸子百家妖书邪说者尽行焚除，皆不准买卖藏读也，否则问罪也。"又据史载，太平天国后期，领导阶层贪图享受，洪秀全大肆封王，委以重任。通过材料的分析，学生比较容易把握太平天国失败的原因，也理解了农民阶级为什么不能承担起中国民主革命的重任。

(二) 充分利用教材中的图片资源

高中历史教材的一个特点就是有着丰富而精美的图片。新教材中的图片来源很广，有历史地图、人物画像和照片、历史场景图、历史文献照片，甚至还有绘画、拓片、文物图片、名胜古迹图片、漫画等多种类型。这些图以不同的表现形式，给我们呈现了较为直观、全面的历史信息，能够生动形象地补充说明教科书中的有关内容，是历史教科书不可缺少的重要组成部分。每一幅图片都是编者经过深思熟虑，精心选择编入教科书的，它能激发学生学习的兴趣，调动学生解决问题的欲望，是培养学生历史感最鲜活的资料。

1. 利用人物画像图创设问题情境

在必修二专题七"苏联社会主义改革与挫折"这一节中，笔者利用了勃列日涅夫的头像，让学生仔细观察，然后设问，从头像中，你可以推测在他当政时期可能打破个人崇拜吗？为什么？不少学生都能从他胸前悬挂的多枚勋章来判断，他是不能跳出斯大林模式的框架的。

2. 利用原始资料插图创设问题情境

一般出土文物、名胜古迹、艺术品等原始资料的插图比较客观、真实，最具有可信性。以必修三专题一"百家争鸣"一节为例，笔者让学生认真阅读《孔子退修诗书》一图，问图中可以看出孔子在教育内容、方法等方面有哪些特点？在仔细阅读的基础上，结合所学的知识，学生在不同程度上回答出孔子作为教育家的成就了。

3. 利用教材中的漫画创设问题情境

历史教材插有许多历史漫画，旨在通过夸张、幽默的形式来表述历史事件和历史人物，具有趣味性和形象性，令人发笑，耐人寻味。一幅好的历史漫画往往具有深刻的历史内涵，我们可以依据漫画创设问题情境，让学生在动口、动脑中潜移默化地记住历史知识和历史特征，并在理解教材的基础上实现知识的迁移。如在讲斯大林模式的弊病时，笔者利用了教材中的漫画《片面的经济》，一个半身强壮而另半身羸弱的人代表了苏联经济的形象，然后设问，从漫画中可以看出斯大林模式在经济方面有什么特点？这样的特点对苏联的经济会产生怎样的影响？

4. 利用教材中的历史地理图创设问题情境

历史地理图的基本要素与普通地图大致相同，只是更多地赋予了历史特征。它大体上包括地域图、线路图、分布图、河流水利图、城市平面图等。历史插图蕴含着丰富的隐性知识，是课文内容的必要补充，能够理解插图语言所表达的历史内容的前因与后果，是培养历史地理观的更高层次。必修一专题二中"列强入侵与民族危机"这一节中有19世纪末列强在华划分的"势力范围"示意图，结合此图，我们可以创设问题情境，使学生认识到中国民族危机在此时得到空前的加强。

5. 综合运用教材中的图片创设问题情境

必修三专题八"19世纪以来的文学艺术"一单元中，教材中有《自由引导人民》、《日出·印象》、《向日葵》、《格尔尼卡》等一系列绘画作品，教师可以这样设问：这些作品分别代表了什么派别？这些作品的时代背景是怎样的？怎样来看待文化与政治、经济之间的关系？这样通过问题情境的设置把教材中历史图片与教材内容串联了起来。学生在教师的引导下，通过历史图片这一媒介，把历史的情境和现实中的情境联系起来展开合理的想象。当然，教师所提的问题也要有相当的深度，使学生的思维不仅仅是停留在一种直观的感受上，而且能够上升到抽象的认识，加深对事件本质的认识，提升学生的历史思维能力。

（三）利用教材中的表格材料

对于表格材料，应引导学生透过表面枯燥的数据发掘其深层内涵，加深对教材的理解，以培养学生的综合素质。表格材料是通过各种数据构成的科学性、系统性极强的材料。它具有直观简明的特点，但也存在枯燥、表面化的缺陷。这就要求教师要引导学生通过表面枯燥的数据，发掘其所反映的历史本质，对数据进行系统的分析或多角度多层次的理解，使之与教材有机结合，以培养学生思维的灵活性。以必修二专题五第三节"蒸汽的力量"为例。教材中有英国各行业就业人数占总就业人数的比例（百分比）图，可以这样设问，从该图中可以看出英国从1801年到1901年的百年中，英国就业人口的比例发生了怎样的变化？这一变化对城市建设提出了怎样的要求？它反映了英国经历了什么重大历史变革？

四　利用活动课资源创设问题

　　新课程理念下历史问题情境的创设，不仅仅在于引导学生寻找问题的答案，进行知识的归类总结，而且注重学生在问题探究过程中的方法和思维路径，这是一个动态的过程。新教材中的新课型"探究活动课"，其目的是让学生在实践中模拟研究过程，如何提出问题，如何去收集整理资料，如何利用有效信息去分析问题，如何在假设的论证中去解决问题。让学生通过探究与发现，体会和掌握探究的过程与方法，提高学生自主学习和探究问题的能力。

　　以探究活动课"中国民生百年变迁（20世纪初—21世纪初）历史展览"为例。这个主题与学生现实生活联系十分密切，笔者提前布置了探究主题，指导学生充分利用校内外的学习资源，主要采取分工合作的方式，搜集整理相关的资料，学习成果的呈现方式不做具体要求。学生在"研中学"、"学中做"，探究成果让人出乎意料。以"民以食为天"为研究主题的小组学生，以小报的形式，配以文字、收集的实物票证、剪贴的报刊资料，阐述中国从古至今中国饮食文化的变迁；以"衣"为主题的合作小组，写了一份像模像样的调查报告，辅以手绘的素描图案；以"住宅的变迁"为主题的小组撰写了调查报告，从"人均住房面积"、"住房的种类及形式"、"住房环境"、"获取住房的方式"等方面阐述了住房的变化过程及变化原因，还配以富有时代特征的自绘的能反映时代变迁的图画、剪贴的图片和自制的图表。还有学生写了关于"风俗"、"交通工具"的专题研究。每个合作小组还把自己的成果制作成了课件，并派代表上台讲述。这节课同学们听得特别认真，全神贯注，情绪高涨。学生充分体验到了探究学习带来的快乐，感受到了自我劳动的价值所在，同时也提高了历史思维能力。此外，教师还可以通过组织辩论赛、课堂讲座等形式，要求同一主题的不同观点的双方要收集信息、加工处理、准备充分。不论是哪种探究形式，在这些活动中，学生不仅学会了自我分析判断、自我检查监控、自我反思矫正，而且学会了与人交流和合作，他们的思想和观点在相互碰撞下发出了灿烂的思维火花。当学生认识到所谓历史，就是依据史实材料进行探究和解释，历史思维的学习主体意识就逐渐形成了，这样的历史教学才具有生命力。

教材是师生教学的第一手资料，作为教师应充分重视和利用。当然在使用中要注意有目的、有适度、有层次、有探究，应在教师的引导下，发挥学生的主体作用，从而提高教学的有效性。

学案设计:高中历史教研(备课)组主题研讨活动的常态之举

杭州市余杭高级中学　谢根祥

一　我们的困扰

从教历史学科,感触最多的是从社会、学校到学生对历史学习的普遍不重视。且不提社会的偏见,在学校内部也是如此。学校层面上,历史学科往往被边缘化,甚至存在严重的学科歧视,平时有意无意地要求历史为其他学科让路,却又看重各类历史考试成绩,既要马儿不吃草,又要马儿跑得快。学生层面上,通常态度随意,学习被动,以致基本的学习时间都无法保证,考试时则往往临时抱佛脚。但另一方面,高中历史新课程的要求可谓高矣。新课标明确要求学生通过历史学习能了解人类社会发展的基本脉络,总结历史经验教训,继承优秀文化遗产,学会用科学的历史观分析、解决问题,学会从历史的角度去思考人与人、人与社会、人与自然的关系,培养健全人格,促进个性健康发展。理想与现实之间相去甚远!在这样的背景下,现实与理想之间是否还存在着某个联结点?或者说,在有限的历史学习时间内能否实现"轻负高质",落实新课程的三维教学要求?这确实长期困扰着我们历史教育工作者!此其一也!

身为历史教研(备课)组长,自然多了一分对学科教研内容、形式、教研组建设等问题的思考。作为组长,笔者与同事们常常烦恼的是历史教研(备课)组的主题教研活动研讨什么?又如何做到主题教研的常态化?诚然,教学目标的确立与叙写、教学内容的选择与处理、教学方式的选定、学习方式的引导、学法指导及学习监控等具体问题都在研讨之列，但新课程其实要求兼顾上述所有问题，那么目标、教法、学法、指导、监控如何有机地整合到一起？整合的平台是什么？同时，常态性主题教研又如何与教研（备课）组的组风建设、特色建设、队伍建设、学科资源建设、教学质量目标、教研成果目标等相结合？这确实也一直困扰着笔者和同事们。此其二也。

2009学年第二学期，教学时间之短非同寻常，全学期充其量不足4个月，作为一线教师，普遍感到教学任务的压力很大。对我们高一历史备课组来说，任务更是艰巨！由于地区联考内容统一、学校又看重相关成绩等因素影响，第一学期只教学到必修二第四专题，这意味着第二学期还要完成必修二后面四个专题及必修三的教学，随后再进行会考复习，任务特别重。这一过程中，还有清明长假、五一长假、中考（三天）、高考（三天）等安排对正常教学的冲击，而会考又比期末早半个月，时间尤其紧。如此严峻的形势，无疑要求我们打破以往的教学节奏、方法。在课堂教学时间紧张的背景下，只有更多地调动、激发学生的学习自主性、积极性，别无他路。那么如何最大限度地发挥学生学习主动性、有效性？如何在这么有限的时间内有效地完成教学任务？我们也确实还有困惑，此其三也。

二 我们的初探

前述种种现实问题，或长期或近期地制约着我们历史学科的教学，客观上都要求我们找到有效的应对之策，问题种种，想法多多，如果只是一对一的举措，难免顾此失彼，最佳的方案是找到一条能兼顾上述种种问题的出路。但路在何方？如之奈何？困惑之下，我们想到了前人走过的道路。余杭高中生物学科"OAE学案教学"开展的轰轰烈烈，有声有色，让我们羡慕，也颇有启发。学科教学定有相通之处。他山之石，可以攻玉。联系到富阳的历史同仁先前开展的"学案"教学及我们教研组已有的"自主导学"教学方式，我们眼前一亮：就走学案导学之路。学案导学，关键在于学案的科学、精心设计，仅仅凭个体的力量很难确保其质量，"众人拾柴火焰高"，这正是教研（备课）组团队力量的用武之地。有了方向便踏上了征程。由此，学案设计也就成了我们历史教研（备课组）组主题教研的常态之举。

所谓"学案"，是指教师依据《课程标准》、《学科教学指导意见》、学生的认知水平，知识经验等，为指导学生进行自主学习特别是主动建构知识体系而编制的学习方案。学案具有"导读、导听、导思、导做"的作用，充分体现了学生的主体地位，是培养学生自主学习和提高教学效益的一种重要媒介。那么如何来设计具有历史学科特色、校本特色的学案呢？又该如何来区别高中三年的不同特点呢？鉴于高一备课组面临的严峻形势，我们决定首先从高一年级开始学案研究。2009学年第二学期伊始，我们教研（备课）组经过多次集体商讨，最后作了如下策划：

（一）操作流程

（1）教研（备课）组制订全学期学案编写的计划，确定具体分工，将教学内容切分成若干板块，各板块确定一个主要负责人，每位负责老师按照计划事先准备自己所要执笔编写的学案资料。

（2）坚持分工不分家的原则，各板块主要负责人提前一周通知、提醒组内其他老师，共同研究下周教学的内容，包括教学指导意见和会考纲要的要求，对教学目标、重难点知识及其学生应当掌握的广度、深度进行分析。

（3）每周三上午的教研活动时间，先由负责该周学案编写任务的老师提供预先编好的学案（草案），全体教研（备课）组老师共同对学案（草案）进行探讨，并形成对学案（草案）的修改意见。

（4）负责执笔编写学案的教师，按照教研（备课）组形成的修改意见，对历史学案进行重新修改和整合，形成定稿，最后由教研组长审定付印。

（二）编写构想

（1）基于会考在即的形势，第一阶段的学案编写主要针对会考要求。

（2）将目标知识题目化，对目标知识所涉及的广度、深度及关键要素常见考查角度进行题化解读，以空格形式呈现，适当安排一些问答题。

（3）学案以知识结构形式呈现，内容主要是主干重点知识及其关键考查角度。

（4）学案均以一课时为单位编制。

行动始于思考。之后便开始了编制学案的实践探索。经过一次次教研

（备课）组的主题研讨活动，一份份体现教研组成员集体智慧的学案也随之诞生。从学生对学案的评价及其知识、能力达成度来看，学案确实发挥了很好的导学功能。学案增强了教学的双向交流，使学生在课前便明确学习目标、关键知识，并预先借助学案自主学习，初步掌握相关的基础知识、理清知识线索，尝试问题解答，明确疑难所在。这样课堂教学上可以集中精力解决重点、难点问题，明显提高了课堂教学效率。再从会考结果来衡量，成绩较以往有大幅度的提高，学案让我们满心欢喜。

三　我们的反思

随着新课程的实施，"教师是课程资源的开发者和利用者"的理念日益深入人心。自编学案，作为教师开发课程资源的一种形式，显示了一定的优势。但是，对我们教研（备课）组而言，学案设计尚处于探索阶段，难免存在着这样那样的不足。

第一阶段编写学案链接：

以必修一专题一第二课"走向大一统的秦汉政治"，见表1。

表1

一、基础知识

（一）秦的统一：

过程：（1）公元前____年，秦攻灭六国；（2）又派____北击____，收回____地区，并修筑长城和____；（3）统一岭南，秦开凿沟通了沟通____水系和____水系的____；（4）在当时被称为"____"的地区，开辟了____。

意义：推动了_____格局的形成。

（二）郡县制建立：

时间：（1）早在____时，郡、县就已出现；（2）秦始皇采纳____的建议，确定以____作为中央控制地方的制度（全国推行）。

特点：与分封制相比较，最主要的差别在于形成了_____的形式。郡县长官一概____，不得____。

影响：是____的重要环节，也是____取代____的重要标志。

应该肯定的是，这段学案对整体结构构建比较清晰，便于学生在短时间内把握住关键知识，从会考应考复习的角度来看，无疑是有效的。但是仔细分析，问题就浮现了。

反思之一：学案呈示的知识几乎全是基础性知识，并且简单到只要看看书便可解决，可以说这样的学案弱化甚至是取消了学生的思考，代替了老师的点拨，学生只是机械性地画、拉、背而已。长期使用这样的学案，学生会懒于思考，不会思考，最终只会与"促进学生自主学习能力提升"、"以学生发展为本"要求相去甚远。从长远来说，这种越俎代庖、舍本求末的学案也就成了无效学案。

反思之二：学案如果只是呈现一下知识结构及相关基础知识，肯定是缺失了不少的内容。毫无疑问，学案的内容应当围绕和体现新课程教学的三维目标要求。固然，学案首先是要让学生明确学什么知识，但怎么学，怎样学会构建知识体系，遇到难点问题应该怎么办，以及情感态度、价值观的目标要求如何体现与落实，诸如此类的问题无疑在学案中应当有体现。一言以蔽之，学案当是一个周密的指导学生学习的方案。

反思之三：学案的主要功能是导学，促进学生自主学习和个性发展。事实上，学生存在个体差异，不同年段、不同学业层次的学生自主学习的内容、过程、结果肯定是不一致的，学案是否相应的也应该对此有所区别对待？学案设计的针对性、兼容性直接决定着学生自主学习的实效性。那么在坚持普遍性的同时如何兼顾特殊性？在做到同一性的同时照顾到层次性？这些都需要我们继续深入思考。

"学案"是一把双刃剑！如果使用不当，反而会制约教学目标的有效实现。我们的学案需要优化！

四　我们的再设计

再行动始于再思考。基于上述对学案的功能、结构的反思，我们进行了再设计，重构了如下基本框架。

（一）学习目标

根据课标、《浙江省历史学科教学指导意见》的基本要求和发展要求，首先在学案中向学生展示所要掌握的基础知识、要达到的历史能力和情感认识，让学生有的放矢。由于课标、《教学指导意见》经常出现对目标的表述比较笼统或者含糊的现象，学生对此要求的理解一般无法精准到位，即便是教师也会存在理解上的分歧，所以教研（备课）组有必要在共同商讨取得共识后对目标进行解读，就目标知识的广度、深度、关键角度以及相关能力、情感的具体性要求加以说明，使学生的学习更具针对性、准确性。在此仍以必修一专题一第二课"走向大一统的秦汉政治"为例，《浙江省历史学科教学指导意见》的要求如表2。

表2

基本要求	了解秦的统一；知道皇帝制度创立和郡县制建立的史实；结合秦朝中央集权制度建立的史实，了解中国古代中央集权制度的形成及其影响。体会制度建设对国家稳定和统一的重要意义。
发展要求	知道秦朝的"三公九卿"制。
说明	学生在学习时应依据"中国古代中央集权制度的形成及影响"这条主线，把握这一课的学习深度和广度。"朝议制度"为学生课外阅读内容。

如果我们只是简单地把这一学习要求呈现给学生，显然学生对其中一些要求是难以精准把握到位的。如"了解秦的统一"这一条，究竟了解到怎样的程度？它涵盖了哪些知识点？知道秦朝的"三公九卿"制这一条，到底要知道哪些内容？涉及怎样的广度与深度？再如"结合秦朝中央集权制度建立的史实，了解中国古代中央集权制度的形成及影响"这一要求，结合"说明"中"应依据中国古代中央集权制度的形成及其影响这条主线，把握这一课的学习深度和广度"来分析，要求中的"中央集权制度"实际是指中国封建社会一整套最基本的政治制度——专制主义中央集权制度，因此"要求"中的形成其实涵盖了郡县制、皇帝制、三公九卿，其影响则要从整个封建社会的角度考查。另外"体会制度建设对国家稳定和统一的重要意义"这一条，属于情感态度

与价值观方面的要求，是从专制主义中央集权制度有利于国家统一、政治相对稳定的积极作用中体悟出来的，本身不需展开，学生其实只要掌握这一观点即可。所以经过教师解读后将学习目标更具体明确地呈现给学生，无疑更有利于学生的自主学习。同时，根据学生的认知发展特点，学案设计应注意层次性和梯度性，使不同层次的学生能在不同层次目标的指导下进行自主学习，让学生在"最近发展区"内去自主探究，获取知识、生成能力。

学案片断链接：学习目标（"走向大一统的秦汉政治"）见表3。

表3

一、学习目标：

基本要求：

1. 了解秦的统一（过程——主要事件、意义）

2. 知道郡县制的建立（最早出现时间、全国确立时间、机构设置、特点、影响）

3. 知道皇帝制度创立（创立者、权力、地位）

4. 概述秦朝专制主义中央集权制度（涵盖郡县制、皇帝制、三公九卿制等）的形成过程，分析这一制度对中国封建社会的影响

5. 明确观点：制度创新有利于国家稳定和统一

发展要求：（文科方向学生）

1. 知道"三公九卿"制（三公名称及其职能、三公九卿的相互关系、意义）

2. 掌握专制主义、中央集权的概念，理解这一制度创立的原因

（二）学法指导

学法指导是培养学生学习能力的核心因素，学习方法是学生知识体系中的重要组成部分，也是能力结构的重要组成部分。重视学法指导是"教会学生学习"的前提和保证，第多斯惠曾深刻地提出："坏的教师奉送真理，好的教师则教人发现真理。"因此在学案编写中，学法指导自然应当贯穿始终。我们认为学法指导或者学习建议应当包括重难点知识提示，难点问题突破途径，可综合、比较的相关知识及具体的学习方法指导（包括记忆法、理解角度、理论运用等）等。

学案片断链接：学法指导（"走向大一统的秦汉政治"），见表4。

表4

二、学法指导 　　1. 本课重点：秦的统一和郡县制 　　2. 本课难点：专制主义中央集权制度对中国封建社会的影响是难点问题，要注意两点论（积极与消极）、全面论（政治、经济、文化等）、阶段论、重点论的结合分析，与同学的讨论将有助于你对此正确分析 　　3. 相关知识联系 　　（1）郡县制与周代分封制、元代行省制为我国古代三大地方行政制度，学习中要注意比较分析，特别是注意郡县制与分封制的比较，理解郡县制的特点与意义 　　（2）专制主义中央集权制度是古代封建社会最基本的政治制度（政体），秦汉时期只是这一制度的创立阶段，要注意其后来历代的演变，在综合整理中认识古代中国中央与地方政治制度的演变规律

（三）结构整理

布鲁纳结构主义教学论的核心思想认为："学习就是建立一种认知结构，就是掌握学科的基本结构以及研究这一学科的基本态度和方法。……学生如果掌握了学科基本结构，扩大和加深知识，就能形成学习中大量普遍的迁移。……不论我们选教什么学科，务必使学生理解该学科的基本结构。"毫无疑问，学案中最重要的内容就是让学生学会将课本上的知识进行分析综合，整理归纳，形成一个完整的知识体系。当然，学生的知识、能力水平现状决定了他们不容易做到自主地对知识体系、线索进行较完整的概括，所以一般先由老师拟定一个知识系统框架。历史学科是由众多的基本概念构成的，每一个基本概念相当于历史学科的细胞，所以掌握概念是学习历史的基础工程，因而学案中的知识结构体系主要以概念性知识结构呈示，即提出背景（或出现原因及条件）、内容（或过程及其特征）、结果、影响（作用、意义）等，关键性信息则以填空（或者空格）的形式出现，要求学生在分析内容的基础上，提纲挈领、提炼要点再作答。

学案片断链接：结构整理（"走向大一统的秦汉政治"——面向高一，见图1）

```
            ┌ 过程 ┌ （1）公元前___年，秦攻灭六国。
            │      │ （2）又派___北击___，收回___地区，并修筑长城和___。
  秦的     ─┤      │ （3）统一岭南，秦开凿沟通了沟通___水系和___水系的___。
  统一      │      └ （4）在当时被称为"___"的地区，开辟了___。
            │
            └ 意义： 推动了___格局的形成。

            ┌        ┌ 时间：（1）早在___时，郡、县就已出现；（2）秦
            │        │ 始皇采纳___的建议，确定以___作为中央控制地方的
            │        │ 制度（全国推行）。
            │ 郡县制 ┤
            │        │ 特点：与分封制相比较，最主要的差别在于形成了___的
            │        │ 形式。郡县长官一概_____，不得___。
  专制     │        │
  主义     │        └ 影响：是___的重要环节，也是___取代___的重要标志。
  中央  ─┤ 形成
  集权     │ 皇帝制   嬴政统一六国后，采用"___"称号，自称"___"，并
  制度     │         确立了皇帝___的地位。
  的确     │
  立       │ 三公九   三公：___有左右二员，协助皇帝总管行政；___主管
            │ 卿制     军事；___负责监察系统。
            │
            └ 影响  积极影响_____
                   消极影响_____
```

图1

表5

		分封制	郡县制
异	划分标准		
	与中央政府关系		
	影响		
	政治特点		
同	目的		
	性质		

学案片断：结构整理（必修一专题一第二课："走向大一统的秦汉政治"——文科生，见图2）

（四）技能训练

学习最终是为了运用，技能训练正是让学生运用知识、检验学生学习效果的重要手段。运用能力首先体现为对各种历史问题的分析解答能力。训练的方式一般采用近几年来各级考试所涉及的题型，包括直接选用例题和老师自己设计题目。训练内容以本节内容为中心，适当联系其他章节的相关内容，或中外历史事件的联系对比，在强调综合学科能力的今天，要尽可能多设计一些跨学科综合能力训练题。运用能力训练同样应体现难度层次的递进，学生自学时按照自己的能力水平，不同程度地完成训练。技能训练的目标显然首先是知识与能力、过程与方法，此不赘述。我们认为不容忽视的是，技能训练的目标也要指向情感、态度与价值观，让学生在解答问题中自然地实现情感认识与价值观的升华。

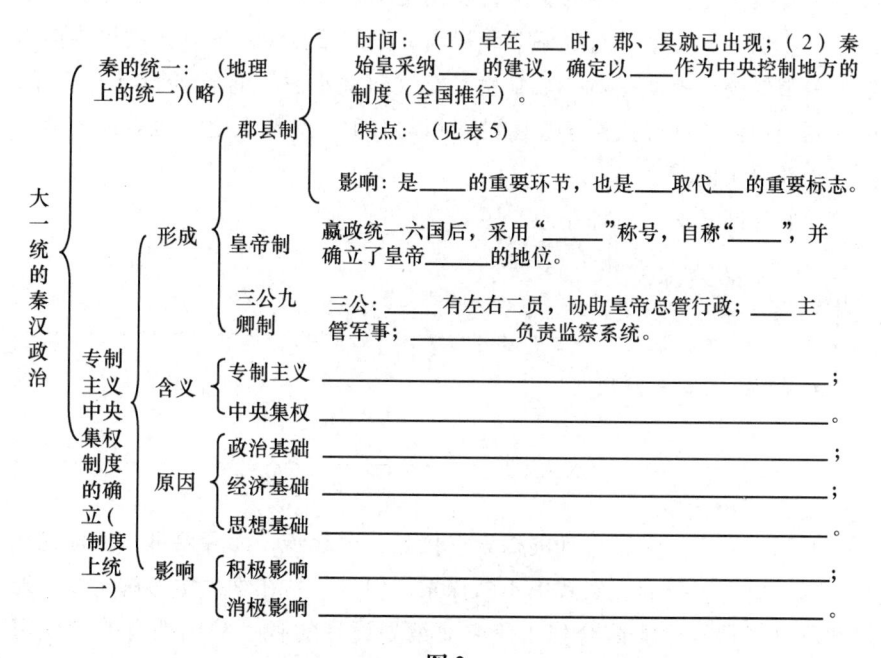

大一统的秦汉政治
- 秦的统一：（地理上的统一）（略）
- 专制主义中央集权制度的确立（制度上统一）
  - 形成
    - 郡县制
      - 时间：（1）早在____时，郡、县就已出现；（2）秦始皇采纳____的建议，确定以____作为中央控制地方的制度（全国推行）。
      - 特点：（见表5）
      - 影响：是____的重要环节，也是____取代____的重要标志。
    - 皇帝制：嬴政统一六国后，采用"____"称号，自称"____"，并确立了皇帝_____的地位。
    - 三公九卿制：三公：____有左右二员，协助皇帝总管行政；____主管军事；_____负责监察系统。
  - 含义
    - 专制主义 _____；
    - 中央集权 _____；
  - 原因
    - 政治基础 _____；
    - 经济基础 _____；
    - 思想基础 _____；
  - 影响
    - 积极影响 _____；
    - 消极影响 _____。

图 2

学案片断链接：技能训练，见表6。

表6

四、技能训练
……
6. 西周的分封制与宗法制扩大了西周的疆域，维护了西周的稳定；秦朝在全国确立了专制主义中央集权制度，巩固了统一的多民族的封建国家。由此，你有什么认识？

（五）每课小思

在学案的最后预留一部分空间，作为学生自学探究、反馈及课后思考的记录。从创造力开发的角度看，提出新问题比解决旧问题更具深远意义，我们对此要保护、鼓励。学生层次不同，思维方式有较大差异，那些思维活跃、知识面宽的学生在自学过程中很有可能发现许多新问题，提出各种不同的思考，上课之后也可能产生新的想法或者不解问题，在学案上应当给这些学生留出一定的空间，以便学生记录学习中的疑问、体会、心得，这不仅利于学生的自我调节和提高，更对培养学生的开拓性思维能力是至关重要的。即便是对一般学生，有"每课小思"这样的设计与安排，也有利于他们逐渐养成勤于思考的意识与习惯，久而久之，也有助于他们提高创新思维的能力。

学案片断链接：每课小思，见表7。

表7

五、每课小思

对我们而言，学案设计的探索仅仅是一个起步，无疑要进一步地优化和提高，更需要我们在实践中不断探索。但是，站在学生学习的角度，通过教研（备课）组团队合作、研究而策划设计的师生共同拥有的"学习节目表"——学案，不仅能促进教师的专业发展，更有利于学生养成主动学习的习惯和学习能力，减少课堂运行的盲目和被动，有利于促进师生之间教学相长。我们当坚定地走学案导学之路。

对《历史与社会》教学中"体验学习"的实践与思考

杭州市安吉路实验学校 佘月琴

在《历史与社会》教学中的"体验学习"是指学生在教师的引导下通过一定的情境亲身经历,或通过实践活动感知和领悟知识,注重学生在活动中的主动参与、在情境中的角色感受,通过同学间、师生间的互动探讨来体验与感知。在《历史与社会》教学中尝试"体验学习",需要教师积极创设各种高质量的体验教学情境,同时还要引导学生综合、整体地认识社会现实问题,使学生在"体验学习"中升华情感,实现知、情、行的有效统一。

一 "体验学习"的意义

(一) 实现课程目标,有利于学生终身学习和发展

《历史与社会课程标准(二)》指出,"《历史与社会》课程将以培养学生认识社会、适应社会、参与社会和改造社会的能力作为一以贯之的目标。为此,课程将十分重视塑造学生的健全人格,同时鼓励学生有主见地正视各种社会问题。"如何将课标的要求落实在日常的教学中,充分发挥学生的主体作用,这就要求教师有效地开发隐性课程资源,密切联系学生的生活实际,使学生获得丰富的情感体验和能力锻炼的机会,通过体验生成知识,获得对知识的理解和对社会生活的感悟。在此过程中,学生形成的探究能力和获得的体验,将会成为学生终身学习、

持续发展的知识和能力基础。

(二) 加深学生对知识的理解程度，有利于掌握和运用

建构主义学习理论认为："学习不应该被看成是对于教师授予知识的被动接受，而是学习者以自身已有的知识和经验为基础主动地建构活动。"也就是说，学习活动不是单纯地由教师向学生传递知识，而是学生根据外在信息，通过自己的背景知识建构新知识的过程。"体验学习"可启发学生在教师创设的情境下，借助已有的知识和经验，通过亲自实践、亲身体验、合作探究，在问题的解决中学习并主动地构建新的知识。

正如数学老师在讲某一公式时，往往不是单纯让学生记住这一公式本身，而是花大量时间讲解这一公式的推导过程。这样做的好处是学生理解得深，记忆得牢，能够灵活运用。如果社会课教师在教学过程中重视过程的体验，能抓住切入点，精心设计一个个鲜活的历史情境，让学生身临其中，感受历史，其效果是不言而喻的。如在讲解人教版《历史与社会》八年级下册第六单元第三课"汇入工业文明大潮的中国"中"屈辱的岁月"一节时，我们就不应单纯地把书本知识输灌给学生。如果我们能提供一定的情境，让学生设身处地、身临其境地回到当时的环境，让他们当一回林则徐、关天培，当一回道光皇帝，让他们来处理当时的战局及后来的谈判，学生得到的知识、能力肯定比我们讲解的要好得多。

"纸上得来终觉浅，绝知此事要躬行。""体验式学习"能达到以往传统教育照本宣科所达不到的效果。

3. 发挥学生的主体意识，有利于培养学生的创新精神和实践能力

美国的约翰·杜威是 20 世纪西方教育史上最具影响力的教育理论家和教育实践家，他主张"从做中学"，体现在教学中则是指学生本身的体验学习活动，即学生从自身的活动中去学，强调学生个人的体验，提倡学生的个人思考、探索，重视知识的学以致用、学生解决问题能力的提升。

"阅读的信息，我们能学习到 10%；听到的信息，我们能学习到 15%；但所经历过的事，我们却能学习到 80%。"学生在进行"体验学习"时，往往不仅用眼睛看，用耳朵听，用嘴说，用手操作，还要用身体去亲身经历、体察，用头脑去思考、探究，用心灵去意会、感悟。这不仅有助于理解知识、掌握技能，更有助于学生创新意识和实践能力的培养，有助于发挥其主体意识、开发其巨大的发展潜能。

二 《历史与社会》教学中"体验学习"的实践

课堂是师生教与学的主战场，而学生是学习和认知的主体，在课堂教学中，教师的教要通过学生的学习实践去认知、去体验，才能内化为学生自己的精神财富。在体验学习中，教师要尽可能地创造能让学生可视、可听、可感的机会，引导学生去思考、讨论、探究，让学生在问题情境下反思内省、讨论交流、角色扮演、知识"补白"的过程中感悟体验。同时，教师要从学生的经验和体验出发，密切知识与生活的联系进行实践体验。引导学生不断深入地观察和体验真实的社会生活，积极、主动参与课题研究、社会调查等活动，在实际生活中发现问题，并综合地运用各种知识去解决问题，提高对社会的认识能力和参与社会实践的能力。

（一）在问题情境中激发情感体验

教育家苏霍姆林斯基曾说过："如果教师不想方设法使学生进入情绪高昂和智力振奋的内心状态就急于传授知识，那么，这种知识只能使人产生冷漠的态度，而不动感情的脑力劳动就会带来疲倦。"由此可见，学生求知欲望的激发很大程度上取决于教师是否创设了浓厚的探究情境氛围。初中学生形象思维很强，对故事、影视等情有独钟，一个故事、一段典故、一段视频，往往能深深地吸引他们的注意力。所以在教学中可以通过影音、图像创设情境，激发学生的学习兴趣，让学生在情感的熏染中，感知历史，活跃思维。例如，在教学人教版八年级上册《历史与社会》的"九一八事变"时，可以播放《在松花江上》这一歌曲。这是抗战时期的一首经典之作，反映了东北人民在"九一八"事变后的悲惨命运和渴望回到家乡抗击日本侵略者的强烈感情。随着那哀婉悲愤、如泣如诉的歌声充盈教室，学生的情绪会受到极大的感染，仿佛看到了东北人民的凄惨遭遇，以及他们那种不愿做亡国奴的强烈愿望。这时，教师可以抛出问题："为什么东北人民背离了家乡到处流浪？""为什么他们渴望回到自己的家乡？"以此来导入新课。

在教学中，问题情境的创设可以多样化，可以从学生喜爱的歌曲、感兴趣的新闻热点、丰富多彩的图片、有启发性的故事、精彩的影视片段等入手，关键是所创设的情境要符合史实、符合教学内容和学生的认知水平，要有内涵，有思考的价值，使学生融入社会变迁中；通过亲身体验，激发学生的兴趣，启迪学生的思维，培养学生的历史感悟能力。

（二）在反思内省中深化思想体验

内省的过程是指学生联系自身的思想、道德、行为的过程，或从体验活动中受到启迪、修正自我、提高自我、完善自我的过程。例如在教学人教版《历史与社会》九年级"环境亮起'黄牌'"一节时，教材的专题探究部分选取了与人们生活密切相关的一个问题——白色污染，教材出示了三则材料："长颈鹿因误食游客抛置的塑料袋而生病"、"白色垃圾肆虐葛洲坝水电站"、"农田中农户废弃的农用薄膜难以降解而导致农作物减产"。学生在对材料的解读、问题思考中，逐步地感知白色污染对生物生存的影响、对人类生存环境的污染和对生态环境的破坏。但从学生的角度来看，教材中所罗列的白色垃圾及其所造成的污染，与他们的生活似乎有一定的距离。而如果教师请学生结合自己的生活，想一想"你一天'制造'了多少白色垃圾"这个问题就缩短了其中的距离，能使学生认识到生活中一件很小的事、一个很小的动作，就会增加白色垃圾。学生通过认识自己和家人的生活习惯，进而反思内省自己的行为。接着引导学生思考：自己或家人在生活中的哪些场景下，会制造出白色垃圾？其中哪些是必要的？大家所使用过的塑料制品最终都上哪里去了？哪些是可以用其他方式解决的？这一过程是学生联系自身的思想、道德、行为的过程，教师可以组织学生讨论、辩论，在互动的过程中，互相启迪，产生新体验，形成新观点。而这些新体验、新观点纳入到自己原有观念中去的过程，就是学生自主修正、自主内省的过程，是学生学习到的真正属于自己的知识，而不是教师灌输给他们的思想、道德。

（三）在交流讨论中实现思维体验

课堂上对某些问题进行讨论，只要时间充分、环境自由，学生都会在讨论的过程中逐渐形成自己的观点，也会在多种观点的碰撞、交流中逐步丰富、完善自己的观点，用讨论或辩论的方法对历史、社会问题展开讨论，可以取得意想不到的效果。特别当学生头脑里产生疑问、正急于弄个水落石出时进行小组讨论，他们将以跃跃欲试的姿态投入到问题的争辩中。

例如，在教学人教版八年级《历史与社会》中"屈辱的岁月"一目时，关于中英《南京条约》给中国带来的影响，其中开放广州、厦门、福州、宁波和上海五处为通商口岸一条，学生往往会有疑问：正是因为有改革开放的政策，才有今天中国的繁荣富强。为什么条约中开放五处通商口岸却不被认同呢？教师可以捕捉这样的机会，将之转化为进行课堂讨论的问题，使学生在讨论、交流时，在多种观点的交锋中实现思维体验，不断完善自己的观点。在组织讨论的过程中，教师要指导学生分析历史问题须言之有理、言之有据，要掌握基本的讨论方法和技巧，引导学生学会倾听和表达，学会在合作中解疑，使之能够明辨是非，开拓思路，从而在思维体验的过程中提高探究与思考的能力。

（四）在模拟扮演中感受角色体验

角色体验是指在教学过程中，教师依据讲授的内容，设计出情境，让学生在情境中扮演一定的角色，使学生在角色体验中生成知识的学习方式。初中生往往习惯于用现代的观念思考问题，对历史问题的思考不能站在历史的角度进行辩证的分析，而角色扮演可以使学生与历史人物进行换位思考，使之有身临其境的感觉，通过角色体验，引领学生走进真实的历史背景，从而更深刻地感悟历史。

例如，在教学人教版《历史与社会》八年级"礼乐文明"中"分封制"、"宗法制"这些抽象的历史概念时，可将学生分成多种角色，如周天子、诸皇子、功臣、大将、贵戚等，让学生根据自己的角色，设计朝会上在讨论有关"国家管理和王位继承问题"时自己将表述的观点；在教学"百家争鸣"的内容时，可以让学生自愿选择成为儒家、道家、墨家、法家、兵家的代言人，尝试阐述该学派的主张，同时说说选择该学派的理由。这种群体角色扮演的体验，可以使人人都参与体验，使学生在角色体验的过程中走进历史大舞台，体验历史，深刻地感悟历史。

（五）在知识"补白"中进行探究体验

苏霍姆林斯基说："让学生体验到一种自己在亲身参与掌握知识的

情感，乃是唤起少年特有的对知识的兴趣的重要条件。"所以，教师在教学中要注重学生的亲身体验，在课堂中，可以把某些知识有意识地留着不讲，给学生暂时性的知识"空白"，留给学生亲身参与研究探索，调动学生思维的主动性与积极性，让学生通过自己的探索去对知识进行"补白"，从而达到对知识的理解和掌握，提高课堂实效。

例如，在教学人教版《历史与社会》"走可持续发展之路"一课时，该内容是第二单元"建设可持续发展的社会"的最后一课，重点是探究解决我国人口、资源、环境问题的途径和方法。教材中有一个专题活动，主题为"家乡的可持续发展"。讲的是"小杜的家乡，有一座青翠的山，村庄前有一条河流，人们世世代代以种田为生。后来，人们在山上发现了铁矿，于是在这里修起了道路，开采铁矿。但没过多久，洗矿的水流入河中，河水也慢慢变黑，青山也慢慢变秃，农田也减产了。于是，村民们便向有关部门反映，希望能够有效处理此事。于是，环保专家、矿厂厂长、矿工、农民、果农、村里的长者都来了，大家一起商讨解决问题的办法。"对此，可向学生抛出这样的问题："请大家用医生的诊断方法，以环保者的眼光，写一份诊断书，诊断对象是小杜的家乡，要求有病因、病症、诊断和处方。"通过诊断书这一载体，给学生留出思维的空白点，把该单元的主要关联知识融入其中，有效地激发了学生的思维积极性，促使学生在进行知识"补白"的过程中主动地建构知识。

（六）在课题研究中进行实践体验

实践是人类认识的源泉，也是发展能力的重要条件。课程标准指出，要"将培养学生认识社会、适应社会、参与社会和改造社会的能力作为一以贯之的目标"。这一目标仅靠课堂教学活动是难以实现的，因此，历史与社会课堂教学必须向课外延伸，让学生深入现实生活，通过多角度、多类型的社会活动进行实践体验。

在教学中，教师常常会发现学生在学习过程中生成的许多具有研究价值的问题，如果教师及时捕捉、帮助学生一起提炼加工就可以使之成为实践活动的研究课题。这样不仅可以增强教师的课程意识，也可以有效地促进学科教学更深入彻底。如结合人教版《历史与社会》九年级"环境亮起'黄灯'"中的相关内容，学生联系社会生活进行了一些小课题的研究,如"走近低碳生活——关于垃圾分类的调查研究"、"旧电子产品回收的研究"、"运河水质的考察"、"人类还有没有后天——全球气候变暖调查"、"绚丽的背后隐藏了多少秘密——对烟花大会负面影响的调查"等。其中有一组学生针对白色污染开展了关于所居城市"限塑令"颁布两周年来实施情况的调查研究。他们首先通过文献网络全面地了解了"限塑令"的内容和意义,接着设计调查问卷,然后在菜场、超市、商业街、旅游景点、文化广场等繁华地区进行调查。学生认真地对各项数据进行统计和分析,发现"限塑令"在实施过程中虽已取得一定的成效,却仍存在着意识高于行动、执行力逐渐弱化等问题。于是他们把研究的主标题定为:"从意识到行动还有多远?"透过这个标题,我们可以看到学生心底油然而生的一种作为城市主人的强烈的社会责任感。

在完成课题的过程中,学生做了大量的工作,包括调查方案的设计、修改、调查、取证、讨论、统计数据、撰写报告等。在实践活动中,他们体验合作、互帮互助、共同探索、共同提高。更为重要的是,通过实践体验,使学生在行动中提升了情感,增强了环保意识,从而真正实现了知、情、行的有效统一。

三 在实施"体验学习"中的几点思考

(一)坚持乐学原则,引导学生乐于体验

兴趣是成功的钥匙。孔子曰:"知之者不如好之者,好之者不如乐之者。"乐源于趣,有了学习兴趣,就会形成一种强大的内驱力,推动学生的学习进步,从而提高课堂实效。而这里的关键在于教师要调动学生的乐学情绪。在课堂上,教师要以饱满的激情、生动的讲述、理性的分析、恰当的鼓励,激发学生、感染学生,如用通俗、精练、生动活泼的语言来描述历史事件,让冰冷的文字历史变成活生生的历史事实,课堂中穿插与教学内容有关、学生感兴趣的历史故事、名人逸事等调节课堂气氛,刺激学生强烈的好奇心,调动其积极性,无疑会使教学事半功倍。

（二）积极评价与反馈，促进学生主动体验

评价是学习过程中不可或缺的一个环节，它对学习活动具有反馈、调控、改进等功能，特别是教师的评价对学生有着重要作用。苏霍姆林斯基说过"在人的心灵深处，都有一种根深蒂固的需要，就是希望自己是一个发现者、研究者、探索者，而在儿童的精神世界中，这种需要特别强烈"。教师不仅要激发学生心灵深处那种强烈的体验欲望，而且要让学生在学习活动中获得成功的情感体验。成功能让学生保持足够的探究热情，产生强大的内部学习动力。为此，教师在学生活动中积极反馈与评价是促进学生主动体验的催化剂。例如，教学中适时的表扬语，在学生的积极思考时肯定的表情以及同伴热烈的掌声等，都是体验学习过程中有利的促进剂。

（三）发挥教师主导作用，提高"体验学习"的实效

体验学习并不完全排斥教师讲授知识和学生接受知识。在教学活动中，教师无疑要对知识做一定的处理，包括突出事物重要的、关键的特征，排除无关的不重要的信息，对知识结构理性的分析等，以便于学生理解知识和把握结构。特别是在互动释疑的过程中，教师的主导作用更不可忽视。其作用主要有四：一是教学设计要充分考虑学生的实际需要和已有的生活经验，要为学生主体性发挥留下足够的空间；二是对学生的疑难点通过展示材料、创设情境来指导学生解决问题，但并不是代替学生回答；三是把学生在学习体验过程中所提的难以解决的问题集中起来，进行疑点、难点的知识整理，辅导学生在课余查阅资料来解答，部分问题也可以形成专题，引导学生进行研究性学习；四是教学中要在总体上把握教学目标，克服随意性。课堂上对一些问题的交流、讨论，教师主要是引导学生讨论、思考，既不能限制、扼杀学生的思维火花，也不能把自己置于学生活动之外，导致引领缺失，活动无序，而要引导学生在思维体验的过程中发现更多的问题。同时还要关注学生参与的广度和深度，课后要及时反思教学质量是否达到了预期的效果。

参考文献

1. 朱慕菊主编：《走进新课程——与课程实施者对话》，北京师范大学出版社

2002年版。

2. 傅道春编著:《新课程中教师行为的变化》,首都师范大学出版社2001年版。

3. 全日制义务教育《历史与社会课程标准(二)》,北京师范大学出版社2002年版。

4. 刘英琦:《建构主义学习理论与课堂教学设计》,《中小学教学研究》2006年第1期。

5. 唐少华:《谈初中学生的探究与体验学习》,《历史教学》2003年第2期。

在游图阅史中凸现教学目标的实践与思考

——以《历史上第一位总统的产生》为例

杭州市十三中教育集团 陈亚芳

对初中生而言,八年级下册的《历史与社会》(人民教育出版社2005年)教材内容生疏而繁杂,倒是大量的插图更能吸引"读图时代"中长大的学生的眼球。一幅幅精美的课本插图不仅给人以视觉的冲击,而且展示了教材内容的精华片段。"图"是学生喜闻乐见的,因此,教师倘能引导学生用浅显的"图"去"阅"枯燥、生疏的历史,看"图"说话,确实会起到事半功倍的效果,唤起的不仅是学生对插图的兴趣,更是学史的兴趣。当然,要用好插图也不是件容易的事,教师必须明确如何选用插图和怎样使用插图,也即对插图在教材中的地位、插图在课堂教学乃至整个历史教学中的地位要了然于胸。换言之,插图的选用和使用不仅要为教学的三维目标服务,而且在插图运用中要凸现教学的三维目标。惟其如此,才能真正用好插图,才能让学生在插图的表象之外获得对历史的深刻感悟。论者在谈到插图的运用时往往多取方法的角度,本文则结合自己的教学实践,以《历史上第一位总统的产生》的个案为例,就在游图阅史中如何凸现教学目标谈一点体会,以就教于大家。

一

为了说明如何用好插图,我们有必要对"随意用图"现象进行解读。从教学实践和听课的感受中,我们认为可以把"随意用图"现象分为无用型、随意型、无度型、无序型四种。为方便之计，我们以《历史上第一位总统的产生》为例加以说明。

无用型。这一类型是不重视课本插图，把"图文并茂"之"图"只看成是摆设，教师则"目中无图"地上课。就《历史上第一位总统的产生》而言，认为教材上的文字叙述已对美国独立战争的背景、经过、结果等内容进行了简洁的概括、精练的描述，而对课本的插图认识不足，重视不够，认为插图是可用可不用的，在一味强调学生要亲近文本的同时，却忽视了插图也是重要的课程资源。对于远离本土和时代的历史，学生本身就不是很感兴趣，因此，教师只要把历史事件和内在的关系叙述清楚，搞清来龙去脉，讲一些生动的故事吸引学生的注意力，或者采用一些教学手段让学生参与到课堂中，课堂"动"起来，教学目标就实现了。

随意型。这一类型常常是因为认识不到插图的目的、意义，不能洞明编者安排插图的良苦用心，简单地以为插图只是文本的陪衬，是可以随意安排的，因而不能发挥插图的有效性。这种现象在运用多媒体教学时显得尤为突出。教师为了吸引学生的眼球，常常会另选用一些历史图片，其实，另选图片无可厚非，但对插图"视而不见"实属不该。就像《历史上第一位总统的产生》一课有幅"华盛顿率军渡河"的插图，以前笔者根本就没重视，认为教材正文内容也没有叙述。而当笔者准备用插图作为载体再次上这课时，才意识到其实这幅插图很有说服力，它描述的历史事件充分体现了华盛顿卓越的军事才能和高尚的品质，对这幅图的恰当运用和详细解读，就能更好地让学生理解重要事件和历史人物在社会变革中的突出作用，从而产生发自内心的崇敬之情。其实，不按教学目标而随意地另选图片常使选用的图片缺少准确性。曾看到一个课件，作者为了突出英国和北美人民矛盾的激化，幻灯片上打出两幅中国的漫画，配上对话文字以突出英国政府滥收苛捐杂税。我觉得，这两幅漫画，虽然讽刺性也比较形象，但它缺少时代特征和历史的厚重感，反而会分散学生的注意力。因此，怎样选图，怎样用图，怎样用好图，包括怎样用好课本的插图，不能是随意的，而应是刻意为之。只有刻意，才能发挥图的有效性而克服用图的无效性。

无度型。这一类型是过分重图，用图泛滥。有时我们在选择一些历史图片时，割舍不了一些精美的图片，于是全部把它们运用到课件中。殊不知，课件漂亮了，学生的兴趣似乎也浓了，而历史思维的整体性却淡了，教学目标在形散中"神"也散了。曾经看到一位老师是在这样上《历史上第一位总统的产生》的：在说明美国独立战争爆发的原因时，补充了九幅图和书上的一幅插图"波士顿倾茶事件"，让学生从"图"中"读"原因；而在讲述独立战争的过程和胜利时，又补充了"保罗·里维尔的飞骑"、"来克星顿作战路线图"等15幅图片，让学生在图中"看"过程；在讲到美国共和政体时，又补充了时任总统克林顿的肖像等。一堂课下来，光幻灯片上的插图，就满满当当30来张。教师讲课时为了完成内容，只好带着学生走马观花般地翻完图片。整堂课就像放一部动画片，放完了，在学生脑海中可能留下的只是插图的影像，而历史，则依然留在课本上。这种"图灾"式的教学抹杀了本课的精神。这样的用图，能让学生有思考、体会的过程吗？学生的情感态度与价值观能真正发自内心的领悟和升华吗？太多的插图把教学目标给掩盖了，学生无法取触摸历史、探究历史、感悟历史。

无序型。这一类型对课本插图的重要性有一定的认识，并力图使用好插图，也试图让教学目标在插图的运用中得到体现，但终因没用好而归于无序。由于对插图的重视，在教学中能认识到插图与文字相互照应，所以在运用插图时确实也考虑了为什么用和怎样用的问题，但呈现的多数是片段式的目的性，所选用的插图，也缺少层次性，运用的过程也让人感到牵强和无序。之所以出现这样的问题往往是教师对运用的插图是否落实教学目标和如何落实教学目标思路不明确，方向不一致，逻辑性不强，对插图的运用往往缺少统筹思考和安排，从而使教学目标落实到插图之中就显得杂乱而苍白无力。

二

游图阅史不失为是让学生对陌生年代中陌生的事和人喜"闻"乐"见"的一种好的教学手段，也是实现教学目标重要的课程资源。笔者曾以插图为教学载体，以插图凸现教学目标，对《历史上第一位总统的产生》进行了教学尝试，取得了较好的教学效果。笔者的做法是：

首先，以图为线，穿珠成串，让学生走近历史。

《历史上第一位总统的产生》教材正文选录了5幅典型的插图，这5

幅插图不仅诠释了某些历史事件,而且这几幅图代表的事件又有内在的联系,串成了恢弘的历史画卷。因此,如果把这几幅图连成一条历史线索,就能比较完整地表现一个新的国家——美国诞生的历史。于是,笔者决定把一组插图作为教学载体,用插图去演绎历史,解读课标,把教材内容灵活地处理并贯穿于其中,从而让学生在生动形象的课堂中学会历史,会学历史。为了使学生更有效地阅读并通过插图走近历史,笔者既选了书上的插图,又根据教材内容补充了"莱克星顿枪声"事件的插图。于是,"波士顿倾茶事件"、"莱克星顿枪声"、"签署独立宣言"、"华盛顿率军渡河"、"美国的三权分立"、"美国的第一任总统华盛顿"6幅图构成了一条完整的历史线索,它们涵盖了教材关于美国独立战争发生的背景、经过、结果以及美国政体的形成,反映了北美人民反英斗争的步步推进直至最后胜利的过程。在教学过程中,还把6幅插图顺序打乱,让学生通过阅读教材,认识插图,再进行排序,使学生对要学的历史内容有了大致的概念,然后让学生按照正确的顺序逐一解读历史插图。

用几幅"插图"作为教学的载体,把历史线索连接起来,贯穿于课堂教学的始终,这符合了初中生的心理发育特点和认知水平,激发了每个学生读"图"的兴趣,使学生在"读图"中自发建构知识、焕发情感。同时学生对所学的历史线索有了清晰的轮廓,不仅掌握了基本的历史知识,而且使学生在简单通俗中了解历史,记忆和理解历史,从而实现学习知识的目标。

其次,说图辨图,互动探究,让学生走进历史。

"过程与方法"的历史课程目标,要求历史教师不仅关注学生的学习结果,更要关注学生的学习过程。因此,在学生"识图"排序之后,即学生对所叙事件发生的前后顺序有了初步的了解之后,笔者设置了"说图"、"辨图"的环节。这个环节是学生参与课堂发挥主体作用的平台。为了让每个学生都参与到"说"的过程中来,允许"说"的形式多样化,可以是对插图展现事件的表面解说,也可以发表自己对插图内容的感想,还可以提出自己就插图事件中存在的疑惑等。通过对"说图"的指导,让那些学习基础好的学生有了攀高的体验,那些学习有困难和性格内向的学生有了表达的可能,而且在互助中培养了学生的合作交流能力。在课堂互动中,学生的思想和教师的思想、教材的思想在相互碰撞中生成新的火花,学生的思维一直处于激活状态,在"辨图"中感受历史。从"波士顿倾茶事件"一图，通过"北美人民为什么要拒绝比自己进口还要便宜一半的东印度公司的茶叶？这件事发生的实质是什么"的问题思考，在读图中"读"出了北美人民和英国殖民统治者的矛盾——殖民压迫带来发展和独立之间的矛盾；从"莱克星顿枪声"图以及所提供的视频中"看"出了一个新型民族坚强不屈、英勇抗争的精神；从"签署独立宣言"图、品读史料中"读"出了美利坚民族追求民主、自由和平等；从"华盛顿率军渡河"图中探究出战争胜负的决定因素，"读"出了独立战争对于美国的意义，从中看到了华盛顿的卓越才能、领悟到了人民群众对历史的积极推动作用；从"美国的三权分立"图中了解了美国宪法的制定原则和对其他国家产生的重大影响，并把它和中国秦朝的行政系统图进行比较，从而认识到权力分配的不同和民主的内涵；从"美国第一任总统华盛顿"图中，认识到历史人物对人类社会发展的重要影响。最后，说图辨图的环节后，让学生在解读每幅图的历史片段后，能够站在系统的高度去把握历史的来龙去脉，从而由表及里，深入挖掘课文内涵，培养学生的历史思维能力和从插图中获取有效信息的能力。

如果说"识图"让学生了解了浅层的历史知识，那么"说图"、"辨图"的过程，更是让学生深入掌握历史知识，既丰富了学生在因果联系方面的形象思维，又培养了学生的全局意识和历史的逻辑思维能力，使学生学会用历史的眼光来分析历史与现实问题。

然后，悟图解题，凸现课标，让学生领悟历史。

柯林伍德认为，任何历史都是现在的历史，只有更加深入一个特定时代人的心灵和思想，才能触摸到历史的脉搏。历史课程目标强调了学生在学习历史知识的过程中，要学会学习、学会做人，注重人文素养和科学精神的培养。因此"悟图"是"读"图的最高层次，也使情感态度与价值观目标得以实现。

在学生走进历史后，让学生再站在插图之"上"，从一定的高度去分析插图。思维是由问题开始的，有了需要解决的问题才能调动思维的积极性。为此，笔者围绕插图，设计了两个问题：第一，"你认为哪几幅插图最能概括'题眼'"，进一步追问："为什么？"这个问题的提出就是让学生通过插图触摸文本思想。第二，"在这几幅插图中，出境率最高的人物是谁？"当学生自然而然答到"华盛顿"时，抓住华盛顿这个关键人物，进一步设问："你是如何评价华盛顿的呢？"这个问题的设计是希望通过

"辨图"时的小"悟"到此时的"大彻大悟"。

学生通过读图析图,已将历史知识内化成了自己的认知。对这两个问题的恰当回答,说明学生已初步学会用历史思维的方式去分析历史现象和历史问题。为了测试学生对本段历史的掌握情况,也为了推动学生进一步解读历史,当时,对第二个问题的要求是对华盛顿做出客观的评价。当时采用了小组合作的学习方式,要求结合图片和课文,为华盛顿总统设计一段墓志铭。几分钟后,各小组都献上了他们思考的结晶。他们写得很精彩,他们的评价远远超越了教师"预设"的结论,特别是让他们以小组为单位上台"表现"时,课堂顿时"生成了精彩的片断"。下面引用的是学生写的几个墓志铭的片断:"这里沉睡着一个人,他为美国带来民主和自由,指引了我们未来的道路,铭记吧,铭记吧,这雄鹰与橄榄的光荣——献给乔治·华盛顿";"人的生命是有限的,但为人民服务却是无限的。现在,我们将把最崇高的敬意献给你——美国光辉的开始——华盛顿";"上帝赐予的杰出领导者,民众心中的崇高代名词,他的退隐换来了人民更多的幸福,心慈的地母呵!愿其安息。"学生的能力是在学习活动中形成和发展起来的,学生通过合作思考,以自己的体验、感触,形成了正确的态度与情感认识,对华盛顿及其在社会变革中的突出作用做出了正确的认识和评价。

通过以图索图,悟图解题,不仅使学生把握了历史,而且也使学生的创造力和想象力得到充分的展示,更使学生的情感在感悟、理解、体验中得到了升华。

三

把插图作为主要载体,并通过插图去实现《历史上第一位总统的产生》教学目标的有效尝试,使笔者对插图在教材中的地位、插图在教学中的价值以及如何有效地发挥插图的作用等有了更深入的认识。联系到在历史教学中存在"随意用图"的现象,结合自己的实践,笔者认为,要有效地用好插图,发挥好插图的作用,需要我们刻意地对待每一幅插图,要努力避免用图的无用型、随意型、无度型、无序型等现象的发生;要正确地对待插图这一不可或缺的课程资源,要用心地体会编者安排插图的良苦用心，要以慧眼去选用插图。除此之外，更要在如何通过插图凸现教学目标、如何通过插图实现教学目标上下工夫。具体来说有以下几点。

(一) 以图补文，为凸现教学目标服务

在教学中，我们总是容易把插图作为教学的辅料和课件的装饰品来看待。其实，就初中生的认知水平来看，这种"总是容易"的看待恰巧违背初中生的认知水平，也可能是部分地违背了初中教材图文并茂的初衷。插图对于教学是有用的，对要让今天的初中生去认识过去的陌生世界来说更是有用。用得巧，用得妙，有时也可以是教学的主料。教材内容可能没有对每幅插图都作详细的描述，但每幅插图都承载着一定的历史知识。我们可以深入挖掘隐藏在插图中的历史知识，把它作为教学内容的补充和拓展。当然，我们也可以在学生浅层的读图之后，再层层剥笋般地把教学目标中的重点或难点通过解图加以落实，让问题建立在学生"最近发展区"的基础上，以激起他们的探索欲望和对历史问题的思考；在教师的主导下，发挥学生的主体作用，让学生自觉地接受历史知识和历史思维，达到学生自觉地接受历史教育和落实教学目标的目的。我们也可以把插图作为贯穿文字教材的载体，把一些繁杂、陌生的历史知识投射在浅显易懂的插图之中，整理出一条让学生容易理解的历史线索，从而让学生既掌握了知识，又在过程中学会历史的思维方法，使情感态度与价值观得到升华。只要教学的有效性实现了，教学目标也就自然而然地凸现了。

运用插图，既可以补充文字材料的不足，拓展教材的内容，激发学生求知的欲望，又可以启迪学生思维的火花，培养学生的综合能力。

(二) 因"材"选图，为实现教学目标服务

以插图作为教学载体，符合初中学生身心发展的特点，能有效地发挥读图时代中长大的学生的读图优势，有利于激发学生学习历史的兴趣。但要让插图有效地引导学生走进陌生和抽象的历史，教师在选图时还应考虑到学生个体的差异性，要因"材"选图，让插图在适应教材的同时也要适应学生的需要。适应教材，是为保证插图质的要求；适应学生，是要让插图为学生服务，不能让插图去干扰学生对历史信息的获取。只有围绕学生而有目的地选图，才能避免用图随意现象的发生，才能使插图发挥到极致，真正做到以生为本。当然，强调适应也要尊重历史学科的特点，只有

在尊重历史学科特点上的因"材"选图,才能避免为了"取悦"学生而随意选图。而学生的差异性的存在毕竟是一个不争的事实。因此,教师在选图时还应考虑到层次性,教师在选图中只有做到适应性和层次性的有机结合,才能使每个学生都有参与活动和思考的可能,才能让不同层次的学生都感受到自身主体地位的存在。也惟其如此,才能因材施教,让每个学生都参与到课堂上来,使插图在教学中起到的作用不只是实现识记的知识目标,而是为整个教学目标服务。只有插图运用能为教学目标服务,才能真正让学生走进历史,培养学生的科学素养、科学方法和实践能力,促进学生的全面发展。

(三) 用好插图,在运用插图中统筹好三维目标

知识目标、过程与方法目标和情感态度与价值目标是一个相互联系、相互渗透的整体,所以在插图的选择和运用中,除了要有全局的观念外,即让每一幅插图都有自己合理的、逻辑的位置之外,也要在同一幅图或者一组图中统筹兼顾好三个维度的目标。当我们把繁杂零碎的历史知识贯穿于一幅图或一组插图中时,首先,我们要考虑选用的插图的侧重点要凸现的是哪个维度的教学目标,也就是哪些插图是让学生识记、理解、运用,哪些插图让学生在学习过程中尝试、思考、体会,哪些插图能让学生感受、反应、领悟。其次,我们要考虑选用的插图是否可以涵盖不止一个教学目标,或者让三维目标都能在一幅图或一组图中体现,这多个教学目标如何通过"问"图的形式无痕地落实到教学过程中,让学生在简单明了中获取历史信息,提高学生整体把握历史的能力。再者,教师在对课本插图或另选的插图进行整合、重组、处理时,要注重把三维目标有效地统一贯彻于识图、说图、辨图、悟图等一系列环节中。这一系列环节的设置,既统筹兼顾了三维目标,又体现了三维目标分层递进的特点,使教学的整体性和逻辑性增强。如此,用插图来诠释学生不熟悉的历史事件和历史现象,这既有利于帮助学生建构起历史知识、为每个学生提供了足够思维和表现的空间,为情感、态度与价值观的体验和培养创设了情境;又培养了学生的逻辑思维能力,把显性的历史教学和隐性的历史教育有效地统一起来。用图中统筹考虑三维目标,才能赋予插图以教学的生命力。

历史教学需要插图,恰到好处地用好这些插图,才能在游图阅史中凸现课程的三维目标。同样,唯有在游图阅史中统筹考虑好三维目标,才能

真正用好插图。

　　插图，是教学重要的课程资源，它的形象性和直观性也是教师让学生获得历史知识和历史思维的重要载体。但是，教师在运用插图时如果远离教学目标或者不为教学目标服务，就在无意中扼杀了插图在教学中的作用。甚至，如果不能摆脱"随意用图"或者对"随意用图"不能引起足够的重视，插图的使用或许还会走向反面：分散学生的注意力，更有甚者会给学生提供错误的历史信息和知识。笔者对游图阅史中如何凸现课程目标的实践和思考显然是初步的，但愿能给同仁一点启发，或者引起同仁对这一问题的重视。

比对·拓展·深挖

——高一历史教学中初高中教材衔接处理的案例研究

杭州市萧山中学 袁咏群

一 初高中教材衔接处理的理论认识

在基础教育新课程改革理念下，虽然一线教师不再把教材视为"唯一的指南"，由以前"教教材"改变为现在的"用教材教"，但是无论如何，教材处理依然是课堂教学设计中至关重要的一环。教材处理是解决"教什么"、"选什么教"、"教什么最好"的问题，也就是科学地、动态地、智慧地提炼和组织教学内容。高一历史教学处于初高中教学衔接的大背景下，我们在仔细研究高中教材的同时，也必须同样仔细地研究初中教材，进而有效地解决初高中教材衔接处理的问题，并总结出一套行之有效的处理方法。

就历史学科而言，初高中教材中知识内容的重复是不可避免的。无论是以前的通史体裁教材，还是现在的专题史体裁教材，其主要区别不过是叙述或呈现历史的角度不同、侧重不同而已，历史最主要的概念和结论基本上是相同的，史实则更为一致。笔者以人民教育出版社2008年3月第3版初中《历史与社会》教科书（统计表中简称初中）和人民出版社朱汉国主编的《历史必修第一册》（统计表中简称高中）为研究对象，通读全书，细分知识，对比统计，发现不同的课题下知识内容的重复度也不尽相同，具体的课题需要具体对待，仔细严格地分类，提出解决教材衔接处理问题的相应方法。

依据《普通高中历史课程标准》的基本理念，在高中历史课教学中，我们既应注意与初中课程的衔接，使之继承发展，又要避免简单的重复，遵循高中历史教学规律。因此，对高中课堂教学的设计与实施，要注意有利于学生学习方式的转变，引导学生主动学习，向学生介绍历史学的研究方法，分析史料证据，并尝试用史料证据去建立"史实"，并在各种对历史的"解释"之间作出判断，以培养学生探究历史问题的能力和实事求是的科学态度，提高创新意识和实践能力。[①]

正是基于上述分析与判断，笔者以"新民主主义革命"第一课时、"伟大的抗日战争"、"罗马人的法律"这三个教学内容为例，对初高中教材衔接处理的设计与实施问题进行了一些分析与探究。

二 初高中教材衔接处理的比对研究

根据对初高中教材内容的比对，可以总结出其中的重复度与差异性，从而为我们更有效地组织高中历史教学找到相应的抓手。

（一）课文标题："新民主主义革命"第一课时知识内容的比对，见表1

表1

历史知识分类		教学内容	高中	初中
五四运动和中国共产党的成立	历史概念	历史事件	巴黎和会	◆	&
			天安门广场集会，游行示威	◆	◆&
			火烧赵家楼		
			工人罢工商人罢市	◆	◆&
			释放被捕学生、罢免卖国贼、拒签和约	◆&	◆
			马克思主义与工人运动	◆	◆&
			中国共产党一大召开	◆&	◆&
			中国共产党二大召开	◆	◆
		历史人物	曹汝霖	◆	
			李大钊、陈独秀	◆	◆&
			毛泽东、董必武	◆	&

---

① 普通高中《历史课程标准》（试验），人民教育出版社2003年版，第2页。

续表

历史知识分类			教学内容	高中	初中
	机构团体		各地共产党早期组织		◆&
	其他概念		"外争国权，内惩国贼"等口号	◆	◆&
	历史结论		五四运动是广大人民群众直接参与的，毫不妥协的反帝反封建的革命运动	◆	
			五四运动标志着中国新民主主义革命的开端	◆	◆
			自从有了中国共产党，中国革命的面貌就焕然一新	◆	◆
国民革命	历史概念	历史事件	十月革命	◆	◆
			中国共产党三大召开		◆
			第一次工人运动高潮	◆	
			国民党一大召开	◆	◆
			北伐战争	◆	◆
			中国收回汉口、九江英租界		&
			四·一二政变	◆	◆
			七·一五政变	◆	
		历史人物	孙中山	◆	◆&
			吴佩孚		◆
			叶挺		◆
		政策措施	国共合作	◆	◆
			联俄、联共、扶助农工		◆
			黄埔军校		◆
		机构团体	广州国民政府		◆
			国民革命军	◆	◆
			南京国民政府		◆
			武汉国民政府		◆
			叶挺独立团		◆
		其他概念	革命统一战线	◆	
			国民党右派	◆	
			右倾机会主义	◆	
	历史结论		国民党第一次代表大会的召开，标志着国共合作的实现和革命统一战线的正式建立	◆	

续表

历史知识分类	教学内容	高中	初中
历史结论	国共两党领导的国民革命运动是中国近代史上前所未有的人民大革命	◆	
	国民革命动摇了北洋军阀的统治,沉重打击了帝国主义的侵略势力	◆	◆

注:加◆记号者表示教材正文中涉及内容;加&记号为教材辅助材料中涉及内容。(以下同)

从上面统计对比表(表1)中可以看出,高中教学"新民主主义革命"第一课时内容中所涉及的历史概念与初中教材涉及的历史概念基本重复,涉及的历史结论也有一半初中教材已给出的,其中五四运动和中国共产党的成立一目中只有五四运动的性质在高中属新增知识点,国民革命一目中新增的知识点有第一次工人运动的高潮、革命统一战线、右倾机会主义、国民党右派、国共合作建立的标志、国民革命的性质。显然高中教材新增的历史概念、历史结论偏重于理性的认识与概括,有一定的思维深度。相比较而言,从高中教材中未涉及初中教材中出现的知识点看,初中教材比较全面地呈现和简单地叙述了这一时期历史事件的发展过程,重点突出该时期重大历史事件人物的感性叙述,更加鲜活生动,为高中的学习奠定了较丰富的史实基础。

(二)课文标题:"伟大的抗日战争"知识内容的比对,见表2

表2

历史知识分类			教学内容	高中	初中
侵华日军的罪行	历史概念	历史事件	九一八事变	◆	◆
			华北事变	◆	
			七七事变	◆	◆
			八一三事变	◆	
			南京大屠杀	◆	◆&
			研制细菌和化学武器	◆&	◆&
		历史人物	向井、野田	&	&
			溥仪、德穆楚克栋鲁普、汪精卫	◆	
			东史郎		&

续表

历史知识分类			教学内容	高中	初中
		政策措施	不抵抗政策	◆&	&
			"攘外必先安内"政策	◆	
			以华制华政策	◆	
			奴化教育	◆	
			殖民统治	◆	
			对中国后方城市的轰炸封锁		◆&
			对抗日根据地的"扫荡"、"三光"政策	◆	◆&
		机构团体	"满洲国"	◆	
			"蒙疆联合自治政府"	◆	
			"中华民国国民政府"	◆	
		其他概念	东方会议	◆	
	历史结论		灭亡中国、称霸西太平洋是日本帝国主义的既定国策	◆	
关内关外的抗日救亡运动	历史概念	历史事件	十九路军抗战	◆&	
			长城沿线(山海关、承德、多伦)抗战	◆	
			一二·九运动	◆&	&
			西安事变	◆	◆
			爱国民众抗日救亡运动	◆	
		历史人物	蔡廷锴、蒋光鼐、安德馨、宋哲元、冯玉祥、吉鸿昌	◆	
			张学良、杨虎城	◆	◆
		机构团体	抗日义勇军	◆	&
			抗日联军	◆	
			国民党第二十九军	◆	
			察哈尔民众抗日同盟军	◆	
		其他概念	八一宣言	◆	◆
			瓦窑堡会议	◆	
	历史结论		西安事变的和平解决,打开了国共两党由内战到和平、由分裂对峙到合作抗日的序幕	◆	◆

续表

历史知识分类			教学内容	高中	初中
全民族的抗战	历史概念	历史事件	卢沟桥事变	◆	◆
			八·一三事变	◆	
			中国共产党军队改编	◆	◆
			全民族抗战	◆	◆
			淞沪会战	◆	
			太原会战	◆	
			平型关大捷	◆	
			徐州会战	◆	
			台儿庄大捷	◆	&
			百团大战	◆	
			枣宜会战	◆	
		历史人物	李宗仁	◆	&
			张自忠	◆&	
		团体机构	陕甘宁边区政府	◆	
			蒙古抗日游击队	◆	
			回民支队	◆	
		政策措施	全民族抗战路线	◆	
			开展游击战争	◆	
			建立抗日根据地	◆&	
		其他概念	《自卫抗战声明书》	◆	
			《国共合作宣言》	◆	
			洛川会议	◆&	
			华侨支援抗战	&	◆&
			世界各国人民支援中国抗战	◆	◆&
	历史结论		公布国共合作宣言，抗日民族统一战线正式建立	◆	◆
抗日战争的伟大胜利	历史概念	历史事件	中国对德意日宣战	◆	
			中共七大召开	◆	
			美国投放原子弹	◆	
			苏联出兵东北	◆	
			日本宣布投降，签署投降书	◆&	◆&
		历史人物	毛泽东、蒋介石	◆	

续表

历史知识分类		教学内容	高中	初中
	团体机构	世界反法西斯阵营	◆	
		中国战区盟军最高统帅部	◆	
	其他概念	"对日寇的最后一战"	◆	
		《波茨坦公告》	◆	
		欧洲战场、苏德战场、太平洋战场、中国战场	◆	
历史结论		抗日战争是中国近现代史上最伟大的维护国家主权的斗争	◆	◆
		中国的抗战是世界反法西斯战争的重要组成部分	◆	◆

从上面列出的统计对比表（表2）中可以看出，初中教材侧重选择性地从多个视角叙述日本侵华和抗日战争中的重大历史史实：九·一八事变、七七事变、南京大屠杀、细菌战、西安事变、国共合作的实现、共产党军队的改编、台儿庄保卫战、华侨抗战、世界人民支援抗战、日本投降，并穿插丰富的历史图片和阅读卡资料还原重要的历史场景，也给出了高中教材中涉及的基本结论。高中教材在基本涵盖初中教材历史概念和结论的基础上，更加全面地叙述日本侵华的步步行动和抗日战争的表现，突出呈现了初中教材中不明显叙述的抗日战争的两个发展阶段——局部抗战和全民族抗战的丰富而厚重的史实，呈现了初高中教材编写的梯度性。

（三）课文标题：人民版"罗马人的法律"知识内容的比对，见表3

表3

历史知识分类			教学内容	高中	初中
从习惯法到成文法	历史概念	史论概念	罗马法	◆	◆
			习惯法	◆	
			成文法	◆	
		历史事件	罗马建城	◆	◆
			颁布《十二铜表法》	◆&	
		机构团体	元老院	◆	
			立法委员会	◆	
		历史文献	《十二铜表法》	◆&	◆

续表

历史知识分类			教学内容	高中	初中
		历史结论	罗马时古希腊文明的正统继承者和西方古典文明新的开拓者	◆	
			《十二铜表法》是罗马成文法发展史的起点	◆	◆
从治"公民"到治"万民"	历史概念	史论概念	公民法	◆	
			万民法	◆	
		历史事件	罗马共和国建立	◆	◆
		其他概念	外事裁判官	◆	
西塞罗和自然法精神	历史概念	史论概念	理性主义	◆	
			自然法	◆ &	
			自然法之父	◆	
		历史人物	西塞罗	◆	
		机构团体	斯多亚学派	◆	
		历史结论	自然法中人人平等的思想是对罗马法律实践的理论概括与升华，标志着罗马法学的高度成熟	◆	
罗马法的作用和影响	历史概念	史论概念	近代资产阶级法学	◆	
			人人平等，公正至上	◆	
		历史事件	罗马帝国的建立	◆	◆
	历史结论		罗马法的历史作用	◆	
			罗马法在世界法制史上占有十分重要的地位	◆	

从上面列出的统计对比表（表3）中可以看出，高中教材涵盖了初中教材中涉及的所有知识点：罗马法、成文法、罗马建城、颁布《十二铜表法》、罗马共和国的建立、罗马帝国的建立，绝大部分是古罗马发展沿革的重大历史事件，而真正涉及罗马法的内涵本身和发展的历史概念、历史结论重合很低：罗马法、成文法、《十二铜表法》、《十二铜表法》是罗马成文法的起点，内容也仅仅是点到为止，是简单化处理。因此对于高中学生来说本课的历史概念、历史结论几乎是全新的：习惯法、元老院、公民法、万民法、外事裁判官、理性主义、自然法、西塞罗、罗马法的历史

作用、罗马法的地位影响等,内容生疏抽象,理论性强,认知难度大。

三 初高中教材中衔接处理的方法步骤

在上述三课初高中内容的比对和分析中不难看出,有的章节重复的内容多,有的章节重复的内容则较少。为了彰显初高中教材知识的重复度与差异性,并提出相应的处理方法和步骤,笔者对案例所含的知识点进行了量化统计,并分析了这些知识点教学对应的类型。

(一)三个主题初高中教材知识内容及其重复度的量化统计与归类,见表4

表4

课 题		高中	初中	重复	重复度
新民主主义革命的兴起	历史概念	23	30	18	78%
	历史结论	6	3	3	50%
伟大的抗日战争	历史概念	67	22	20	30%
	历史结论	5	4	4	80%
罗马人的法律	历史概念	20	7	7	35%
	历史结论	5	1	1	20%

依据此表可以在初高中教材衔接处理面对的课题中总结以下三种类型:

类型Ⅰ:历史概念重复度高,历史结论重复度一般。"新民主主义革命的兴起"第一课时中初高中重复的历史概念有18个,重复度达到78%,初中教材中更是涉及历史概念多达30个,大同小异,可见这一主题中初中教材已经给予学生关于历史场景与历史进程丰富的感性材料。高中教材中的6个历史结论已有3个在初中教材中涉及,重复的历史结论学生不会陌生,接受新的历史结论也不会特别困难。

类型Ⅱ:历史概念重复度低,历史结论重复度高。"伟大的抗日战争"一课中初高中重复的历史概念有20个,但重复度较低,只有

30%，也就是说高中教材中的历史概念大部分是新的。高中教材中的5个历史结论中有4个初中就涉及，重复度非常高，也就是新的历史结论很少，这样至少学生对历史结论本身已经是了解的。但是同样的历史结论在初高中对学生要求理解的程度是有大不同的，高中教学的重点要求学生在已有或新增的历史史料与历史结论之间建立严谨的逻辑联系。

类型 III：历史概念重复度低，历史结论重复度低。"罗马人的法律"一课中，高中教材共学习20个历史概念，其中初高中重复的历史概念有7个，13个概念全新呈现，重复度只有35%，比较低。从历史结论看，高中教材中涉及的5个历史结论中只有1个在初中有接触，4个是全新的展现，重复度也很低。可见高中教材叙述的广度和难度都明显增加，理性知识多，趣味性少，对学生的能力培养要求也明显提升。

（二）三种类型教材衔接处理的相应方法

类型 I 的教学重点应是如何引导学生从历史史料中总结和提炼出历史结论，包括在旧有的历史概念和旧有的历史结论之间建立起可供理解的有机联系，以及从旧有的和新增的历史概念中分析提炼出新的历史结论。重复的历史概念只需简略带过，唤醒学生已有的记忆，新增的历史概念也不需要过度渲染，只要适当地嵌入学生已有的概念体系中即可，重点在于分析理解、解释、论从史出等历史学习方法与相关思维能力的渗透和训练。

类型 II 的教学重点有二：一是通过创设多种教学途径呈现新的历史概念，加深学生对历史史实的感性认识，从而丰富其历史概念的内涵，进而构建起相对完善的知识体系；二是锻炼学生分析史料的能力，养成论从史出的分析习惯。历史结论的重复度高，所以结论本身并不重要，关键在于让学生尝试从如何理解和解释历史的视角出发自然地得出历史结论的学习过程。

类型 III 中，高中与初中无论在历史概念和历史结论的重复度都比较低，可以说初中的教材只是大抵介绍了高中学习该课题的相关历史大背景知识，而历史概念需要全新呈现，历史结论需要全新解释，因此就衔接处理而言，主要是引导学生能够在初中已接触的历史大背景中思考本课题的学习内容、历史联系与历史影响。

（三）三种类型教材衔接处理的一般步骤

虽然类型不一，处理方法不同，但是教学步骤还是具有一般规律的。在上述分析的基础上，笔者认为教材衔接处理的一般步骤为：

（1）深入系统地研读初高中教材，细分历史概念和历史结论的知识点，列表分析，对比统计。

（2）根据重复度的高低，依据相应的归类提出教材衔接处理的整体架构。

（3）遵循本课题的教学目标，具体组织材料设计课堂教学过程和师生活动，让教材衔接处理的意图在具体实施中动态生成。

笔者依据这一步骤，具体地设计和实施了上述三个主题的课堂教学，把初高中教材衔接处理的一般方法和具体意图应用其中。

四　初高中教材衔接处理的实施案例

案例1：人民版"新民主主义革命"第一课时

教材衔接处理思路：对于初高中教材中重复度高的知识点，设计中首先对教材进行了二次开发，变换认识历史问题的角度，以"运动"为视角来讲述新民主主义革命的兴起：学生运动—工人运动—国民运动为轴线展现新民主主义革命兴起、革命力量逐渐壮大、领导阶级逐步壮大发展的过程，增强学习的新鲜感，激发学生学习的新欲望。其次可以设计新的情景，唤醒学生对已有知识的回忆，简单再现历史发展的过程，避免对历史史实过程的过度渲染和描述。三是侧重引导学生挖掘课文历史概念背后的关系，如五四运动与中国共产党成立之间的关系，对于新增的知识点，设计中可以引导学生寻找与初高中课本中都涉及的上下知识点之间的关系，可以通过丰富的历史资料来得出历史结论，学习论从史出的方法，见表5。

课堂教学设计

表5

过程	师生活动	衔接设计意图
导入新课	91年前青年学子不像我们安心地坐在教室里学习，他们开始走出课堂，走上街头，掀起了一场具有深远意义又荡气回肠的历史运动。现在让我们一起重温这段激情的岁月。	
学习新课	1. 学生运动——五四运动的开端 （1）通过解读1919年《山东·青岛》（泊尘作）、《贪食小犬，死不足惜》（但杜宇作）、1919年《工学商打倒曹、章、陆》（沈泊尘作）、1919年《民气一致之效果》（马星驰作）等漫画，再现天安门集会、五四时期上海街头的历史图片，快速重温五四运动的过程和初步成果，从历史概念的发展中认识运动的性质。 （2）引导学生通过比较新旧民主主义在领导阶级、指导思想、革命前途等方面的不同，认识五四运动作为新民主主义开端的含义。 （3）认识五四运动与中国共产党的建立有何关系，简单重温中共一大、二大。 （4）合作讨论：为什么说自从有了中国共产党，中国革命的面貌就焕然一新？以中国同盟会为例，比较二者的指导思想、革命目标、政党性质。 2. 工人运动 历史地图上出示1922—1923年第一次工人运动高潮中的典型运动：香港海员大罢工、安源路矿工人大罢工、京汉铁路工人大罢工，其中京汉铁路工人大罢工把第一次工人运动推向顶点，但却遭到血腥镇压（漫画）。给中国共产党最大的启示是什么？ 3. 国民运动 （1）1924年国民党一大召开，国共第一次牵手革命，指导学生结合课文P55分析探究：第一次国共合作（革命统一战线）为什么能成功实现？掌握关键知识点：北洋军阀和帝国主义、中国共产党、国民党（孙中山）、共产国际。	再现新的情境来唤醒学生对重复知识的记忆，重新梳理五四运动的发展脉络。 着重引导学生通过分析比较从已知的历史概念中进一步认识和论证已知的历史结论。 属高中新增知识，以图片形式加强学生对历史事件的感性认识，通过解读漫画和书本知识认识工人运动失败的原因，自然引出国共合作的必然性，进而认识事件之间的内在发展联系。 引导学生从多角度入手综合分析提炼出第一次国共合作的原因。

续表

过程	师生活动	衔接设计意图
	（2）国共两党领导的国民革命运动是中国近代史上前所未有的人民大革命，为什么？引导学生通过历史图片一起来感受这场轰轰烈烈的革命。（工人阶级为主力的五卅反帝爱国运动，上海工人的三次武装起义，江西、广东、湖南的农民运动、北伐战争的形势图）	国民革命运动的性质是新增历史结论，通过历史图片和历史地图来丰富学生对国民革命运动的了解，进而更清晰地认识其内涵与性质。
	（3）结合北伐战争形势图、武汉革命军1927年1月3日进入汉口英租界进行接管的情形图片、《一年不到，时运不同》漫画，总结归纳北伐战争的胜利进军取得的成果。	通过提供的图片等相关资料更全面客观地认识国共合作失败的原因，丰富已有的认识。
	（4）轰轰烈烈的国民革命最终走向了失败，为什么？出示政变的历史图片及课本提供的相关资料，从中国国民党和共产党两个方面认识。	
	4. **课堂小结**：结合三大运动总结本课。	

教后反思：这是笔者参加 2009 年杭州市"教坛新秀"评比的一堂课，选用当时的政治漫画和历史图片串联本课内容，新景忆旧知。尤其是漫画，直观形象，寓意深刻，有趣味，避免平铺直叙、简单重复，整堂课学生显得比较兴奋，参与热情总体很高。在突破五四运动是新民主主义的开端这一难点时，引导学生从新旧民主主义在领导阶级、指导思想、革命前途等方面的不同入手分析比较，从已知的历史概念中进一步认识和论证已知的历史结论，衔接意图明显，但是梯度太大，课堂一时陷入沉闷。笔者马上变换问题的角度：找一找五四运动和辛亥革命在革命任务、革命性质、领导阶级、群众基础等方面的异同，比较五四运动新在何处。学生的思路渐渐明晰起来，参与讨论。在课堂小结时，再现学生运动、工人运动、国民运动，全面总结新民主主义革命的兴起：领导阶级无产阶级登上历史舞台并逐步壮大，群众的参与日益扩大、解救国家的新的指导思想——马克思主义的传播、新的革命纲领的制定。因此在衔接设计中，要注意拓展深挖的角度、难度和切口，由浅入深，否则再好的设计意图也无法在教与学的动态中实现。

案例2:"伟大的抗日战争"

教材衔接处理思路:由于本课高中教材基本涵盖初中教材的历史概念,为避免简单重复减弱学生学习的兴趣和造成教学时间的浪费,对于初高中重复的有些历史概念简略带过和学生自主归纳为主,进一步将新增的知识点纳入到已有的熟悉的历史过程中;同时通过高中教材中提供的丰富的历史史实不断拓展深化对已有历史概念的理解,进一步丰满历史过程和历史概念的内涵;重点解析初高中涉及的历史结论,在回顾抗战基本史实的基础上,充分结合教材内容和提供相关史料等创设新的问题情境,挖掘已知历史史实、历史结论之间的内在联系,培养学生思维的广度、深度和论从史出、史由证来的史证能力,见表6。

课堂教学设计

表6

过程	师生活动	衔接设计意图
导入新课	出示英国历史学家阿诺德·汤因比《历史研究》中的一句话:"在文明的发展中,挑战与应战的交互作用乃是超于其他因素的一个因素。"引出:抗日战争是中华民族遇到的一次前所未有的挑战,中华民族进行了积极的迎战,正是这种挑战和迎战的交互作用促进了中华文明的发展。	将挑战和迎战的关系自然引入到抗日战争,突出"文明"这一主题,运用文明史观从新的视角学习熟悉的历史。
探究新课	一、读文明沦丧 1. 学生读《日本侵华图》,结合所学浏览课文说说1931—1937年中华文明是如何一步步沦丧的? 2. 学生读《侵华日军细菌与毒气部队分布图》,结合所学所知说说在中华文明沦丧的过程中日本犯下了哪些暴行?能结合萧山沦陷的历史说说吗?(教师补充萧山楼塔镇楼三村楼永福老人和萧山临浦塘郎孙村孙阿二老人深受细菌毒害的照片等)	利用地图,回忆旧知,学习新知,梳理日本侵华大事记,形成更完善的认知结构。 学生对日军所犯的暴行从知识层面有了充分的感知,简略带过,同时教师提供学生身边的乡土历史资料,升华情感。

续表

过程	师生活动	衔接设计意图
探究新课	二、识文明守护 1. 局部抗战：关内关外是如何共同抗战的？教师列表格、提角度，学生自主学习教材41页到42页"关内关外抗日救亡运动兴起"的内容，归纳中国共产党、东北人民和东北军、国民党爱国官兵、爱国民众的抗日史实。 2. 全民族抗战 问1：到了1937年，为什么全民族能够共同抗战？教师给材料，学生解读分析材料，从"中国共产党"、"国民党态度转变"、"主要矛盾"等几个方面来解读材料，论从史出。 问2：全民族共同抗战的局面是如何形成的？学生解读教材从国民党正面战争、共产党敌后战场、华侨、国内人民等角度梳理史实，重点评价正面战场的作用。 问3：全民族共同抗战是如何展开的？阅读教材，从国民党、共产党、少数民族、华侨支援抗战等角度认识，重点引导学生学习国民党正面战场和中共敌后战场的具体抗战情况。 三、思文明灾难 恩格斯说："没有哪一次巨大的历史灾难，不是以历史的进步为补偿的。"结合本课的学习思考这一时期的历史灾难给中国历史的进步什么补偿？学生小组讨论。在此基础上重点突破以下两个问题的理解： 问1：抗日战争胜利在中国反抗外来侵略斗争中具有什么历史地位？引导学生回顾鸦片战争以来中国反侵略的历程和思考对未来中国发展的影响角度思考。 问2：中国的抗日战争是世界反法西斯战争的重要组成部分。引导学生运用课本中提供的"世界人民反法西斯战争时期统计简表"、"中国抗战拖垮了日本"、"1937年7月—1945年8月中国战场历年抗击日本陆军兵力数简表"解读分析，突破难点。	高中教材中呈现了许多初中教材中没有的历史概念，衔接时首先引导学生在联系旧知、学习新知的基础上分阶段归纳梳理中国军民抗日斗争的基本史实，同时教学重点是帮助学生理解局部抗战为什么会走向全面抗战？全面抗战是如何进行的？拓展深化。 在初中基础上更加全面动态地展示过程，认识抗日民族统一战线的发展。 围绕课文所提供的丰富的历史概念进一步加深初中接触的全民族抗战的内涵。 一方面引导学生比较抗日战争与以前的历次反侵略斗争在斗争结果影响（民族意识、革命前途和国际地位）等方面的不同，另一方面充分运用教材提供的文字资料、统计表格等史料，多角度帮助学生加深理解初中已经熟知的历史结论。

教后反思：本课教学内容知识点多，容量大，在老教材中呈现在6节课文中，用6课时完成教与学的任务；新教材一般用2课时，围绕着如何突破课时有限和教学量多这一难题，在学生初中学习、日常接触初步掌握抗战重大史实的基础上，首先以日军侵华（挑战）和民族抗战（应战）两条主线、局部抗战和全面抗战两个阶段展开教学，梳理脉络，课堂教学完成后，学生理清了主线，构建起了完善的知识体系，能较好地分线分段记忆。其次在构建体系的同时，突出轻重：关内关外的抗日救亡运动，内容容量多，难度低，在教师列表格、提角度的引导下，学生在课堂中完全能够解读教材，自主归纳，丰富初中的认识；对于本课的重点——全民族团结抗战，教师通过提供材料，学生分析史料，提取有效信息，从当时的时代背景中多角度分析全民族抗战形成的原因，特别是引导学生认识国共双方能暂时摒弃双方成见合作抗敌，是大势所趋、民心所向，是全民族抗战形成的关键，加深了对初中知识的认识；同样在解读教材全民族抗战的过程中，引导学生进一步认识国民党正面战场在抗战中的表现和作用，更全面地理解全民族抗战的内涵；对于抗战胜利的意义这一难点来说，结合教材、所学从纵向和横向多角度引导，使学生对初中熟知的两个历史结论知其所以然。

案例3："罗马人的法律"

教材衔接处理思路：对于初高中重复的古罗马的历史，学生有一定的感性认识，教学中需要设计场景或提供熟知的材料重新唤起学生记忆，做好学习新知识的铺垫，从已知推向未知。新增的涉及法律的阶级性、内容章程、条例结构等内容，繁复庞杂，抽象枯燥，理论性强，对高中学生来说比较陌生，而相关的法律知识的储备相对缺乏，缺少认知的基础和兴趣，教学设计中应选择一些有关罗马和罗马法方面的史料图片、法律案例等，以创设历史学习的情景，烘托氛围，更好地激发学生的求知欲望，深入浅出，见表7。

课堂教学设计

表 7

过程	师生活动	衔接设计意图
导入新课	教师展示古罗马竞技场、凯旋门的历史图片，学生回忆两个建筑的名称。 教师出示四幅罗马历史图片即罗马建城传说、罗马共和国疆域图、罗马帝国疆域图、罗马帝国分裂图，在学生快速浏览高中课本的基础上，老师简略地叙述，引导学生回顾初中涉及的古罗马发展的几个重大的历史时期，建立时间轴。	这两幅图片选自初中《历史与社会》教科书，用熟悉的历史画面增进学习的亲切感。 结合历史地图，重新梳理回顾初中已学的古罗马发展的政治沿革。
探究新课	1. 学生以时间轴为主线梳理罗马法发展演变的历程，并标注在时间轴上。 2. 师生双方共同探究罗马法的发展演变： （1）形式上：从习惯法到成文法——《十二铜表法》 教师解释习惯法和成文法的基本含义，出示一个涉及贵族财产继承的案例，并提供《十二铜表法》第八表第十条的内容"死者的财产需按其遗嘱进行处理"，学生分别扮演习惯法时期和《十二铜表法》实施期间的法官作出判决，并说明依据，从中引出贵族垄断立法权并随意曲解法律压迫平民，引起了平民对贵族的反抗，推动立法委员会的出现和《十二铜表法》的制定。 选摘《十二铜表法》第三表、第五表、第八表、第九表、第十一表中的相关法律条文，了解其涉及的主要内容，同时引导学生认识法律存在的落后和不合理的地方，做出正确的评价。 （2）范围上：从治"公民"到治"万民" 重点引导学生根据课文内容从时间、适用范围、形式、内容、结果列表比较公民法和万民法的不同之处，同时分析万民法为什么在共和国到帝国的过程中产生。	使罗马法的学习始终建立在初中已接触的古罗马历史发展的时间轨迹上，新旧相连，建立课文的脉络体系、整体感知。 教学设计中要关注学生的体验、感觉，创设历史的情景，激发学生学习的积极性。 《十二铜表法》初中教材只是点到其名，需选用珍贵的史料去进一步拓展，全面地认识其内容，丰富课文中简单且抽象的法律内容和评价，从中培养解读材料、获取信息、运用材料、理解历史的能力，并从案例的判决不同理解形式转变的必然性。 运用对比分析的方法学习全新的知识点，培养学生比较归纳的能力，突破认识罗马法不断完善的过程和走向完善的必然性这一难点。

续表

过程	师生活动	衔接设计意图
	（3）法律观念上：提出自然法 引导学生看书明确自然法的含义，同时教师介绍"自然法之父"西塞罗及其主要贡献。 3. 结合时间轴分析不同时期的罗马法的作用和影响。 教师重点引导学生理解罗马法在世界法制史上的重要地位。补充讲解近代欧洲都以罗马法为基础制定了本国的法律制度，如《德国民法典》、《拿破仑法典》等现在世上许多国家的陪审制度、律师制度、诉讼原则都渊源于罗马法，世上公认的法学理论、法制民主原则也均发端于罗马法。同时选摘近代法国《人权宣言》、美国《独立宣言》、现代《中华人民共和国民法通则》的相关条文体会罗马法蕴含的"人人平等、公正至上"的法律观念具有超越时间、地域和民族的永恒价值。	通过选取学生初中已接触过的《人权宣言》、《独立宣言》及其现实生活中运行的民法通则的相关内容，体会罗马法的永恒价值，搭起已知和未知的桥梁，建立历史与现实之间的内在联系。

教后反思：这是一堂日常教学的常规课，以初中接触过的罗马国家的发展（公元前8世纪罗马建城、公元前509年罗马共和国建立、公元前27年罗马帝国建立、公元3世纪罗马帝国分裂为东西罗马）为时间轴来贯穿本课内容，将习惯法、成文法、《十二铜表法》、公民法、万民法、自然法等有关罗马法的历史概念和发展脉络嵌到罗马国家发展的时间轴上，在熟悉的历史事件基础上拓展学习，教师提供相关的法律条文、法学案例等，引导学生讨论、对比分析，进一步寻找挖掘了罗马法的发展完善与罗马国家发展间的内在联系，深化理解了习惯法向成文法发展的原因，公民法向万民法发展的原因，以及罗马法的发展完善对罗马国家发展的积极影响，突破难点。用这种思路上课的班级学生普遍厘清了教材的总体脉络和知识点之间的内在逻辑，进一步丰满了对古罗马历史发展的认识，在分析过程中解决问题，形成新的结论，水到渠成。如果不把罗马法的发展嵌入罗马国家发展的时间轴中去，学生的知识记忆就没有根基，点状分布的知识点过多，

凌乱无序，无法构成完整的有机的知识体系。可见，初高中教材衔接处理可以引导学生在已知的历史大背景中建构新的历史概念和历史结论之间的联系，分析其相互影响和发展演变，帮助学生构建这样一种大历史观，必将有利于学生今后的自主学习。

五　初高中教材衔接处理的实践意义

（一）激发高一学生学习历史的兴趣，使其喜欢上高中历史课

高一历史教材会给刚从初中进入高中学习的学生一种错觉，"这些历史内容大都是初中学过的"。学生这样的认识是有道理的。按照上述的统计方法，初高中教材在历史概念和历史结论上的平均重复度超过一半。大部分学生往往是在学期初拿到教材时把它通读一遍后就扔一边了，如若教师仍是不明就里地在课堂上照本宣科一番，学生会看不起历史课也看不起历史教师，更提不起学习历史的兴趣。面对这样的窘境，我们不能无动于衷，当然也不能无视高中历史教学的要求另起炉灶、一味求新，制造华而不实的课堂。这凸显了教材衔接处理的必要性和紧迫性。通过初高中教材的对比分析，教师可以很好地了解学生已有的知识，根据教学目标，推陈出新，设置恰当的知识和能力梯度，把学生紧紧地吸引进课堂，吸引进历史，进一步激发高一学生学习历史的兴趣，使其喜欢上高中历史课堂。

（二）构建高一学生的历史知识体系，使之具有扎实的基础、清晰的脉络

"学习历史是一个从感知历史到不断积累历史知识，进而不断加深对历史和现实的理解过程。"历史知识的积累不仅仅是一个个点的增加，而应该是由点连成线、线汇成面、面交织成体的历史知识体系的构建。教材衔接处理恰当，可以在学生的已知和未知之间搭起认知的桥梁，帮助学生从已知出发去认知未知。在唤醒学生已有知识的同时有机嵌入新的知识，注重知识之间的内在逻辑，注重对已有历史知识的进一步解读，使学生学会了把历史知识作为一个有机的整体来组织。

(三) 促进高一学生历史学习方式的转变，学会一些探究问题的方法和解决问题的能力

教材衔接处理在掌握基本历史知识的过程中，引导学生不仅去阅读历史，学会辨别史料和解释历史，并能够运用史料作为证据来认识过去，锻炼对历史事实的分析、综合、比较、归纳、概括等认知能力，培养历史思维和解决问题的能力，为学生进一步深入学习高中历史打下一个良好的方法论基础。

课堂教学应该是永远鲜活的，鲜活的课堂才能永远富有生命。归类与重组是探讨课堂教学方法的途径，是重构教材知识体系的步骤，而继往开来则是初上新课时教师该用的手段。以上案例及归类、方法与步骤，仅供各位同仁参考。

参考文献

1. 普通高中《历史课程标准》（试验），人民教育出版社 2003 年版。
2. 朱汉国主编：《历史》（必修 1），人民出版社 2009 年版。
3. 《历史与社会·我们传承的文明》八年级（上下册），人民教育出版社 2008 年版。

"双子星，双共赢"

——思品、社会作业与团队社会实践有机整合的探索

杭州采实教育集团　吕阳俊

一　社会实践类作业的困境及其成因

《历史与社会课程标准（二）解读》中明确指出："《历史与社会》学科要求打破课堂教学与学生课外生活的壁垒，采取有效的措施把国内、国外、校内、校外、课内、课外的各种有用的知识资源调动起来，利用社会的大课堂去增加学生的社会见识，力求课内与课外活动相结合。"[①] 在这种思想的指导下，随着新一轮基础教育课程改革的实施，《思想品德》（以下简称思品）、《历史与社会》（以下简称社会）等综合文科越来越注重开展课外社会实践的作业。它整合了学科知识、综合实践活动、地方课程、社团活动、家庭教育、心理健康教育等诸多元素，让学生走出课堂，走入社会，参与家庭，在参与的过程中巩固和消化所学知识，提升独立分析问题和解决问题的能力，增强团队协作的意识，逐渐形成正确的人生观、世界观和价值观。

但是一项社会实践类作业往往需要大量的时间和精力，在学业负担较重的初中阶段，学生除了完成语文、数学、英语、科学等文化课作业外，还要参加一定的文艺、体育、信息类活动，再给学生布置这样的作业无疑

---

① 朱明光：《历史与社会课程标准（二）解读》，北京师范大学出版社2002年版，第160页。

增加了学生的负担。再加上在一些地区，《思想品德》与《历史与社会》不纳入中考计分。升学考试的不配套使得思品、社会的实践类作业往往得不到应有的重视，陷入了十分尴尬的境地。甚至有老师坦言，除了课堂完成的作业本外，不敢再给学生布置实践类作业。

与此同时，学校团队每年布置的假期社会实践作业，也遭遇了类似的命运。为了培养学生的创新精神和实践能力，学校团委、大队部会让学生在假期参加社会实践活动。社会实践活动给学生的学习过程提供了广阔的空间，提升了学生观察理解社会生活的能力、搜集和处理信息资料的能力以及与人合作与交流的能力，有效地提高了学生的综合素质，促进了学生的社会化进程。为了使团队的假期社会实践活动切实开展，学校一般都会要求学生开学时上交由社区或第二课堂场馆盖章的社会实践卡。

但近年来，有关媒体却多次报道假期团队社会实践出现"敲章族"，即学生为应付学校检查，不参加活动就在实践卡上敲章。究其原因主要有三：一是假期社会实践活动缺乏有效的组织和专业的指导，社区场地有限，人员有限，时间有限，资金有限，无法承担起全部的组织工作。很多学生满怀热情，但却"参与无门"。二是学生负担过重。不少家长认为，尤其是寒假，时间太短，又要走亲访友，学生还要完成各项作业，再要求孩子们"见缝插针"地参加社会实践，用意虽好，但不太现实。三是缺乏有效的评价体系和赏识激励。开学后，由于学生数量较多，而学校团队老师数量有限，不少学校只能查"敲章"与否，而无法评价学生实践活动的质量高低。久而久之，学生就慢慢地对这事儿都"疲了"。

在这种现状下，无论是思品、社会学科的实践类作业，还是学校团队的假期社会实践，其地位和功效显然被大大地削弱了。

二　社会实践类作业有机整合的可行性分析

马克思主义哲学认为："世界上任何事物都不能孤立存在。"教育也是如此。任何课程都不是单一的、独立的，课程之间或多或少都存在联系。从现代学科课程发展的趋势来看，综合化成为学科课程改革的趋势。就如《历史与社会》，本身就是打破了历史、地理等学科框架的一门综合性学科。

面对初中的思品、社会作业和团队社会实践作业被边缘化的现状，笔者经过两年的探索，认为在学科综合化的进程中，《思想品德》、《历史与社会》的作业可以尝试打破学科框架，和团队社会实践进行有机整合，构建思品、社会学科与团队社会实践联动合作的"双子星"模式，让两类作业互通有无，优势互补，从而有效地发挥两类作业的育人作用，以达到"轻负高质""双共赢"的目的。

"双子星"模式不是单纯的 1+1，而是一种有机整合。它以帮助学生形成正确的人生观、世界观和价值观为使命，以提升学生参与社会的意识和能力为目的，以减轻学生负担为准则。借助团队社会实践这一平台，由思品、社会学科教师结合《思想品德》、《历史与社会》的相应学科知识，指导学生利用假期时间开展社会实践活动，最后以学科和团队活动作为平台进行评价激励。

实践证明，"双子星"模式具有一定的可操作性。

（一）从教育理念看，"双子星"模式体现了"轻负高质"的教育理念

众所周知，和传统的作业本相比，社会实践类作业需要经历确立课题、查找资料、实地考察（操作）、小组讨论、总结报告等多个环节，虽然它可以弥补传统作业"重知识，轻能力"的问题，但其难度并不亚于传统作业。学生一个学期（包括寒暑假）完成一到两次社会实践类较为适宜。但随着素质教育的开展，学校团队、思想品德、历史与社会、综合实践活动课、地方课程等学科都非常注重学生的社会实践作业，每门学科每学期都会布置一到两项社会实践作业，如此叠加起来，显然大大加重了学生的负担，也使得最终的作业效果大打折扣。而"双子星"将思品、社会实践作业和团队的假期社会实践有机地整合起来，合二为一，减少了重复操作的数量，提高了作业的质量，体现了"轻负高质"的教育理念。

（二）从教育目的看，思品、社会学科和团队社会实践具有相通性

无论是思品、社会的实践类作业，还是团队的假期社会实践作业，都具有共同的目的，即培养学生参与社会的意识，增强学生的社会责任感，

提升学生解决社会问题的能力,促进学生科学精神、创新精神、实践能力的发展,为学生的终身学习和可持续发展奠定基础。目的的相通性是"双子星"模式实施的前提要件。

(三)从具体实施看,"双子星"模式可以互通有无"双共赢"

1. 减轻学生课业负担

初中生平时课业负担较多,因而缺乏深入开展思品、社会实践类作业和团队社会实践的时间,而"双子星"模式将两类作业进行有机整合,让学生利用假期完成作业,充分保证了学生完成作业的时间。两者的有机整合,化繁为简,更是大大减轻了学生平时的课业负担。

2. 搭建学生成功平台

思品、社会学科竞赛较少,学生展示成果的平台不多,但团队社会实践活动丰富多彩的竞赛和展示平台可以弥补这一不足。据了解,市、区、校各个层面每学期开学都会针对社会实践活动开展竞赛评比。而各类媒体也往往非常关注学生假期的社会实践,相关报道不时见诸报端。两者的有机整合,能为思品、社会学科搭建学生成功的平台。

3. 指导学生开展活动

长期以来,团队假期实践活动缺乏有效的组织和专业指导。而思品、社会学科是一门融人文社会科学诸多学科领域知识的综合课程。思品、社会老师作为综合类学科的专职教师,往往通晓诸多领域的知识,能够提供专业上的支持和方法上的指导。除此之外,学科教师也较善于开发社会中的课程资源,可以和社区一起,寻求社会有关部门、机构和组织(如博物馆、图书馆等)的支持,有效组织开展各类社会实践活动,帮助学生更好地完成作业。

4. 有效进行作业评价

团队假期实践活动一直存在"评价难"的问题。学校团队专职干部数量有限,因此难以一一落实团队假期社会实践的质量,而思品、社会教师则能很好地弥补这一缺陷。教师可以在开学后结合本学科相关内容,对作业进行反馈评价,既符合思品、社会学科多元化评价的原则,又解决了假期社会实践活动评价不足的问题。若是整合有效,大可以一方之长,弥补另一方的不足,可谓是"双共赢"。

三 "双子星"模式的实施

思品、社会实践作业突出学生在活动中的主体性，强调在实践中成长，在活动中合作学习。"较结果而言，更注重学习过程；较知识的记忆而言，更重视解决问题能力的培养；较教学短期效果而言，更强调学生获得调查与学习的方法，以具备终身学习的能力。"[①]"双子星"模式也不例外。但是在这一过程中，教师还必须扮演好"设计者"、"指导者"和"评价者"三个角色，积极对学生进行引导。

（一）有机整合各项资源，编写学科作业菜单

作为思品、社会学科作业的重要组成部分，"双子星"模式必须有鲜明的学科特色，是思品、社会学科相关知识的应用与实践。因此，教师必须扮演好"设计者"的角色，根据学科知识，编写实践作业清单，并寻找与团队假期实践的结合点。

以2010年寒假的团队作业为例，随着哥本哈根气候大会的召开，全球掀起了"低碳热"。我校团委大队部开出了一份以"品质少年，低碳生活"为主题的寒假实践作业清单，供学生选择完成。

（1）根据这一主题，结合《历史与社会》的相关知识，制定了如下作业菜单。

根据七年级下《历史与社会》第六单元第一课"永远面对的选择"一课中"绿色生活方式"的相关内容，调查杭州的"绿色消费"（低碳消费）情况，如节约水资源、纸张利用、环境保护等，并完成一份调查报告。

（2）根据七年级下《历史与社会》"综合探究五""一次成功的尝试"的相关内容，选择一个违背低碳理念的突出问题进行调查，然后采用合法的、适当的方式，通过正当的途径，提出批评或者解决问题的具体建议。

---

① 朱明光：《历史与社会课程标准（二）解读》，北京师范大学出版社2002年版，第18页。

又如2010年暑期社会实践活动主题为"四好少年，人人争先"，结合《思想品德》的相关内容，制定了如下一份暑期作业清单：

根据八年级上《思想品德》"爱在屋檐下"的相关内容，利用暑期，开展"家长角色体验周"的实践活动。建议有条件的家长让孩子去自己的单位实习一周，观察记录父母的工作，同时干一些力所能及的活。条件不成熟的家庭则安排孩子代替父母做一周的家务，体会父母的辛苦，同时也帮助家长分担一些工作。

每次假期实践作业都与下一学期学科教学内容有关，学生可以任选其中一份完成，也可以选择思品、社会学科内容的实践活动。

（二）加强教师指导力量，增加社会实践效度

要让学生通过社会实践，深入社会、了解社会、服务社会，必须配备专职教师从旁指导。但团队假期社会实践作业内容丰富、覆盖面广，而学校的团干部数量有限，往往无法一一指导。而社区因为场地、资金和人员的限制，也只能举办一些诸如义务劳动、参观场馆等活动。因此，在"双子星"模式中，思品、社会教师必须扮演好"指导员"的角色，对布置的实践作业进行精心指导，同时可以发动热心家长等社会力量，一起对学生活动进行帮助和指导。

（1）明确要求，审核策划。学生选择好作业后，教师要在活动前向学生明确活动目的和要求；在学生完成策划后，进行审核把关，确保活动的创新性和可操作性，以提高活动的效度和效率。

如"绿色消费"作业中，学生一开始准备调查电影院中乱扔垃圾的情况，但笔者和学生在实地考察后发现，杭州各大电影院都已经注意到了这一问题并提出了解决措施。在实地考察中，学生发现观众都会将看过的电影票随手扔进垃圾桶，非常不"低碳"，经过讨论，学生最终放弃了原有的计划，改成调查杭州各大院线电影票二次利用问题。

（2）家校联动，定期指导。由于完成实践作业的时间在假期，教师难以时时进行指导，因此需要发动家长等社会力量联动协作。教师可以把活动内容、人员分工、时间安排等告知家长，并请家长从旁协助，陪同孩子进行社会实践，有条件的家长还可以进行一定的专业指导。

如"家长角色体验周"活动，笔者在放假前就以公开信的形式书面告知家长活动的目的、内容和要求，并希望家长根据实际情况为孩子选择

合适的体验套餐。从最后的反馈情况来看，家长们都很乐于参与这一活动，有 1/3 以上的家长克服困难，为孩子提供了单位的实习岗位，其余家长则让孩子承担一周家务劳动。还有不少家长在孩子的报告中写下了自己的感受。家长的积极参与，大大减轻了教师的负担，也提高了活动的效度。

（3）理论指导、撰写报告。初中生参与社会的热情较高，但理论水平较薄弱，反思意识也比较差。因此，教师要侧重指导学生完成活动的最后一道工序——调查报告或总结反思。以社会调查为例，教师首先要教给学生撰写报告的基本格式和内容的要求，待学生完成初稿后认真审阅并提出修改意见，切忌大包大揽。学生几度易稿后，自然掌握了调查报告的撰写方法和诀窍。

如学生确定调查"杭城电影票的二次利用"问题后，利用寒假的时间，走访杭州卢米埃电影院、青春电影大世界、奥斯卡影院等院线，通过随机访谈观众和数据抽样调查，提出了电影票二次利用的建议，递交了调查报告的初稿。

"小小电影票背后的低碳学问"（摘要）

今年寒假，去了两次电影院，每次看完电影，都看到不少人顺手把电影票扔进垃圾桶，走近一看，垃圾箱里早已经是满满的一堆了。看到这一幕，我想到了最近的低碳，这么多的电影票被扔掉是多么不低碳啊！于是，我召集了几位同学，和他们一起调查电影票背后的低碳学问。那么各大影院一年到底发出了多少张电影票呢？从浙江时代院线的网站中了解到仅 2010 年 2 月 20 日——2 月 26 日这周，光是《大兵小将》、《阿凡达》等十部热门影片，浙江时代院线旗下的电影院共放映 6070 场，售出电影票 286800 张。照这个数据来看，每年因电影票而浪费纸张所产生的碳排放量绝对是一个惊人的数字！

从初稿来看，学生主要存在以下几个问题：题目指向性不明，用词不够书面化，报告基本格式错误，空有现象而无解决措施。

学生根据笔者的修改意见，对原稿进行修改，最终完成了一份规范的调查报告。

小小电影票背后的低碳学问
——关于杭城电影票情况二次利用的调查

【摘要】近年来，观看电影成了杭州居民的主要娱乐方式之一。浙江时代院线的官方网站数据显示，该院线一周售出的电影票就达286800张以上。通过走访杭城的浙江时代院线和浙江星光院线旗下的各大影院，采访各个年龄、职业的观众电影票的使用情况，发现70%的电影票在观看完电影后被直接丢弃。如此推算，杭城一年损耗的电影票数量将是一个非常惊人的数字，而由此产生的纸张浪费和碳排放量也是一个不小的数目。为此，本文提出了仿照地铁票重复利用和借助市民卡实行电影票电子化等建议。

（三）激励反馈及时评价，搭建学生成功平台

由于学校团队干部数量有限，而假期社会实践活动内容又十分丰富，团队假期实践作业一直存在"评价难"的问题。除少数精品作业外，绝大部分的作业得不到及时的反馈和评价。这无疑打击了广大同学的作业积极性，甚至有人敷衍了事也难被发现，最终衍生出了"敲章族"。在"双子星"模式下，思品、社会教师必须扮演好"评价者"这一角色，建立起一套及时、多元、赏识的评价机制，以完成过程中综合能力、情感态度价值观为评价的切入点，对每一份思品、社会学科实践类作业进行反馈评价。由于思品、社会假期实践作业多为下个学期的学科内容，因此可以以课堂为阵地，以交流会等为载体进行多元评价。

如笔者在《思想品德》"我知我家"一课中，安排了一次"家长角色体验周"分享会，邀请同学和大家分享自己的心得体会，并由大众评委进行打分。评价标准主要侧重于真实体悟。

仅仅八天，我就几乎受不住了，而爸爸妈妈却为我做了十三年！

我选择了在家做一周的家务。因为在我看来，父母的辛苦并不在工作上，而在于家庭，这样更能够了解父母的艰辛。

每一天，我都会把自己要做的工作认真地记录下来。

7.14记录：

早上，榨豆浆、洗衣服、煮木耳、洗电风扇、打水、洗杯子、扫

地、拖地。

中午，买菜、做饭、倒垃圾、洗碗。

晚上，洗碗、给爸爸泡茶、给鱼换水、帮妈妈泡木耳。

十六项，光是看看就觉得挺烦的，更何况要一件件完成。但我很清楚，这些只是父母所做家务的一部分，而除了每日操劳家务之外，父母还要辛苦工作，赚钱养家。

……

——方宇苏

做事情不能有丝毫懈怠，不然就会造成不可估量的损失

我的父母都是制作月饼盒的。临近中秋，两人都忙得不可开交。为了减轻父母的负担，我跟随母亲下车间，被派去制作月饼盒。要说做盒子也不难，只需把一张裁好的塑料片放进模具里，然后按机器上的一个按钮，一压，再把裁好成型的盒子拿出来，最后把废料拿出就大功告成了。但在做的过程中，我一时大意，没把塑料片放进去就先按下了按钮。结果机器一压，模具和压板登时被钉在一起，差点把机器搞坏了。后来找来了专业师傅，才把机器弄好。好心帮忙，却帮了倒忙，我心里别提有多郁闷了。

第五天的遭遇，更让我至今感到后怕。随着手艺的娴熟，我做月饼盒的效率也有了较大的提高，神经也不像一开始那么紧绷了。而事故就在这种情况下发生了。当板压下来的时候，我的手没来得及拿出，手套最前端被重重地压在了里面，我当场就吓出了一身冷汗。要知道，如果手再伸进去一点，一根手指头就要报废了。

在几天的活动中，一向粗枝大叶的我醒悟了："做事情不能有丝毫懈怠，不然就会造成不可估量的损失，事情做得多了有了经验自然会顺利很多，但也绝对不能因此麻痹大意，在车间里，稍不留神就会发生意外。看着妈妈手上厚厚的老茧和多处伤疤，这就是经验和辛劳的写照。"

——何旭骅

学生的思想品德实践作业不仅得到了及时的反馈和客观的评价，同时也成为"我知我家"新课的教学素材，可谓一举两得。

　　由于思品、社会学科不计入中考分数。其实践作业就更应注重激发学生的积极性。除及时反馈评价外，思品、社会教师还应努力为学生搭建成功平台。但是，和音乐、体育、美术、劳技、信息等学科相比，思品、社会学科学生竞赛较少，学生对外展示的舞台也就相应不足。因此，"双子星"模式中，思品、社会教师应该积极开发团委、大队部的各项比赛资源，推荐优秀学生作品参与比赛，为学生搭建各种成功的平台：

　　如陆闽琪等学生对电影票二次利用的调查活动，作为团队寒假社会实践活动，先后被国内外20多家媒体报道。同时又撰写了《小小电影票背后的低碳学问——关于杭城电影票情况二次利用的调查》社会调查报告，参加浙江省中学生综合实践探究比赛，获了一等奖。后来又以此为题材拍摄了 DV，参加杭州中学生社团文化节 DV 大赛，获了二等奖。

　　又如"家长角色体验周"活动，其中何旭骅等四位同学的感悟真实感人，被《今日早报》等媒体刊登报道，成为对"父母皆祸害"这一社会谬论的有力抨击，之后又作为团队假期实践作业的优秀代表刊登在《杭州市少先队杂志》上。

　　再如，"过年，感悟身边的传统"活动中，韩江雪等学生撰写的"年俗——我身边的非物质文化遗产"部分篇目被《杭州日报》刊登报道。

　　一个又一个展示平台的搭建，让学生体验到了成功的快乐，也点燃了学生的参与热情，为"双子星"模式的进一步发展奠定了基础。

　　"双子星"模式有效地整合了思品、社会和学校团队的各项资源，减轻了学生的课业负担，更通过优势互补，弥补了双方原有的不足，大大提高了作业质量，为学生的终身学习和可持续发展奠定了基础，达到了思品、社会学科和团队实践活动"双共赢"的效果。

　　当然，作为一种新型作业，"双子星"模式的探索只是一个开始。思品、社会学科和团队社会实践作业的整合如何达到丰富性、综合性、实效性和自主性，甚至打破学科限制，吸纳多学科教师参与，实行社会实践的"大综合"，还有待于进一步的探索。而如何通过"双子星"模式让学生真正达到"轻负高质"，在自主的社会实践活动均衡发展，观察能力、表达能力、社会交往能力和信息处理能力等各项能力，从而促进社会实践能力的发展和综合素质的提高，真正落实素质教育，更是未来努力的主要方向。

参考文献

1. 朱明光：《历史与社会课程标准（二）解读》，北京师范大学出版社 2002 年版。

2. 许惠英、广宇：《初中思想品德教学策略》，北京师范大学出版社 2010 年版。

3. 陈丹：《再论有效开展初中历史与社会课综合探究活动的可行性策略》，《中学教学参考》2009 年第 30 期。

4. 周雪莉：《社会实践："姥姥不亲，舅舅不爱"》，《哈尔滨日报》2007 年 3 月 4 日。

5. 杨影：《高中生的社会实践课为啥这么难》，《今日早报》2010 年 12 月 23 日。

完善实习带队教师管理机制的
设想和实践

——以杭师大教育实习为例

杭州师范大学历史系　傅幼玲

一　实习带队教师管理机制的缺失与影响

教育实习是高等师范教育教学的重要组成部分，是实践教学体系中的一个重要环节，也是培养合格师资的关键所在。教育实习对于全面培养师范生的教育教学能力，具有十分重要的作用，而实习成效的优劣很大程度上取决于实习管理与指导的质量。就目前杭州师范大学实习带队教师管理机制来看，存在着欠缺，亟待提高。

首先，实习带队指导教师的选派带有随意的性质，缺乏一个通用的、完善的带队指导教师遴选标准。每年杭师大二级学院教育实习带队教师的人员都是各专业系科教研室选定。通常是每学期无课和课程较少的教师担任实习工作。或者教研室采取轮流制（今年张三、明年李四），对带队指导教师的选拔存在着随意性。由于带队教师的选拔工作一开始就不严谨，因而导致有些带队教师对教育实习工作不重视，对实习管理工作很放松。他们对实习生的试讲、备课、听课、讲课、班主任工作各个环节把关不严，甚至有些带队教师很少去实习点，对实习工作不闻不问，对实习生放任自流。所谓上梁不正下梁歪，既然带队教师对实习工作不重视，管理不严格，有些实习生就上行下效，对实习工作不认真、不努力，经常不到实习点去，备课不仔细。这在实习学校和指导教师中引起了强烈的负面反响，影响下一届实习生的实习基地能否落实。即便是对实习工作认真负责的教师，由于自身的素质和水平问题，比如对中学教学方法、中学教材不甚了解，因而不能给实习生以全面、科学和高效的指导，更别说对中学教育的思想发挥引领作用。这样的带队教师工作就会影响到教育实习的质量。

其二，对带队指导教师的考核方法有待提高。过去对实习带队教师的管理很松散，几乎没有什么考核机制约束带队教师的实习工作。每学年实习工作结束后，系里召集带队教师开会，通过民主推荐确定优秀带队教师名额，其余教师均为良好。近几年，对带队教师的管理工作有所改进。学校层面分管教育实习的教育管理处分别给实习生和实习学校寄出了《杭州师范大学教育实习情况反馈表》，其中一部分填写内容涉及对带队教师的考核，比如在学生填写的教育实习情况反馈表中，提到带队教师的出勤次数，2次以下为差，2次以上分别为良好和优秀。其他考核项目包括教师的责任心和指导水平。尽管后两项考核真正反映了带队教师的水平，然而遗憾的是，后两项只是简单的"责任心"和"指导水平"7个字，没有任何具体细化的内容，使学生对实习带队教师的评价存在着一定的难度或者不能真实地反映出带队教师的指导水平。给实习学校发放的教育实习情况反馈表中，也反映了这个问题。

其三，对优秀带队教师的奖励幅度不够大，很难激发带队教师工作的主动性。往年对优秀带队教师都实行精神奖励，发一张优秀带队教师的荣誉证书。近几年有所改革，除了精神奖励外，尚有物质奖励，发价值100元左右的实物。但是仅靠这样一点微薄的物质奖励，很难调动教师工作的积极主动性。

既然实习带队管理机制不够完备，就应该实行改革，建立一套完整的、科学的富有人性化的管理体系，使实习带队教师发挥应有的作用，提高教育实习的质量，从而培养出高质量的、适应现代社会发展需要的师范生，这是教育实习改革的出发点和目标。

二 完善实习带队教师管理机制的设想和实践

如何完善带队教师管理机制,是所有高校教育实习所面临的一个复杂而困难的课题。笔者根据多年带队的教育实践,提出点个人拙见。

(一) 严格选拔实习带队教师

教育实习是培养合格师资和进行实践教学的一个重要环节,带队教师的水平高低直接影响教育实习的质量,因此必须高标准选拔带队指导教师。

首先带队教师需要有良好的思想素质、稳定的心理素质、扎实的专业素质、健康的身体素质以及创新思维。他应该是爱岗敬业的教师,对教育事业充满了满腔热忱,能够对实习生的生活和工作给予无微不至的关心和帮助。其次带队教师的专业素质应比较全面,能够解答实习生提出的各类问题。第三,带队教师的组织能力应该是超一流的,以便高效合理地管理实习生这支队伍。第四,带队教师应从承担中学教学法课程的教师中挑选。因为承担中学教学法课程的教师,对中学教材、中学教学法有比较深入的研究,从试讲、备课到教学内容各个环节对实习生提出指导性的意见,对实习生教学水平的提高有实质性的帮助。第五,对带队教师进行集中培训。教务处从各系、室抽出一定数量的教师进行培训,加强教师的责任心,提高指导水平,从如何指导备课、上课、做班主任工作等内容入手,使其明确责任,尽职尽责。

(二) 明确规定带队教师的工作职责

严密制订带队教师的工作职责,是实现目标化管理的有效手段。它能强化教师的责任意识,提高教师的工作效率。

教师的工作职责包括以下几点。

1. 完成教育实习前的准备工作

第一,严格执行专业系科的教育实习计划,制订本教育实习点的工作计划,完成各项实习任务。

第二,负责与实习学校的联系工作。落实实习生实习的年级、教材和教学进度以及解决住宿、吃饭问题。

第三，指导实习生的工作。召集实习生开会，首先明确实习的任务和需注意的事项（如进驻实习点后，要表现出当代大学生的风范，遵守实习学校的规章制度，尊重实习学校的领导和指导教师等）。其次，加强学生道德教育，鼓励学生培养不断学习、积极进取、不畏挫折的精神，注重人格尊严，强调道德自觉，强调社会责任感。再次，解答实习生的疑问，抓好试讲环节。组织实习生进行试讲，课后给予试讲者及时点评，促使他们发扬优点，克服不足，同时也可以使实习生学会评课，形成评课能力，为正式上课打好基础，增强实习生上好课的信心。

2. 完成教育实习的管理工作

第一，抓好教学工作管理。首先，抓好备课环节。带队教师应配合实习学校指导教师指导实习生钻研教材和教学辅助材料，学会怎样取舍教材，突出重点和难点。在教学过程中怎样深入浅出，理论联系史实，做到科学性（传授知识要准确）、趣味性（课文内容要生动，减少枯燥）创新性（提出问题与学生讨论，启发学生思考问题、解决问题）有机地结合，使学生受益。要求实习生第一周听课，研究指导教师的教学方法，研究如何将自己所讲的内容与指导教师所讲的内容联系起来，指导实习生写出详细的教案。其次，抓好课堂教学环节。带队教师要与指导教师一起对每个学生的课堂教学进行听课，课后做出评价，着重学生基本功、基本能力的讲评，同时兼顾其他方面进行分析，以利于实习生教学水平的提高。再次，应及时对实习生进行心理指导。有些实习生上课效果不太理想，心理压力较大。带队教师除了对其进行教学指导外，还应对其进行心理疏导，教会他们如何"在战术上重视敌人，在战略上藐视敌人"。

第二，抓好班主任工作管理。实习生的班主任工作是实习的重点内容之一，也是实习生的薄弱环节。因此，带队教师应对每一位实习生反复强调，既要注重教学实习，也要注重班主任工作。带队教师必须与实习学校指导班主任协调，指导实习生做好班主任工作，学习如何组织班级开展活动，做好学生的思想工作，管理好班集体。要求每一位实习生通过追随班主任指导老师，学会班主任的日常管理工作和学会如何驾驭整个班级，既要和同学们打成一片，也要在班级里树立教师威信，以便于各项工作顺利开展。通过此项工作，培养学生的组织和管理能力。

第三，负责与实习学校的沟通工作。带队教师应加强与实习点的各级领导和指导老师交流沟通，及时了解问题，反馈给实习生，要求他们及时改进。

第四，关爱学生。带队教师要经常去学生住处看望实习生，和学生们悉心交谈，解答疑难。

3. 评定实习生成绩，做好实习结束工作

带队教师协助实习学校做好实习生的教学工作、班主任工作及教育调查的成绩初评工作。带队教师应引导实习生了解学校基础教育教学改革的情况，并运用所学的教育科学理论同某个问题的深入研究结合起来，撰写教育调查报告，初步培养学生的教育科研能力。

（三）完善带队教师的考核机制

带队教师的考核机制是教师评价体系的一个重要组成部分，也是提高带队教师管理与指导质量的主要途径，因此完善带队教师的考核机制是非常有必要的。

带队教师的考核机制应有两部分组成：一是考核目标，二是考核内容与范围。

1. 考核目标

为加强对高师实践教学环节的管理，适应不断深入开展的高校教育改革的需要，特制订并实施《教育实习工作考核办法》，旨在促进教育实习工作的有效开展，不断提升教育实习的管理水平，改善教育实习的质量。

2. 考核内容与范围

本办法以高等师范院校教育实习、教育见习、顶岗支教等带队教师工作为考核对象。

以高校二级学院为考核单位。

主要包括完成教育实习前的准备工作情况、完成教育实习的管理工作情况、实习生成绩评定工作等。

3. 考核计分原则

（1）考核总分

教育实习工作年度考核以百分制计分，其中实习生对带队教师的考核占总分的70%，教育实习学校对带队教师的考核占30%。

（2）考核计分原则

实习生对带队教师的打分占考核总分的70%，包括完成教育实习前的准备工作情况、完成教育实习的管理工作情况、实习生成绩评定工作等，以100分来折算。

其中，教育实习前的准备工作情况，占30%。

a. 指导实习生的工作。召集实习生开会，明确实习的任务和需注意的事项（10分）。

b. 组织实习生进行试讲，课后点评（20分）。

完成教育实习的管理工作占50%。

a. 带队教师指导实习生备课（10分）。

b. 带队教师对每个学生的课堂教学听课，课后做出评价，提出改进建议（20分）。

c. 带队教师和实习学校指导班主任协调，指导实习生做好班主任工作（20分）。

评定实习生成绩工作占20%。

带队教师协助实习学校做好实习生的教学工作、班主任工作及教育调查报告的成绩初评工作（20分）。

▲实习学校对带队教师的打分占考核总分的30%，总计30分。

a. 带队教师与实习学校的联系工作。包括落实实习生实习的年级、教材和教学进度等。（10分）

b. 带队教师与实习点的各级领导和指导老师交流沟通，及时了解问题，反馈给实习生，要求他们及时改进。（10分）

c. 带队教师和实习学校指导教师共同做好实习生的成绩评定工作（10分）

（四）完善实习带队教师的激励机制

对教师来讲，个人的主观能动性比外部压力具有更大的激励作用，受较高层次教育的人主要是由自我激励的。外部压力可以迫使他们达到最低标准，但很难使他们达到优良水平。因此构建实习带队教师激励机制，营造有利于教师工作的学校氛围，从而激发带队教师工作的主动性，全身心投入教育实习工作，提高教育实习的质量，是十分有必要的。

为此，学校应加大对优秀实习带队教师的物质奖励力度，并将实习管理机制和奖励机制有机地结合起来，促进教师工作的积极主动性，高质量完成实习任务。

综上所述，提高师范生的教育教学实践能力，教育实习是很关键的环节，而实习成效的优劣很大程度上取决于实习管理与指导的质量。要提高教育实习的质量，就必须改革实习带队教师管理机制，将它纳入制度化、目标化管理体系。首先要严格选拔实习带队教师。其次是实行目标管理和制度管理。第三是完善实习带队教师的考核机制。严格选拔实习带队教师是高质量完成实习工作的前提，实行目标化管理是关键，完善考核机制是提高教育实习质量的有效途径，三者缺一不可。

参考文献

1. 吴泠、周志毅：《教师教育视野下实践性知识的培植：现状与对策》，《杭州师范学院学报》2006年第6期。
2. 滕瀚、伍德勤：《课程实践能力培养：师范生教育实习改革的着力点》，《当代教育科学》（济南）2008年第21期。

后　记

　　本论文集源于2010年11月在杭州成功召开的第四届历史学科教学与研究研讨会暨两岸中学历史教学名师"钱江论坛"。在那次会议上，我们即谋划以书稿的形式刊出各位代表的论见。虽然会议时间是短暂的，但参会者所碰撞出的思想火花却永远地留在了与会者的心中。在此，希望以文本的形式保留其中的精粹。

　　这里收录的文章来自于提交的会议论文，有些与会者的精彩发言由于没有文本而无法收录，台湾代表的文章则由于版权问题也无法载入，甚为遗憾！

　　杭州师范大学历史学专业经过全体同仁的不懈努力，在最近十多年时间里取得了长足的进步，成绩斐然。现在历史学专业不仅拥有历史和人文教育两个专业，而且还拥有了历史学一级硕士点以及历史教育硕士学位授予权。2007年，我们获得了浙江省高校历史学唯一的重点专业建设扶持，为我们跨越式发展提供了契机。根据历史学发展的需要，我们积极拓展专业发展的空间，推动历史教学的改革，组织高校历史专业、中学历史学科教学与研究研讨会就是我们的一项举措，希望借助历史教学的"钱江论坛"，加强与中学学界的联系与交流，共同探讨历史教学的规律与特点，打破传统的壁垒分明的教学领域，建立一个高校历史专业与中学历史学科教学之间的交流平台。2007年11月，在人文学院和学校有关部门的支持下，我们开始尝试举办历史教学论坛。尽管存在一系列的困难，但获得了各有关方面的理解和帮助，特别是众多校友的大力支持。其后，第二届、第三届教学论坛相继召开，在省内外产生了一定的影响。2010年11月，我们举办了第四届历史教学的"钱江论坛"，与以往几届相比，内涵有了明显的提升。第一，此次论坛与杭州师范大学倡导的"振兴人文社科"

的主旨相吻合，学校领导高度关注和重视，副校长王利琳教授和校长助理袁成毅教授出席开幕式并讲了话；第二，与会代表不仅仅局限于省内历史教学界，而且有来自江苏省的代表，还有来自祖国宝岛台湾的代表，论坛具有了跨地域的色彩；第三，更多的高校教师参与论坛的讨论，除了主办方以外，还有来自南京大学、浙江大学以及台湾师范大学、台湾慈济技术学院、台湾元培科技大学的代表，尤其是南京大学的陈仲丹教授和浙江大学计翔翔教授在会上做了精彩的报告；第四，本次论坛有较多的报告涉及国民教育及其理念问题，如公共史学、"视听文本"、阅读与悦读、全球化问题以及历史学之发展，还有有关台湾国民中学历史教育及其教科书的介绍，这些为论坛带来了清新的气息；第五，与会代表讨论热烈，学术氛围浓厚。在当今浮躁的时代，能向心教学研讨，呈现学术精彩，实在是难能可贵的，希望"钱江论坛"能够迈上一个更高的台阶。

最后，衷心感谢长期关注和支持历史教学"钱江论坛"的众多友人，感谢历史系的全体同仁。在此特别需要提到的是王利琳、袁成毅、吴兴农、陶水木、徐其虎、郑生勇、项红专、凌明路和张华松等老师，这几届论坛的成功召开离不开他们的大力支持。另外，感谢中国社会科学出版社的武云博士的热情引荐和精心编辑，感谢喻苗老师的辛勤工作。

张卫良
2011 年 8 月 22 日